Je changerais ma vie
si j'avais plus de temps

Je changerais ma vie si j'avais plus de temps

GUIDE PRATIQUE POUR RÉALISER SES RÊVES

Doreen Virtue

Traduit de l'anglais par
Diane Thivierge

A·D·A
éditions

Syntonisez Radio Hay House à hayhouseradio.com

Éditeur : François Doucet
Traduction : Diane Thivierge
Révision linguistique : L. Lespinay
Correction d'épreuves : Suzanne Turcotte, Carine Paradis
Conception de la couverture : Tho Quan
Photo de la couverture : © Thinkstock
Mise en pages : Sébastien Michaud
ISBN papier 978-2-89667-447-3
ISBN numérique 978-2-89683-208-8
Première impression : 2011
Dépôt légal : 2011
Bibliothèque et Archives nationales du Québec
Bibliothèque Nationale du Canada

Éditions AdA Inc.
1385, boul. Lionel-Boulet
Varennes, Québec, Canada, J3X 1P7
Téléphone : 450-929-0296
Télécopieur : 450-929-0220
www.ada-inc.com
info@ada-inc.com

Diffusion
Canada :   Éditions AdA Inc.
France :   D.G. Diffusion
                Z.I. des Bogues
                31750 Escalquens — France
                Téléphone : 05.61.00.09.99
Suisse :   Transat — 23.42.77.40
Belgique :   D.G. Diffusion — 05.61.00.09.99

Imprimé au Canada

Participation de la SODEC. SODEC
Nous reconnaissons l'aide financière du gouvernement du Canada par l'entremise du Programme d'aide au développement de l'industrie de l'édition (PADIÉ) pour nos activités d'édition.
Gouvernement du Québec — Programme de crédit d'impôt pour l'édition de livres — Gestion SODEC.

À Joan L. Hannan,
ma merveilleuse mère
et guérisseuse spirituelle
vraiment douée

et

à William C. Hannan,
mon fabuleux père
et auteur
de grand talent.

Merci, maman et papa
pour votre amour et vos dons !

Comprendre la futilité du temps mène aux portes de la sagesse.

— Bertrand Russell (1872-1970),
Prix Nobel de la paix
auteur et mathématicien

Table des matières

Préface. ix
Remerciements xiii
Introduction : Briser le cercle vicieux du manque de temps . xv

PREMIÈRE PARTIE :
Faites-en moins et obtenez plus

Chapitre 1 :
Du temps libre… et sans frais. 3

Chapitre 2 :
Les aspirations de votre âme. 19

Chapitre 3 :
Trouver sa mission divine 51

Chapitre 4 :
Libérez vos rêves. 63

DEUXIÈME PARTIE :
Surmonter la peur et tout autre obstacle au succès

Chapitre 5 :
La peur à l'origine de la procrastination. 79

Chapitre 6 :
À la conquête du temps et de la peur 115

TROISIÈME PARTIE :
Un emploi du temps qui permet de souffler

Chapitre 7 :
Oui, il y a suffisamment d'heures dans une journée !. 139

Chapitre 8 :
Les dix plus grands voleurs de temps. .157

Chapitre 9 :
Organisez votre temps 173

QUATRIÈME PARTIE : Dégager du temps pour vous

Chapitre 10 :
Oui, vous avez le temps de faire de l'exercice ! 181

Chapitre 11 :
Trouver du temps pour l'amour 197

Chapitre 12 :
Plus de temps pour votre carrière et vos finances 227

CINQUIÈME PARTIE : Un soutien spirituel

Chapitre 13 :
L'intuition et votre guide intérieur 251

Chapitre 14 :
Visualisez votre avenir dès aujourd'hui 263

Chapitre 15 :
Là où vous pouvez régler tous vos problèmes et trouver
réponse à toutes vos questions 287

Conclusion :
Bons rêves ! 307

ANNEXE
Bibliographie 311
Ressources 315
Au sujet de l'auteure 323

PRÉFACE

L'esprit s'amuse avec le temps — il peut faire entrer l'éternité
dans une heure et faire d'une heure toute une éternité.
— Ralph Waldo Emerson (1803-1882),
Auteur et philosophe américain

Après la publication de mes livres *Constant Cravings* et *Libérez vos kilos de souffrance*, de nombreux lecteurs se sont dits inspirés par l'histoire de ma transformation, celle d'un vilain petit canard qui se change en cygne. Il fut un temps ou j'étais une femme au foyer sans éducation, grosse, extrêmement malheureuse, mère de deux jeunes enfants et sans aucun revenu. Mon mariage battait de l'aile et ma confiance en moi était au plus bas. J'avais pour seule richesse un ardent désir de changer ma vie.

Je voulais être psychologue, physiquement en forme et vivre dans l'harmonie. Je rêvais également d'écrire des livres sur le développement personnel dans une maison au bord de l'eau, mais tout ceci me paraissait impossible à réaliser ! Après tout, où trouverais-je le temps d'accomplir toutes ces choses ? Et puis, il faudrait travailler pour m'offrir des études universitaires. Or, mes deux enfants me prenaient déjà tout mon temps ; comment pourrais-je en plus travailler, fréquenter l'université, étudier et écrire ? Quant à la maison au bord de l'eau, quel rêve extravagant pour quelqu'un qui arrivait à peine à payer le loyer chaque mois ! Je désirais tout cela, mais sans sacrifier pour autant ma vie de famille et ma tranquillité d'esprit.

Comme vous le verrez par la suite, j'ai réalisé ces rêves et d'autres encore en suivant les principes énoncés dans le présent ouvrage. Aujourd'hui, ma vie est formidable. J'ai de l'amour, une famille, la santé, un travail à la mesure de mes aspirations, du temps pour me détendre et le confort matériel.

Comme beaucoup de gens, j'ai dû concilier ambitions personnelles et vie de famille. Je me demandais, inquiète, s'il était égoïste de consacrer moins de temps à ma famille et davantage à la réalisation de mes propres désirs. J'étais hantée par des questions comme : «Si j'écoute mon cœur, pourrai-je encore régler mes factures?» et «Comment dire à mes amies que j'ai besoin d'utiliser mon temps libre à travailler sur mes objectifs, au lieu de le passer au téléphone?»

En outre, comme je m'intéressais depuis longtemps à la religion, la philosophie et la métaphysique, j'avais des préoccupations sur le plan spirituel. Je me demandais si ma volonté s'accordait à celle de Dieu, s'il était acceptable, spirituellement, d'établir mes propres objectifs au lieu d'attendre les directives de Dieu, et si mon désir de confort matériel était le signe d'une spiritualité superficielle.

Je n'ai jamais voulu être riche à craquer. Je souhaitais simplement me mettre à l'abri des ennuis financiers, posséder une jolie maison et une voiture sécuritaire. J'ai compris que mes besoins matériels étaient secondaires par rapport à mes devoirs spirituels qui consistaient à répandre de l'amour et de la bonté autour de moi. Malgré cela, je voulais m'assurer qu'en vivant ma spiritualité, je ne perdrais pas de vue mes besoins plus terre-à-terre comme payer mes factures d'électricité ou de téléphone. Était-il possible d'être un chercheur spirituel tout en gardant les pieds sur terre?

À ma grande joie, la réponse était «oui». En fait, la spiritualité est très terre-à-terre. Elle est notre héritage naturel, un pouvoir et une source de guidance sûre qui nous suit partout. Je sais donc, par expérience, que l'on peut mener une existence spirituelle sans avoir à vivre dans le dénuement.

Par contre, les inquiétudes et les obsessions concernant notre sécurité financière ne font que bloquer notre progression spirituelle. Il est extrêmement important d'apprendre à faire confiance à notre sagesse intérieure, de savoir qu'elle nous mènera toujours vers un dénouement heureux. Beaucoup de gens souhaiteraient vivre plus simplement, mais ils se demandent comment ils paieraient leurs factures tout en relaxant dans une vie simplifiée. Heureusement pour nous, lorsque nous écoutons notre cœur, il nous conduit vers une existence riche de sens avec un revenu substantiel. Il suffit pour cela de faire confiance à notre voix intérieure et de l'écouter.

J'ai appris à mes dépens que l'expression «pensez riche et vous deviendrez riche» ne veut pas dire qu'il suffit de rêver au succès ou à une retraite précoce. Elle nous invite plutôt à mettre à exécution le plan dicté par notre sagesse intérieure. Je vous encourage donc, dans les pages qui suivent, à développer votre capacité à communiquer clairement avec votre guidance intérieure et à lui faire confiance.

Mon travail de thérapeute auprès de personnes ayant subi des traumatismes sexuels, émotionnels et physiques m'a appris que les traumatismes de l'enfance engendrent souvent la peur du succès. Lorsque l'on s'est fait dire toute son enfance «tu n'es qu'un bon à rien» et autres choses du genre, on a du mal à concevoir que l'on puisse changer sa vie du tout au tout. Dans mon livre *Libérez vos kilos de souffrance*, je fais un lien entre les sévices subis dans l'enfance et le fait de trop manger. J'explique comment se libérer des séquelles laissées par les traumatismes émotionnels de l'enfance afin d'acquérir la *certitude profonde* que l'on mérite de réussir.

Depuis plus de 25 ans, j'ai eu l'occasion de lire des centaines d'ouvrages et d'études sur la motivation, la psychologie, la métaphysique, la philosophie et la sociologie. J'ai également eu la chance de rencontrer et d'interviewer des penseurs et auteurs d'envergure comme Wayne Dyer, Deepak Chopra, James Redfield, Marianne Williamson, Robert Schuller, Brian Tracy, Dannion Brinkley (*Sauvé par la lumière*), Betty Eadie (*Dans les bras de la lumière*), Brian Weiss et Rosemary Altea (*The Eagle and the Rose*). J'en ai retiré une mine d'informations et de conseils pratiques que je vous livre ici en espérant qu'ils vous inspireront et vous aideront à réaliser vos rêves — même si vous disposez de très peu de temps !

Le temps et l'énergie que vous mettrez à vous libérer constituent un excellent investissement. Je vous ai tracé le chemin exact à suivre pour remplacer la peur par la confiance et le doute par la foi. J'ai décrit avec amour à peu près toutes les mesures que je connais pouvant vous aider à vous libérer des contraintes de temps qui vous empêchent de jouir davantage de la vie. N'oubliez pas ceci : je serai avec vous en esprit à chaque étape de votre parcours !

— Doreen Virtue, Ph.D.

REMERCIEMENTS

J'aimerais remercier les femmes et les hommes qui, au fil des ans, m'ont confié leurs rêves les plus intimes : mes clients, les participants à mes ateliers et les lecteurs qui, surmontant leurs craintes et leurs doutes, ont réussi à changer leur vie de manière remarquable. Vous êtes la preuve vivante qu'aucun obstacle ne résiste à la détermination et à la foi !

J'aimerais exprimer ma profonde reconnaissance à Louise L. Hay, Reid Tracy, Jill Kramer, Kristina Queen, Jeannie Liberati, Christy Allison, Ron Tillinghast, Eddie Sandoval, Jenny Richards et Polly Tracy.

Merci également à ma famille, mes amis, mes associés, et plus particulièrement à Michael Tienhaara, Charles Schenk, Grant Schenk, Ada Montgomery, Pearl Reynolds, Ted Hannan, Ben Reynolds, Grand-maman et Grand-papa Crane, Lloyd Montgomery, Bonnie Krueger, Martha Carlson et Allison Bell.

Je souhaite en outre exprimer toute ma gratitude aux leaders spirituels exceptionnels que j'ai eu la chance d'interviewer et de côtoyer, notamment Dr Wayne Dyer, Marianne Williamson, Deepak Chopra, Betty Eadie, Dannion Brinkley, Dr Brian Weiss, Dr Robert Schuller et Rosemary Altea. J'ai été honorée de pouvoir échanger avec ces grands esprits dont l'âme est remplie d'amour. Merci de m'avoir tant appris !

En terminant, j'aimerais remercier de tout cœur les maîtres qui m'ont inspirée, soit Jésus-Christ, John Randolph Price, Dr Kenneth Wapnick, Catherine Ponder, Emmet Fox, Ernest Holmes, Mary Baker Eddy, Dr Norman Vincent Peale, Dr Napoleon Hill, Ruth Montgomery et Forrest Holly.

INTRODUCTION

BRISER LE CERCLE VICIEUX
DU MANQUE DE TEMPS

De tous les mots que l'on puisse écrire ou dire, les plus tristes sont : « Ça aurait pu ! »

— John Greenleaf Whittier (1807-1892),
poète américain

♦ *Si seulement j'avais le temps, je fonderais ma propre entreprise afin de pouvoir travailler à la maison.*

♦ *J'aimerais beaucoup faire de l'exercice, mais les enfants et le travail occupent toutes mes journées !*

♦ *Un jour, je m'inscrirai à des cours du soir, mais pour l'instant, je n'ai pas le temps.*

♦ *Je vais m'occuper de réaliser mes objectifs dès que les enfants auront fini leurs études et que sera terminé le temps des mariages, des visiteurs, des vacances et des fêtes.*

Cesser de se pousser dans le dos

Aimeriez-vous avoir plus de temps à consacrer à la réalisation de vos rêves et de vos désirs les plus chers ? Passez-vous le plus clair de votre temps à accomplir votre devoir, si bien qu'il en reste peu pour vous détendre, vous perfectionner ou prendre soin de votre famille ? Frôlez-vous l'épuisement à force de vous occuper des autres ? Aimeriez-vous avoir de l'aide pour le ménage afin d'avoir plus temps pour vous ? Aimeriez-vous avoir plus de temps ou d'argent pour changer de carrière ou de style de vie ?

Si oui, ce livre est pour vous. Personnellement, j'aurais bien aimé avoir entre les mains un ouvrage comme celui-ci lorsque j'étais mère de deux adolescents et que je travaillais à temps plein, il y a de cela plusieurs années. À l'époque, j'ai suivi de nombreux séminaires et lu maints ouvrages sur la gestion du temps pour me rendre compte que les solutions proposées étaient souvent irréalistes ou carrément loufoques. J'ai dû apprendre par moi-même à goûter chaque seconde de ma vie tout en combinant famille, carrière, études universitaires, exercice, méditation et solitude. J'ai écrit l'ouvrage que voici pour vous faire part de mes solutions au manque de temps — des solutions efficaces et réalistes qui *réduisent* votre niveau de stress au lieu de *l'accroître*.

Les conseils et les encouragements prodigués ci-après vous aideront à mettre de la joie, du sens et de la prospérité dans votre vie. Je vous guiderai également pas à pas dans l'apprentissage de diverses méthodes d'accès à la guidance intérieure et spirituelle pour que vous soyez sûr d'être sur le bon chemin.

Laissez-moi d'abord vous poser quelques questions :

1. En quoi votre vie serait-elle meilleure si vous disposiez de plus de temps libre ?
2. Quels changements apporteriez-vous à votre vie ?
3. Qu'est-ce que cela changerait à vos relations avec les autres ?
4. Que feriez-vous de vos temps libres ?

Si vous êtes capable d'imaginer comment vous pourriez améliorer votre vie si vous aviez plus de temps libre, vous êtes en voie de réaliser votre désir. Vous pouvez y arriver !

Quitter la voie rapide

Comme vous le savez sans doute, vous n'êtes pas la seule personne à souhaiter simplifier votre existence et la rendre plus riche de sens. Des dizaines d'études révèlent que nous en avons assez de courir après l'argent au détriment de notre famille et de notre vie domestique. Voici ce que les chercheurs ont découvert :

♦ *Nous sommes à la course.* Selon une étude de 1992 effectuée par la National Parks and Recreation Association, 38 % des gens ont l'impression d'être « toujours à la course », un phénomène qui touche plus de femmes (37 %) que d'hommes (32 %) et plus de gens mariés (41 %) que de célibataires (33 %).

♦ *Nous sommes stressés.* Selon un sondage Bozell/*U.S. News and World Report* de 1995, 70 % des gens se sentent stressés chaque semaine. De ce nombre, 30 % se disent « extrêmement stressés ».

♦ *Nous avons bien plus besoin de détente que d'argent.*

— Lors d'un sondage Roper effectué en 1993 auprès de 1 000 Américains d'âge adulte, 66 % des répondants, hommes et femmes confondus, ont affirmé que « faire beaucoup d'argent n'est pas aussi important qu'il y a cinq ans ».

— Un sondage Bozell/*U.S. News and World Report* de 1995 a révélé que 51 % des Américains préféreraient avoir plus de temps libre, même si leurs revenus devaient en souffrir.

— Selon un sondage Gallup effectué en 1993, 33 % des Américains sont prêts à voir leur salaire diminuer de 20 % en échange d'une semaine de travail plus courte.

— Au cours des 10 dernières années, 21 % des employés de DuPont ont refusé des promotions qui auraient eu pour effet d'augmenter la pression au travail, et 24 % ont refusé des promotions qui auraient nécessité de fréquents déplacements. Un autre sondage, effectué en 1992 auprès de 8 500 employés de DuPont, révélait que 57 % des hommes souhaitaient des horaires flexibles afin de passer plus de temps avec leur famille.

♦ *Nos priorités ont changé.*

— En 1995, un sondage du Merck Family Fund nous apprenait que, chez les répondants, 45 % des mères, 32 % des femmes sans enfant et 23,5 %

des hommes ont choisi de travailler moins, quitte à gagner moins.

— Ce même sondage révélait également que 87 % des femmes et 72 % des hommes interrogés aimeraient passer plus de temps à s'occuper de leurs enfants.

— Dans un sondage Roper commandé par le magazine *Working Woman* en 1993, 63 % des femmes et 54 % des hommes, qui étaient sur le marché du travail, ont affirmé avoir une conception différente de la réussite.

— En 1995, un autre sondage, effectué par le Harwood Group, révélait que 66 % des répondants seraient plus heureux s'ils pouvaient passer plus de temps avec leur famille et leurs amis. Seulement 15 % ont affirmé qu'ils seraient plus heureux s'ils possédaient de plus belles choses à la maison.

♦ *Notre santé en souffre.* Les tendances inquiétantes que voici ont été décelées à la suite du sondage Bozell/*U.S. News and World Report* de 1995 :

— Nous sommes 43 % à présenter des symptômes physiques et émotionnels d'épuisement professionnel.

— Entre 75 % et 90 % des consultations auprès d'un professionnel de la santé sont directement reliées au stress et au surmenage.

♦ *Les mères sont les personnes qui ont le moins de temps libre.* Les femmes ont moins de temps libre que les hommes, les plus touchées étant les femmes de 35 à 44 ans avec enfants de moins de 15 ans. (Source : *Leisure Intelligence Journal*, 1995.)

♦ *La simplicité est un gage de bonheur.* On a pu lire dans le *New York Times* que, chez les répondants au sondage du Harwood Group de 1995 qui avaient volontairement réduit leur semaine de travail, 86 % se disaient heureux du résultat et 9 % seulement n'aimaient pas leur nouveau mode de vie.

La transition vers le nouveau millénaire

Toutes ces tendances semblent indiquer que notre course effrénée au matérialisme des dernières décennies s'est révélée décevante sur le plan de la santé et du bonheur. Maintenant, nous sommes plus disposés à échanger un supplément de revenu provenant d'heures supplémentaires afin de passer un peu de temps seul ou avec nos proches. Mais bien des gens se sentent encore prisonniers d'un style de vie trépidant et stressant. Ils craignent de perdre leur emploi ou leurs avantages sociaux s'ils refusent de faire des heures supplémentaires ou des déplacements d'affaires. « Bien sûr que j'aimerais simplifier ma vie, diront avec raison ces gens, mais j'ai besoin d'un toit et de mes avantages sociaux pour subvenir aux besoins de mes enfants. »

Comme vous le verrez plus loin, il existe heureusement des façons de combler vos besoins à la fois matériels et psychologiques.

souffrez-vous du manque de temps ?

J'entends très souvent des gens se plaindre de la vacuité de leur vie et de l'impossibilité d'y changer quoi que ce soit en raison d'un surcroît de responsabilités et du manque de temps. Par une cruelle ironie du sort, ces gens ont l'impression de ne pas avoir le temps de modifier leur sort !

Des chercheurs qui se sont penchés sur le phénomène du manque de temps ont posé les questions suivantes à 1 010 Américains. Pour savoir où vous vous situez par rapport à eux, prenez une feuille et indiquez les numéros de chaque énoncé et écrivez « vrai » ou « faux » à côté de chaque numéro :

Énoncé	% de « vrai »
1. Je me sens souvent stressé lorsque je manque de temps.	43
2. Lorsque je dois trouver du temps, j'ai tendance à en emprunter sur mes heures de sommeil.	40
3. À la fin de la journée, j'ai souvent l'impression de ne pas avoir fait tout ce que je me proposais d'accomplir.	33
4. Je m'inquiète de ne pas passer assez de temps avec ma famille et mes amis.	33

5. Je me sens continuellement stressé à force d'essayer d'en faire plus que je ne le peux en réalité.   31

6. Je me sens coincé dans mon train-train quotidien.   28

7. Lorsque je travaille de longues heures, je me sens souvent coupable de ne pas être à la maison.   27

8. Je me considère comme un accro du travail.   26

9. Je n'ai tout simplement pas le temps de m'amuser.   22

10. J'ai parfois l'impression que mon partenaire ne sait plus qui je suis.   21

Interprétation des résultats : Si vous avez répondu « vrai » à trois énoncés ou plus, vous souffrez d'un manque de temps.

En moyenne, les femmes qui ont participé à ce sondage national ont répondu « vrai » 3,5 fois et les hommes, 2,9 fois. Les femmes de 18 à 49 ans, divorcées ou veuves, qui travaillent à temps plein et ont des enfants de 6 à 17 ans à la maison, sont les plus susceptibles de manquer de temps. (Source : Hilton Time Survey, 1991.)

L'amour ne coûte rien

Nous avons mis de l'ordre dans nos priorités et nous ne sommes plus motivés par l'argent pour sortir du lit le matin. Par bonheur, une nouvelle étude indique qu'il n'est peut-être pas nécessaire de sacrifier notre sécurité financière pour consacrer plus de temps à notre famille. Ce pourrait même être le contraire ! C'est ce que laisse entendre une étude menée par la Wharton School en 1995, dans laquelle étaient comparés les revenus de ceux qui placent l'argent au-dessus de tout avec ceux des personnes qui privilégient la famille avant tout. Dans cette étude, les répondants qui accordaient beaucoup d'importance au choix d'un partenaire compatible et à la vie de famille *gagnaient plus d'argent* que ceux qui plaçaient l'argent au-dessus de la famille !

Il se pourrait que les personnes dont la vie affective est plus épanouie soient plus efficaces et concentrées au travail. Leur entregent au bureau pourrait découler de l'importance qu'elles attachent aux relations interpersonnelles et expliquer la chaleur humaine et l'empathie dont elles font preuve auprès de leurs collègues. Autrement dit, elles s'aiment et sont aimées aussi bien de leur famille que de leurs collègues de travail.

L'étude menée par la Wharton School révèle de manière frappante comment un réaménagement de nos priorités peut nous procurer ce que nous recherchons : plus de temps en famille et un revenu substantiel. Voici comment les Américains ont répondu à une étude récente menée aux États-Unis en vue de connaître les trois choses les plus importantes à leurs yeux :

Quelles sont vos priorités dans la vie ?

Priorité	Fait partie des 3 premières priorités pour un pourcentage X des répondants
1. La vie familiale	68
2. La vie spirituelle	46
3. La santé	44
4. L'argent	25
5. La carrière	23
6. La vie sentimentale	18
7. Les loisirs	14
8. La maison et la vie domestique	11

Source : Bozell / KRC Research,
U.S. News & World Report, 1995

* La somme des pourcentages est supérieure
à 100 parce que chaque répondant a donné trois réponses.

Légère zone de turbulences

Chaque fois que nous procédons à un réaménagement —
dans un placard, au sein d'une entreprise ou dans notre
vie — nous traversons nécessairement une période de
malaise et de turbulences avant que tout ne rentre dans
l'ordre. Lorsque je fais le ménage de mes placards au prin-
temps et que boîtes et vêtements jonchent le sol, la maison
donne l'impression d'être encore plus à l'envers. Si quelqu'un

entrait chez moi à ce moment-là, il croirait qu'un cyclone vient de la traverser de part en part ! Mais ce désordre en vaut la peine lorsque tout est rangé et organisé de nouveau.

Vous voyez sûrement là où je veux en venir : lorsque vous réaménagerez votre emploi du temps pour faire de la place à vos nouvelles priorités, vous aurez l'impression que votre vie est sens dessus dessous. Mais ne renoncez pas — tout comme mon placard, vous verrez bientôt apparaître des signes évidents de progrès.

PREMIÈRE PARTIE

Faites-en

moins et

obtenez plus

CHAPITRE 1

DU TEMPS LIBRE... ET SANS FRAIS

La vie ne se résume pas à essayer de vivre en accéléré.
— Mahatma Gandhi (1869-1948),
chef nationaliste et spirituel indien

L e temps est un phénomène curieux. C'est une des ressources les plus abondantes et renouvelables que nous possédions. Et il est gratuit. Pourtant, nous avons souvent l'impression d'être «pauvres en temps». Quotidiennement, nous avons tous droit à 24 heures sans frais — peu importe notre sexe, notre race ou notre religion. Chaque matin au réveil, nous prenons possession de toutes les heures que contient une journée. Si vous vivez jusqu'à 86 ans, vous aurez eu au-delà de 750 000 heures pour faire ce que vous vouliez.

Alors, comment expliquer notre anxiété face au temps? Le sentiment que nous avons d'être bousculés par le temps? Pourquoi nous sentons-nous tendus, fâchés, lésés ou déprimés lorsque nous passons du temps à faire une activité qui nous laisse insatisfaits? Pourquoi avons-nous l'impression que notre famille, nos collègues ou notre employeur exigent d'avoir le contrôle sur notre temps?

Une partie du problème vient de ce que chaque année qui s'écoule représente une portion de plus en plus réduite de notre durée de vie. À cinq ans, une année représente le cinquième de toute notre vie, si bien que nous avons l'impression qu'il s'écoulera une éternité d'ici à notre sixième anniversaire. À 30 ans, une année ne représente qu'un trentième de notre vie ; à 40 ans, un quarantième, et ainsi de suite. D'année en année, nous avons l'impression que le temps passe plus vite.

Lorsque nous cumulons les responsabilités, les dettes, les tâches et les obligations, nous fractionnons le temps en portions de plus en plus petites et nous nous dispersons. Si nous vaquons à des occupations qui sont loin de nous enchanter, notre esprit vagabonde et imagine le jour béni où ça ira mieux. En ne vivant pas le moment présent, nous nous empêchons de vivre pleinement. À la fin de la journée, nous ne savons même pas comment nous en sommes arrivés là, un peu comme lorsque nous conduisons une voiture en pensant à autre chose.

La peur et l'inquiétude drainent notre temps productif, et l'argent joue parfois un rôle important dans le déclenchement de ces émotions énergivores. Lorsque les entreprises réduisent leur masse salariale, certains employés se retrouvent à faire le travail de trois tout en se demandant si, d'une minute à l'autre, on ne va pas les congédier. Je parle à des gens de partout au pays qui se disent terrifiés à la perspective de se retrouver dans le dénuement. Ils ont soif de confort, de sens et de sécurité. Peut-être même êtes-vous de ceux-là ?

Or, le seul fait d'avoir peur de manquer de temps nourrit le manque de temps. Nous dépensons une partie de notre énergie à nous inquiéter du manque de temps et pendant ce temps, notre créativité stagne ! Rappelez-vous régulièrement ceci : « J'ai tout mon temps ». Répétez-le encore et encore et vous verrez : vous commencerez *vraiment* à vous détendre. Lorsque nous cessons d'avoir peur de manquer de temps, c'est comme si notre emploi du temps prenait une bouffée d'air.

Créer du temps libre

Les responsabilités peuvent faire en sorte que nous nous sentions prisonniers d'un emploi du temps étouffant. Il y a pourtant des moyens d'évasion à notre portée! J'aimerais d'abord insister sur l'importance de vous ménager de petites plages de temps pour réaliser vos objectifs. Dix minutes ici, trente minutes là. Mine de rien, ces courts moments s'additionnent comme la menue monnaie dans une tirelire.

Loin d'ajouter à un emploi du temps déjà trop chargé, les conseils que je vous dispense tout au long de cet ouvrage visent à optimiser votre santé physique, mentale, affective, spirituelle et financière. Pour y arriver, rien ne sert de résister à la vie, il faut plutôt s'y couler. Le ressentiment et la colère engendrés par des horaires trop chargés ne font que nous priver de la sérénité, de la joie et de la sécurité financière que nous recherchons et méritons.

Mon travail de psychothérapeute et d'enseignante des dix dernières années auprès de milliers de femmes et d'hommes m'a convaincue de l'existence de trois facteurs pouvant contrecarrer la réalisation de ces objectifs :

1. La peur
2. Des horaires désorganisés
3. Ne pas se servir de l'immense pouvoir spirituel qui se trouve en chacun de nous. Ce pouvoir illimité vient miraculeusement et instantanément à bout des ennuis d'argent et de santé, ainsi que des problèmes familiaux et sentimentaux. (Nous reviendrons sur ces trois facteurs tout au long du livre.)

Quel que soit votre rêve — avoir du temps pour vous détendre, jouer avec les enfants, terminer vos études, démarrer une entreprise, écrire un livre, faire de l'exercice ou méditer — il n'est pas nécessaire d'attendre à plus tard, en pensant que vous aurez alors plus de temps. Vous pouvez disposer de temps libre *maintenant* si vous usez de choix conscients et éclairés. Par exemple, le temps que vous passeriez à écouter une émission de télévision insignifiante, à lire le journal de la première à la dernière page ou à converser longuement au téléphone pourrait plutôt servir à faire un pas vers la réalisation d'un rêve. Le plaisir que vous en retireriez suffirait à vous donner l'énergie nécessaire pour vous acquitter de vos autres obligations.

---

*N'oubliez pas ceci : le temps, ça ne se **trouve** pas, ça se **crée**.*

Où va le temps ?

Les sentiments suivants sont au cœur de la plupart des plaintes que j'entends au sujet du manque de temps :

- « Je me sens coupable ou égoïste de prendre du temps pour moi. »
- « Je ne me sens pas prêt à travailler à l'accomplissement de mes désirs personnels. »
- « Je n'ai pas suffisamment de discipline pour me fixer un horaire me permettant de réaliser mes objectifs et de m'y tenir. »

- ♦ «Je ne sais pas ce que je veux au juste, mais je suis sûr d'une chose : je suis insatisfait de ma vie actuelle.»
- ♦ «J'ai peur qu'en me consacrant à la réalisation de mes objectifs, mon revenu ne diminue au point d'entraîner des conséquences graves.»

Ayant été moi-même aux prises avec ce genre de craintes et d'hésitations, je les comprends bien. J'ai découvert cependant que je dépensais une énergie incroyable à argumenter avec moi-même. Par exemple, si je me disais : «Il faudrait que j'aille faire du conditionnement physique aujourd'hui», cette pensée était immédiatement suivie de : «Oui, mais je n'ai pas passé assez de temps avec mes enfants cette semaine» ou autre chose du genre. Je ne cessais d'argumenter ainsi avec moi-même.

Ça suffit! ai-je fini par me dire, *il doit bien exister une solution quelque part!* Et il y en avait une. Premièrement, j'ai appris qu'en faisant un petit pas à la fois, je pouvais finir par réaliser de grands objectifs. C'est la bonne vieille règle du «si j'écris une page par jour, j'aurai un livre à la fin de l'année» et ça fonctionne vraiment. Deuxièmement, j'ai cherché des moyens de me servir des intervalles de cinq à dix minutes dont je disposais ici et là pour avancer d'un pas — quand je faisais la queue à la banque, que j'étais en attente au téléphone ou que je regardais la télé avec ma famille.

Puisque nous parlons de la télévision, j'aimerais vous demander ceci :

Q : D'après vous, quelle est l'activité quotidienne préférée des Américains lorsqu'ils ont du temps libre ?

R : Regarder la télévision !

Nous passons 30 % de tous nos temps libres devant le téléviseur. Ces données, recueillies par Leisure Trends entre 1990 et 1992, ont été publiées dans le magazine *American Demographics*. Une autre étude, menée par President's Council on Physical Fitness en 1994, révèle que 84 % d'entre nous regardent la télé au moins trois heures par semaine. Selon un sondage Angus Reid de 1994, les familles avec des enfants passent encore plus de temps devant le petit écran, soit 6,3 heures par semaine.

Si vous vouliez réduire vos dépenses, vous commenceriez par éliminer le superflu. C'est la même chose avec le temps. Puisque la télé occupe une large part de votre emploi du temps, au moins quatre options s'offrent à vous, soit :

1. *Ne vous privez pas de regarder la télé et prenez-y plaisir.* C'est effectivement une bonne façon de se détendre à peu de frais ! Plutôt que de vous culpabiliser (la culpabilité draine votre énergie et enthousiasme) parce que vous êtes pelotonné devant le petit écran, permettez-vous d'y prendre plaisir. Regarder la télé est encore plus agréable lorsque l'on est blotti contre un être cher ou que l'on peut discuter avec ses enfants de l'émission en leur

compagnie. Vous pouvez pique-niquer par terre devant votre téléviseur ou regarder une émission humoristique en partageant du maïs soufflé et une boisson gazeuse.

2. *Travaillez sur un de vos projets pendant que vous regardez la télé.* Pourquoi ne pas capitaliser votre temps ? Il est possible d'utiliser une bicyclette stationnaire, d'écrire un mot de remerciement, de lire le journal ou de travailler à votre objectif principal alors que vous êtes devant la télé. J'ai fait cela pendant des années. C'est une excellente façon d'avoir le beurre et l'argent du beurre !

3. *Soyez sélectif.* Enregistrez vos programmes préférés et ne regardez rien d'autre. Sautez les publicités en accélérant le défilement de l'image. Évitez de vous asseoir oisivement devant le petit écran, télécommande à la main, dans l'espoir de trouver quelqu'un chose qui retienne le moindrement votre attention. Ne regardez la télé qu'à des heures désignées pour éviter de transformer votre salon en salle de cinéma ouverte 24 heures par jour, 7 jours par semaine.

4. *Débranchez votre appareil.* Évitez la télé pendant sept jours et voyez quel impact cela aura sur votre emploi du temps. Vous vous apercevrez probablement que vous et votre famille lisez et conversez davantage. Vous aurez plus de temps à consacrer à ce qui compte réellement pour vous et pourriez même décider de remplacer votre téléviseur par un aquarium ou une bibliothèque.

Regarder la télé n'est pas mauvais en soi. Mais pour beaucoup d'entre nous, c'est la première chose à considérer lorsque nous voulons gagner du temps.

Comment nous passons nos week-ends

Pour la plupart d'entre nous, le week-end constitue un merveilleux intervalle qui s'étend du vendredi soir au lundi matin. Vous êtes-vous déjà promis d'en profiter pour avancer dans vos projets et, le dimanche soir venu, vous vous êtes demandé où était passée cette occasion en or? Selon un sondage national, les week-ends servent surtout à accomplir des tâches domestiques, dans les proportions suivantes :

Activité	Temps consacré par week-end
Consacrer du temps à son emploi	2 heures et 54 minutes
Cuisiner	2 heures
Faire le ménage	2 heures et 17 minutes
Faire les courses	1 heure et 43 minutes
Faire la lessive	1 heure et 18 minutes
Réparer la maison	1 heure et 12 minutes
Faire l'épicerie	59 minutes
Payer les factures	34 minutes

Source : Hilton Time Survey, 1991

En regardant ces résultats, il n'est pas étonnant qu'on meure d'envie de s'amuser davantage et de se simplifier la vie! Combien de ces activités pourraient être simplifiées, déléguées ou carrément éliminées? Nous verrons tout au long de cet ouvrage comment tirer parti des précieux moments que nous réservent les week-ends.

Temps concentré sur une tâche

Des études révèlent que lorsque nous avons le choix, la plupart d'entre nous préfèrent effectuer une tâche simple, mais moins agréable, qu'une tâche complexe, mais plus intéressante. Nous ne choisissons la tâche la plus difficile que si elle soulève notre enthousiasme.

Je vais vous aider dans ce livre à accroître l'enthousiasme que vous inspirent vos objectifs en vous montrant :

+ comment déterminer exactement les changements que vous souhaitez apporter à votre vie ;
+ comment stimuler votre détermination à réussir ;
+ comment obtenir la meilleure guidance en faisant appel à votre guide intérieur ;
+ comment réaliser vos objectifs même si vous disposez de peu de temps ;
+ comment reprendre possession de vos temps libres et de votre temps de travail ;
+ comment déceler et surmonter la peur, la culpabilité et le doute qui vous empêchent d'entreprendre ou de compléter vos objectifs.

J'ai de nombreux clients et clientes, amis et connaissances bien intentionnés qui m'ont confié leur intention de changer leur vie lorsqu'ils en auraient le temps. Lorraine, une de mes connaissances, m'a parlé avec enthousiasme du rêve qu'elle caressait d'écrire un roman policier. Elle avait suivi de nombreux ateliers d'écriture et savait, en gros, comment structurer son livre. L'intrigue et les personnages étaient déjà arrêtés.

«Je suis tellement excitée à l'idée d'écrire ce livre! m'at-elle confié. Je vais m'y mettre pendant mes vacances d'été.»

Lorsque j'ai revu Lorraine à l'automne, je lui ai demandé des nouvelles de son roman. Elle était toujours aussi enthousiaste, mais elle m'a expliqué que ses vacances d'été lui avaient filé entre les doigts. «Je n'ai même pas eu le temps d'entamer mon projet», s'est-elle plainte.

Je ne porte aucun jugement sur le comportement de Lorraine. Je sais, pour l'avoir vécu moi-même, qu'il n'est pas facile d'amorcer un projet auquel on tient. Et je sais à quel point on peut avoir peur de l'échec. Il est tellement plus simple de continuellement *se préparer* à réaliser son rêve plutôt que de s'y mettre. C'est une forme de procrastination qui s'appuie sur l'idée que l'on n'est «pas tout à fait encore prêt.»

J'ai dû également surmonter des peurs qui me maintenaient dans une paralysie chronique. Pour sortir de cette impasse, je me suis posé la question suivante : «Quelle est la pire chose qui puisse m'arriver si je me lance dans ce projet?» Ordinairement, la réponse à cette question a trait à la honte et à la douleur d'un éventuel rejet. Je me demande ensuite : «Quelle est la pire chose qui puisse m'arriver si je ne réalise PAS ce projet?» La deuxième réponse est habituellement plus douloureuse que la première. En terminant, je visualise ce qu'il pourrait m'arriver de MIEUX si je menais à bien mon projet, et ces images ont généralement le pouvoir de me faire passer immédiatement à l'action.

Beaucoup de gens se consacrent à des activités qu'ils n'aiment ni ne veulent faire. J'entends chaque jour des personnes de ma clientèle me raconter qu'elles ont peur de manquer de tout : d'argent, d'amour et de santé. Elles sont frustrées parce qu'elles sont trop occupées et s'adonnent trop peu à leurs activités préférées. Quelle sorte de vie mènent-elles donc ?

Si vous en avez assez de vous esquinter sans être récompensé, sachez que *le fait de vous esquinter est justement tout le problème*. Tout comme ces pièges à doigts chinois, plus vous poussez et tirez, plus ils se resserrent. Et vous vous sentez coincés par la vie. Lorsque nous sommes pris dans un tourbillon de peur et de tâches à accomplir, nous n'entendons pas notre guide intérieur qui cherche par tous les moyens à attirer notre attention. Comme nous le verrons plus loin, ce guide intérieur est votre lien interactif avec la plus grande source de sagesse qui soit en matière d'argent, d'émotions et de santé. Vous tomberez amoureux de ce guide doublé d'un meilleur ami qui ne vous quitte jamais !

Sans peur, tout est possible

Lorsque j'ai décidé d'écrire mon premier livre, j'étais mère de deux jeunes garçons turbulents. Je venais de réintégrer le marché du travail comme secrétaire dans une compagnie d'assurance et je suivais des cours du soir à temps partiel à l'université.

C'est ainsi que j'ai appris la valeur inestimable de ces courts intervalles de temps. Vous seriez étonné de tout ce qu'on peut accomplir en une demi-heure lorsqu'on s'y met ! Vu le nombre de projets et de responsabilités qui m'incombaient, je n'avais pas une minute à perdre à regarder la télé et je ne pouvais certainement pas me permettre de converser des heures au téléphone avec mes amies. J'ai compris que pour accomplir quoi que ce soit, il me faudrait organiser mon temps de manière rigoureuse.

J'ai commencé par dresser la liste de mes priorités à court et à long terme. Ma spiritualité, ma famille, ma santé émotionnelle et physique, mon éducation et mon livre étaient au cœur de mes préoccupations. J'ai réduit le temps consacré à des occupations non essentielles comme le cinéma, les soirées entre amis et les dîners au restaurant. Tout comme on élimine le gras de sa diète, j'éliminais le superflu pour ne garder que l'essentiel.

On pourrait croire que tout ce travail de planification et de priorisation se serait soldé par du stress, mais ce fut tout le contraire! Plus je me consacrais à mes priorités, mieux je me sentais avec moi-même, ma famille et dans la vie en général. En fait, mon stress a diminué! En peu de temps, mes amis se sont mis à me demander quel était le «secret» d'une telle efficacité.

Exploiter chaque heure à fond

Si j'ai réussi à réaliser mon rêve, je crois que c'est uniquement à cause de l'ardeur de mon désir. J'étais habitée par le BESOIN d'écrire. Je ne peux le décrire autrement. En fait, j'étais terrifiée à l'idée de mourir avant d'avoir eu la chance d'écrire mon premier livre. Ce n'étaient pas la renommée et la fortune qui me motivaient (je ne minimise pas pour autant les avantages de la publication), mais le désir de laisser des traces de mon passage sur Terre. La postérité, l'immortalité — voilà ce dont mon âme avait soif.

Mes séances d'écriture correspondaient exactement au cliché de la femme au foyer qui tape à la machine sur le coin de la table de cuisine une fois les enfants au lit. C'était le seul moment dont je disposais! Il n'y avait pas d'ordinateurs personnels à l'époque. Je commençais donc par mettre mes idées sur le papier, puis je les tapais à la machine et corrigeais mes erreurs au moyen d'un liquide correcteur.

Ne croyez pas que je n'ai pas rencontré d'obstacles! Au début, lorsque j'ai commencé à écrire, je suis soudainement devenue obsédée par la charpie qui se logeait entre les fibres de la moquette. Sans blague! J'étais également préoccupée par la poussière qui se ramassait en dessous du réfrigérateur. Je me disais : «Tu ne peux pas commencer à écrire avant que la maison soit impeccablement propre». Avec le recul, je me suis rendu compte que ma tendance à procrastiner me protégeait de la peur de l'échec. Après tout, il était bien possible que je ne trouve pas d'éditeur. Il était plus facile de ne même pas essayer que de faire face à cette déception!

J'ai dû surmonter également l'angoisse de la page blanche. Chaque fois que je m'assoyais devant la machine à écrire, j'avais des papillons dans l'estomac et je décidais de faire du ménage à la place. Après une semaine de cette torture, j'ai demandé l'avis de mon professeur de psychologie, dont j'entends encore la réponse : «Écris, un point c'est tout!» J'avais ma solution et elle était d'une simplicité désarmante : *Fais-le donc !*

Je me suis donc procuré un calendrier et j'y ai inscrit, à l'encre, les périodes réservées à l'écriture. J'ai respecté mon

horaire et c'est avec un immense plaisir que je biffais chaque
case au fur et à mesure que j'avançais. Au bout de trois
semaines, j'avais fini d'élaborer les grandes lignes de mon
projet. Huit mois plus tard, j'avais en mains un contrat
d'édition!

Faire l'inventaire de son temps

Si vous vous sentez frustré parce que vous avez l'impression
que votre vie est entre parenthèses, vous n'êtes pas le seul!
Au fil des ans, tellement de gens brillants ayant réussi dans
la vie m'ont confié avoir l'impression de faire du sur place
alors qu'ils n'arrêtent pas de se démener. Ils se sentent
coincés et embourbés dans les responsabilités.

Comme je vous l'ai expliqué précédemment, mon intention en écrivant ce livre est de vous aider à éliminer de votre
horaire tout ce qui vous prive inutilement d'énergie et de
temps. Attention! Loin de moi l'idée de vous inviter à devenir
des *superfemmes* et des *surhommes*! Le réaménagement de
votre vie pourrait passer, entre autres, par l'élimination
de certaines activités, responsabilités et biens matériels de
manière à vous simplifier la vie.

L'objectif consiste à trouver le style de vie qui *vous*
convient le mieux. Je vous propose cinq étapes pour y
parvenir :

1. Faites-vous une idée précise de ce que vous désirez
    (ce qui pourrait inclure plus de loisirs et de temps
    libre).

2. Identifiez, éliminez ou réduisez les craintes, les croyances et les doutes qui vous bloquent.

3. Éliminez de votre vie tout ce qui vous fait perdre du temps et de l'énergie.

4. Renforcez votre communication intuitive et spirituelle afin de savoir *comment* procéder pour réaliser vos objectifs.

5. Utilisez de courts intervalles de temps pour progresser avec constance vers la réalisation de ces objectifs.

Points à retenir

ᴥ Le temps libre ne se trouve pas, il se crée.

ᴥ Il est important d'utiliser de courts intervalles de temps pour travailler à l'accomplissement de nos objectifs plutôt que d'attendre le jour où nous « aurons du temps ».

ᴥ Être occupé ne veut pas nécessairement dire être productif. Examinez chaque chose que vous faites pour vous assurer qu'elle est vraiment nécessaire et non le fruit de la peur ou de la culpabilité.

ᴥ Lutter contre le temps renforce l'illusion d'en manquer. Il est impératif de couler avec le temps plutôt que de nager à contre-courant. Le calme qui en résulte nous aide à entendre les conseils de notre

guide intérieur concernant la santé, l'amour, la spiritualité et l'argent.

Vous verrez au chapitre suivant à quel point vos décisions et
vos croyances en matière de temps influencent la concrétisation de vos rêves. Poursuivez votre lecture — le meilleur
reste à venir !

CHAPITRE 2

LES ASPIRATIONS DE VOTRE ÂME

*Si vous restez calme et bien concentré, vous effectuerez toutes
vos tâches à une vitesse optimale.*
— Paramahansa Yogananda (1893-1952),
auteur de *Autobiographie d'un yogi* et fondateur
de la Self-Realization Fellowship

Imaginez-vous dans 70 ou 80 ans. Vous avez trépassé et
vous regardez la Terre depuis l'Au-delà. Vous constatez
que les gens, un peu comme vous aujourd'hui, se démè-
nent, se concurrencent les uns les autres et vivent dans l'inquiétude. Mais les espoirs et les rêves de chacun vous
apparaissent tout aussi clairement. Vous avez également
appris, depuis votre mort physique, que ces gens pourraient
obtenir tout ce qu'ils désirent par le biais du pouvoir de
l'intention.

Vous comprenez qu'une décision ferme peut marquer le
début d'une vie nouvelle et que vous-même avez laissé
passer de nombreuses occasions lors de votre séjour sur
Terre. Vous vous dites, non sans nostalgie : « J'aurais pu être,
avoir ou accomplir tout ce que je voulais. Si seulement j'avais
eu suffisamment confiance en moi et dans les autres, ma vie
aurait été tout autre ! »

Puis, entre en scène quelqu'un que vous avez connu et
aimé lors de votre passage sur Terre. Cette personne lutte
pour faire son chemin dans la vie et vous comprenez que
vous avez peut-être la chance de l'aider. Alors, vous inter-
venez et créez une formidable coïncidence qui

l'aidera à réaliser ses objectifs. Malheureusement, votre amie terrienne repousse cette occasion en or parce qu'elle croit que le moment n'est pas encore venu de saisir sa chance.

Elle ne réalise pas que — comme nous tous — elle *mérite* de réussir.

Vous méritez de réussir

Beaucoup de mes clientes et clients m'ont confié leurs rêves, leurs espoirs et leurs aspirations. Ils souhaitaient améliorer leur sort, mais s'en sentaient empêchés. Il y a plusieurs raisons à cela. En général, leurs plaintes se résumaient à ceci : *Je changerais ma vie si j'avais plus de temps.*

Suzanne, secrétaire dans une agence immobilière, m'a confié un jour en thérapie qu'elle rêvait secrètement d'écrire des livres pour enfants. Le seul problème est qu'elle n'avait ni le temps ni l'énergie de réaliser son rêve après une journée de huit heures et une soirée passée à s'occuper des enfants et du ménage.

Corinne, une autre cliente, souhaitait de tout son cœur se marier et avoir des enfants. Cependant, son travail de cadre, ses cours du soir et son entraînement physique ne lui laissaient ni le temps ni l'énergie de trouver et de fréquenter des candidats potentiels.

Mark, un ingénieur civil de 37 ans, caresse depuis toujours le rêve d'obtenir sa licence pour piloter des petits avions. Il attend encore le jour où son emploi lui laissera le temps de prendre des leçons de pilotage.

Lucie souhaiterait perdre du poids et se mettre en forme, mais elle se demande quand il lui sera possible de faire de l'exercice. Le matin, elle prépare ses enfants pour l'école, puis se elle se rend au travail. Comme infirmière, elle n'a aucune pause durant la journée. Le soir, elle prépare le souper et aide ses enfants à faire leurs devoirs. Avec un horaire aussi chargé, comment trouver le temps de faire de l'exercice?

Lu-Anne rêve de quitter un emploi dans lequel elle se sent confinée depuis longtemps, afin d'ouvrir sa propre société de conseil. Consciente de la nécessité de s'y consacrer à fond sans s'éparpiller, elle se demande comment elle pourrait mener de front ses responsabilités actuelles au travail et le démarrage d'une entreprise. «Financièrement, je ne peux pas quitter mon emploi avant que ma société de conseil ne devienne rentable, m'a-t-elle expliqué. Mais je suis dans une impasse : tant que je travaillerai à plein temps, je ne réussirai jamais à rendre ma nouvelle entreprise rentable!»

Beaucoup de mes clientes et clients évacuaient leur frustration en s'en prenant à eux-mêmes. Ils adoptaient des comportements autodestructeurs, telle la suralimentation. J'ai publié deux livres sur l'usage de la nourriture à des fins compensatoires : *Libérez vos kilos de souffrance* et *Constant Craving*. À titre de thérapeute, j'ai toujours affirmé qu'à partir du moment où l'on s'occupe d'améliorer sa qualité de vie, l'appétit se régularise, entraînant automatiquement une perte de poids. Avec une telle philosophie — j'avais autrefois comme spécialité le traitement des outremangeurs — j'ai toujours tenu compte des facteurs comme la famille, le mariage, la carrière et la vie spirituelle pour amener mes clients à guérir.

Après douze ans de travail thérapeutique auprès de milliers de femmes et d'hommes, j'en suis arrivée à percevoir clairement les schémas de comportement propres aux gens qui sont contrariés de ne pas atteindre leurs objectifs. Ayant réussi à aider des personnes qui aspiraient à réaliser leurs rêves, j'ai voulu écrire ce guide à votre intention. Quel que soit votre désir le plus cher, sachez que vous pouvez le réaliser en cessant d'avoir peur et de douter de vous-même.

« Moi aussi j'aurais pu faire cela ! »

Combien de fois avez-vous songé, à la vue d'un livre, d'un objet d'art ou de toute autre chose : « Comment se fait-il que je n'aie pas pensé à faire quelque chose du genre ? » À la vue d'un couple d'amoureux dans un restaurant ou dans un parc, combien de fois avez-vous soupiré en songeant : « Pourquoi n'ai-je pas, moi aussi, une vie sentimentale épanouie ? » De la même façon, il vous est sûrement arrivé d'apercevoir une personne mince et en forme et de souhaiter lui ressembler.

Ce n'est pas en vous rendant malheureux à envier la vie des autres que vous vous rapprocherez de ces aspirations. Lorsque vous êtes jaloux de la réussite de quelqu'un, vous fermez littéralement la porte à votre propre réussite. C'est comme si vous affirmiez qu'il n'y a pas assez de bienfaits pour tout le monde dans la vie, ce qui est très néfaste. La personne jalouse croit que si l'autre gagne, elle perd automatiquement. Autrement dit, vous êtes en manque. Lorsque vous affirmez être perdant et manquer de quelque chose, devinez ce qui se manifeste dans votre vie ? Une perte sous une forme ou une autre !

Il y a des gens motivés par la peur — la peur d'être pauvre, de perdre l'amour de leur partenaire ou d'engraisser, par exemple. La peur est un moteur inefficace, car elle entraîne des lacunes dans les processus décisionnel et créateur. À la perspective de vous venir en aide, les autres se sentent rebutés plutôt qu'attirés, car ils ressentent votre peur et votre insécurité. La peur ne recèle ni pouvoir ni potentiel miraculeux, mais l'amour et la joie, qui sont le contraire de la peur, en contiennent une quantité *inépuisable*.

En matière de succès, l'attitude et les croyances sont décisives. En fait, nous pourrions affirmer sans crainte de se tromper que pour avancer dans la vie, il faut non pas connaître les bonnes *personnes*, mais avoir les bonnes *pensées*. Même au plus fort de la tempête, alors que vous connaissez vos pires problèmes d'argent, de cœur, de santé ou de poids, vous pouvez encore choisir entre ces deux types de pensée :

> *Une pensée issue de la peur, focalisée*
> *sur les difficultés apparentes de la situation.*
> *OU*
> *Une pensée inspirée par l'amour,*
> *focalisée sur les possibilités, conduisant*
> *la situation à un heureux dénouement.*

Voici quelques exemples de pensées inspirées par la peur qui empêchent la réalisation des désirs. S'il y a un aspect de votre vie qui vous frustre particulièrement, voyez s'il ne cache pas une peur et, le cas échéant, remplacez-la par l'une des puissantes pensées suggérées ci-dessous. Écrivez ou lisez les pensées positives que vous aurez choisies deux fois par jour pendant 30 jours. Vous créerez ainsi une habitude mentale qui vous amènera à poser des gestes constructifs débouchant sur les résultats souhaités.

Changer une pensée issue de la peur en une pensée inspirée par l'amour

Pensée issue de la peur	Pensée inspirée par l'amour
1. «J'ai peur de manquer d'argent et de me retrouver dans la misère.»	«Je travaille fort et je gère mon argent de manière responsable. Je fais ma part et j'ai confiance que Dieu fait aussi la sienne en s'occupant de moi.»

Pensée issue de la peur	**Pensée inspirée par l'amour**
2. «Tous les partenaires potentiels intéressants sont déjà en couple. Je n'aurai jamais de relation amoureuse saine et je resterai seule le restant de mes jours.»	«Je sais qu'un merveilleux partenaire me cherche autant que moi je le cherche. Je reste calme et j'ai confiance que le monde spirituel agira comme intermédiaire pour nous réunir en temps et lieu le plus naturellement du monde.»
3. «Je ferais mieux de me dépêcher à gravir les échelons au travail.»	«Je suis à l'écoute de mon intuition et j'emprunte la voie qu'elle m'indique. J'ai confiance que tous mes besoins seront comblés.»
4. «Il y a toujours quelqu'un pour me mettre les bâtons dans les roues. Si seulement j'arrivais à m'éloigner de tout le monde, tout serait différent.»	«Je suis responsable de tout ce qui m'arrive et je décide maintenant d'attirer des gens positifs et encourageants qui me soutiendront dans la réalisation de mes rêves.»
5. «Et si j'étais congédié et incapable d'acquitter mes factures? Si je perdais ma maison ou ma voiture?»	«Actuellement, je prends soin de moi et j'assume correctement mes responsabilités. J'ai confiance que mon avenir sera à l'image de mon présent.»
6. «On dirait qu'il m'arrive toujours des malheurs. Je dois rester sur mes gardes afin de prévenir toute catastrophe imminente.»	«Je prends les précautions nécessaires et je me sers de la visualisation pour imaginer qu'il m'arrive toutes sortes de bonnes choses. (Je sais que je peux provoquer un malheur simplement en y pensant trop.)»
7. «Je me sens anxieux, comme si j'allais tout perdre d'une journée à l'autre.»	«Je suis confiant, car j'oriente mes pensées et mes efforts dans la bonne direction. Je sais que je me débrouillerai quoiqu'il arrive.»
8. «Il n'y a jamais assez de temps pour tout faire.»	«J'ai le temps de faire ce qu'il faut pour répondre à tous mes besoins.»

Pensée issue de la peur	Pensée inspirée par l'amour
9. «J'ai peur de prendre du poids si je ne fais pas d'exercice chaque jour.»	«L'exercice me donne un regain d'énergie et de vitalité. Je sais que si je saute une journée, je serai quand même en forme et en santé.
10.«Tout le monde essaie toujours de me soutirer le maximum.»	«Je m'attends à ce que tous ceux que je côtoie me donnent le meilleur d'eux-mêmes, et je l'obtiens!»

Visez haut

Vous pouvez apporter autant de changements que vous le désirez à votre vie. Il vous suffit de décider fermement ce que vous voulez — et de vous attendre à ce que cela se produise. Le mot clé est «fermement», car une décision hésitante donne des résultats hésitants. Si vous vous dites : «Je suppose que j'aimerais changer de maison un jour...», ni vous ni l'Univers ne se mettront en branle pour que vous l'obteniez. Les affirmations hésitantes de ce genre viennent contredire les pensées qui les animent. C'est comme si vous disiez : «Je *suppose* que j'aimerais changer ma vie, mais je ne m'attends pas réellement à ce que cela se produise.»

Mais si vous prenez une décision ferme, c'est une autre paire de manches! Lorsque vous affirmez sans hésitation : «Ceci est acceptable et cela ne l'est pas», l'Univers vous ovationne, puis il vous donne exactement ce que vous avez demandé — parfois même sur le champ.

Tout, dans votre vie, est à l'image de vos pensées. Votre vie est en quelque sorte le film que projette votre esprit.

Lorsque vous modifiez vos pensées, c'est comme si vous changiez de film. Par ricochet, l'image que vous projetez change, elle aussi. Comme il est dit dans *Un cours en miracles* : « Toutes les apparences peuvent changer *parce qu'il s'agit précisément* d'apparences. »

Le temps n'est qu'une apparence

Si nous croyons qu'il faudra beaucoup de temps pour trouver un nouvel emploi, une nouvelle maison ou un meilleur partenaire amoureux, cela prendra effectivement beaucoup de temps. Mais si nous croyons qu'un changement peut se produire instantanément, c'est le cas ! Ce qu'il y a de bien avec les rêves, c'est que le rêveur n'est nul autre que vous et que le choix des détails vous appartient entièrement. Vous pouvez même fixer le moment où vos rêves se concrétiseront.

Je n'ai jamais endossé l'idée répandue selon laquelle les objectifs mettent un temps x à se réaliser. Je suppose que je n'aime pas tellement ce genre de règles... ou alors, c'est peut-être que je suis impatiente. (Permettez-moi ici de faire une blague : la patience est peut-être une vertu, mais la *Virtue* que je suis n'est pas patiente...) Il y a des gens qui m'ont dit combien de temps certaines choses allaient mettre à se réaliser et, au lieu de les croire, je me suis juré de leur prouver qu'ils avaient tort.

Lorsque j'étais en première année d'université, un professeur de psychologie nous a dit que pour travailler dans notre domaine, il fallait absolument attendre d'être diplômé. Or, quatre mois plus tard, je décrochais un emploi de préposée à l'aide psychosociale dans un hôpital psychiatrique de renom. Lorsque j'ai parlé de mon intention de publier, un autre professeur m'a dit que je ne pouvais pas écrire de livre avant d'avoir un doctorat. Or, mon premier livre est paru quelques années avant que je n'obtienne ce diplôme.

Ce ne sont là que quelques exemples, mais ils donnent la pleine mesure de ma rébellion contre les idées préconçues sur la notion du temps. De nombreux amis et clients ayant vécu des expériences similaires partagent d'ailleurs mes convictions.

> Quelles que soient vos croyances
> en matière de temps — que vous en ayez beaucoup
> ou pas assez — vous avez raison!

Exigez de réaliser vos rêves!

Une fois débarrassé de vos croyances restrictives sur le temps, vous devez avoir la ferme conviction que vos rêves se réaliseront. Il ne suffit pas d'*espérer* que votre vie change, il faut *vous y attendre*!

Alors...

Ne vous contentez pas
de *souhaiter* que vos rêves se réalisent :
désirez-le passionnément !

Ne vous contentez pas d'*espérer* que vos rêves
se concrétisent : ayez la ferme *conviction* qu'ils se
manifesteront dans la minute qui suit !

Ne *craignez* pas que les bonnes choses n'arrivent
qu'aux autres : soyez *convaincu* que tout le monde
y a droit, y compris, vous !

Ne vous contentez pas de *demander*
que votre mission divine s'accomplisse.
Affirmez-vous et *exigez*-le !

Songez à des circonstances où vous vous êtes déjà affirmé par le passé. Peut-être aviez-vous un enfant nécessitant des soins médicaux d'urgence, avez-vous été violenté par votre partenaire, ou a-t-on essayé de vous vendre de la marchandise de mauvaise qualité ? Vous souvenez-vous à quel point vous avez été catégorique à ce moment-là ? Il n'y avait aucun compromis possible !

Appliquez maintenant cette détermination passionnée à la réalisation de vos objectifs.

Manifestez, ici et maintenant

Si mon désir d'avoir une maison s'est concrétisé, c'est par pure détermination de ma part. Comme je le disais auparavant, vous pouvez changer votre vie du jour au lendemain si vous y croyez réellement. Les objectifs mettent longtemps à se réaliser uniquement si les êtres humains que nous sommes imposent des conditions et des limites de temps à leur concrétisation.

Il y a quelques années, je louais un petit logement à proximité d'une minuscule rivière. J'adore l'eau, et je fais partie de ces êtres qui ont *besoin* de vivre près d'un plan d'eau. À la vue d'un lac, d'un océan ou d'une rivière, mon âme se réjouit et ma créativité monte en flèche. Or, la rivière qui coulait près de mon appartement était étroite et cachée par des broussailles. J'entendais vaguement le clapotis de l'eau sur les roches, mais de ma fenêtre, je ne voyais pas vraiment le plan d'eau. J'étais déçue de la vue et encore plus d'être locataire au lieu de propriétaire.

Un jour, je me suis levée d'humeur exécrable : j'en avais tout simplement assez! Assez de mon logement exigu, de gaspiller de l'argent en loyer et surtout, de ne pas apercevoir l'eau de ma fenêtre. Ce jour-là, je me suis promis de déménager. C'était sans discussion : j'étais décidée!

Je savais dans quel genre de maison je voulais habiter. Pour ce qui est des détails, j'ai donné libre cours à mon imagination, comme si un ordinateur formait une image unifiée à partir de plusieurs photos. J'ai visualisé la maison de mes rêves tout en restant dans les limites du raisonnable. Il fallait que mon esprit puisse y croire. Je n'ai pas visualisé l'achat d'un manoir, car à l'époque, je ne pouvais pas imaginer que ce puisse être possible. Si l'on n'y croit pas, nos rêves ne peuvent pas se matérialiser de façon tangible.

Je savais que ma future maison serait une propriété riveraine. Je me voyais dans un appartement de taille moyenne situé au bord d'un lac, dans les environs. Rien de luxueux, mais joli et en bon état. J'étais fermement décidée, en outre, à devenir propriétaire tout en ayant des mensualités plus basses que mon loyer. Ah oui, j'oubliais un détail : comme j'avais peu d'économies, il me fallait pouvoir l'acheter sans mise de fonds.

Avec le recul, je constate avec étonnement que je ne me suis jamais demandée si mon désir était réaliste. Je savais ce que je voulais, un point c'est tout. Ce matin-là, j'ai imposé ma volonté. C'est un peu comme si vous demandiez à une serveuse de remplacer un verre sale par un verre propre ou à un grand magasin de vous rembourser une somme payée en trop.

Un guide intérieur obéissant

Une fois votre commande passée, l'Univers s'empresse de vous livrer la marchandise. Cependant, votre nouvelle maison, votre nouvel emploi, vos nouvelles perspectives, votre nouvelle carrière ou votre nouveau partenaire amoureux ne tomberont pas du ciel. Et ne vous attendez pas à trouver un boisseau d'argent à votre porte.

Vous recevrez plutôt des indications subtiles (c'est ce que j'appelle aussi l'instinct, le guide intérieur, l'intuition ou les pressentiments) vous invitant à poser tel ou tel geste. Vous pourriez vous sentir soudainement poussé à appeler quelqu'un, à lire un livre, à suivre un cours ou à vous rendre dans un commerce. Croyez-moi, ces directives sont des réponses à vos prières. Suivez-les religieusement et vous verrez vos rêves se concrétiser littéralement sous vos yeux, une étape à la fois ou d'un seul coup.

Nous formons équipe avec notre guide intérieur. Comme il souhaite que nous accomplissions notre destinée, il nous rappelle à l'ordre quand nous dévions de notre chemin. Lorsque notre guide intérieur nous pousse à changer notre vie, nous inventons de nouvelles images mentales de la vie que nous souhaiterions avoir et celui-ci, en fidèle serviteur, répond à nos demandes exprimées sous forme d'images. Il ne nous reste ensuite qu'à obéir à sa guidance pour que nos rêves se concrétisent. Suivez *toujours* votre intuition, même si cela vous paraît bizarre ou loufoque.

C'est mon intuition qui m'a guidée vers la maison de mes rêves. Le jour même où j'ai décidé de déménager, je me rendais au travail lorsqu'un fort pressentiment m'a poussée à prendre une artère secondaire, et je me suis retrouvée sur la route sinueuse bordant le lac que j'aimais tant.

Mon guide intérieur m'avait tirée dans cette direction, comme un chien-guide d'aveugle, et je l'ai suivi même si je me suis demandé ce que je pouvais bien faire sur cette route secondaire, alors que j'étais déjà en retard pour le travail. Puis, j'ai aperçu une pancarte me confirmant la justesse de mon intuition. Là devant moi se dressait un charmant appartement à étage de style Cap Cod, avec fenêtres en baie donnant sur un plan d'eau. Mais ce qui m'a le plus ravie, c'est la grande pancarte « À vendre » sur le rebord d'une fenêtre ornée de géraniums.

J'ai retranscrit d'une main tremblante le numéro de téléphone de l'agent immobilier, car *je savais* que j'avais sous les yeux ma future résidence! C'est à peine si j'ai réussi à me rendre au travail tant j'étais excitée à l'idée d'appeler le numéro inscrit sur la pancarte. Dès que j'ai mis les pieds au bureau, tout s'est déroulé comme par enchantement : j'ai réussi à joindre l'agent immobilier, qui m'a donné rendez-vous à l'appartement l'après-midi même.

L'intérieur était encore plus charmant que l'extérieur, bien que nécessitant de menus travaux et un bon nettoyage, et le prix ne représentait qu'une fraction de ce à quoi je m'attendais. Je m'y voyais déjà ! J'ai fait part de mes contraintes financières à l'agent d'immeubles qui, ai-je appris, en était également le propriétaire, et il a accepté de me vendre l'appartement sans mise de fonds. Une heure plus tard, le contrat de vente était signé et j'avais la clé. Le week-end suivant, j'ai emménagé dans un appartement auquel j'avais à peine eu le temps de rêver.

Ronronner de bonheur

Attendez, ce n'est pas tout ! Il me fallait bien sûr un chat pour compléter mon décor, et j'avais une idée très précise de l'animal de mes rêves. (Après mon récent succès, je faisais plus que jamais confiance à ma capacité de manifester mes rêves !) J'ai imaginé un bel himalayen à poil long avec de grands yeux bleus, un chat adulte châtré et vacciné. Ah oui, j'oubliais : comme pour mon appartement, je ne voulais rien débourser pour l'obtenir.

BOUM ! Je venais de prendre une autre décision ferme et mon instinct s'est mis à l'œuvre immédiatement. Sous son influence, j'ai ouvert les Pages Jaunes à la rubrique « Vétérinaires » et j'ai été tout de suite été attirée par une des annonces. Toujours guidée par mon intuition, j'ai composé le numéro de téléphone devant moi.

Lorsque j'ai dit à la réceptionniste que je souhaitais adopter un himalayen adulte, elle m'a dit ceci : « Vous en avez de la chance! Une de nos clientes vient d'adopter un chien et elle est obligée de se défaire de son chat, car les deux ne s'entendent pas. Elle aurait voulu le garder, mais sa fille est extrêmement attachée au chien. Elle vient tout juste d'épingler une offre de chat gratuit sur notre tableau d'affichage! Il s'agit d'une femelle de race himalayenne qui s'appelle Precious, qui est vaccinée et tout le reste.»

Ce samedi-là, j'ai rencontré la propriétaire de Precious, qui s'est montrée enchantée de constater que sa chatte avait trouvé une nouvelle maîtresse reconnaissante. Personnellement, j'étais heureuse que mon image mentale — comportant aussi un chat roulé en boule devant la cheminée — se soit concrétisée.

Le principe d'égalité des chances

Après avoir lu ceci, peut-être vous dites-vous : «En effet, d'étonnantes coïncidences se sont produites dans la vie de cette auteure» ou «l'auteure sait comment manifester les choses, mais ça ne m'arrivera jamais à MOI!» Or, les principes et les lois qui me permettent de manifester mes rêves instantanément s'appliquent à tout le monde, sans exception!

Tout comme on finit par tonifier ses muscles en s'adonnant à la musculation, quiconque recourt à la manifestation finira *inévitablement* par réaliser ses rêves. Les lois de la spiritualité s'appliquent à tout le monde, sans exception. Personne n'en a jamais été privé. C'est comme le courant électrique : il suffit d'actionner l'interrupteur pour allumer. Le courant ne s'occupe pas de savoir qui allume, il se contente d'obéir aux ordres. C'est la même chose pour les lois spirituelles.

La Loi spirituelle de la manifestation se compare un peu à une loi mathématique. Deux et deux font toujours quatre, quoi qu'il arrive. Peu importe l'âge, le sexe, l'apparence, la race, les antécédents et l'ethnicité de ceux qui effectuent l'addition, le résultat est toujours le même, car la loi mathématique, tout comme celle de la spiritualité, est parfaitement et divinement ordonnée. Ayez confiance en l'efficacité de la loi spirituelle, car c'est à cette seule condition qu'elle fonctionnera.

«Notre intuition nous a conduits jusque chez nous»

Terry et Betty Fennel se sentaient à l'étroit dans leur maison de trois chambres à coucher. Parents de deux adolescents, ils servaient également de foyer d'accueil à deux autres enfants. Il leur semblait financièrement impossible de déménager, mais grâce aux croyances spirituelles de Terry, la famille a pu concrétiser son rêve.

Terry a décrit la maison de ses rêves à un agent d'immeubles. Il cherchait une maison avec une piscine, pour que ses adolescents puissent s'amuser l'été, une antenne parabolique, un spa et au moins cinq chambres à coucher. Située à la campagne, mais à proximité d'un arrêt d'autobus scolaire, elle devait comporter un garage, de la place pour un bureau, une aire de basketball et une chambre principale pouvant accueillir une causeuse.

L'agent d'immeubles s'est alors exclamé : « Terry, j'ai *exactement* la maison qu'il vous faut ! » Et c'était vrai, la maison qu'il avait en tête réunissait toutes les caractéristiques énumérées par Terry, plus quatre acres de terrain et un étang. Mais le prix était astronomique : leurs mensualités allaient quadrupler ! Seul un miracle pouvait leur permettre de s'offrir cette nouvelle résidence. Et c'est ce qui est arrivé !

Enchantés par la propriété, Terry et Betty ont fait une offre qui a été immédiatement acceptée par le vendeur. Mais au lieu d'être au septième ciel, ils étaient confus. D'une part, ils *savaient* tous les deux que c'était la maison où ils allaient vivre, mais un puissant pressentiment les mettait en garde contre l'achat d'une propriété aussi coûteuse.

Puis les choses sont allées de mal en pis. Les représentants du programme de familles d'accueil ne voulaient pas approuver la maison, le chef du Bureau des incendies exigeait qu'elle soit entièrement reconfigurée, et jusqu'à la commission de zonage qui affirmait que les familles d'accueil n'avaient pas le droit de s'installer dans le voisinage. Devant ces obstacles, Terry et Betty ont compris qu'ils devaient suivre leur instinct et annuler la transaction.

Plus tard, tandis qu'ils discutaient de la perte de cette maison, Betty a affirmé savoir qu'ils habiteraient là un jour et elle a dit à Terry : « Tout le monde y gagnera si nous l'obtenons ! Nous vivrons dans un endroit merveilleux, l'agent empochera une généreuse commission, les vendeurs obtiendront leur argent, nos enfants auront l'espace dont ils ont besoin et même le programme de placement d'enfants en famille d'accueil y gagnera, car nous pourrons héberger encore plus d'enfants. Par contre, si nous n'obtenons pas la maison, tout le monde y perdra. »

Terry a rappelé à Betty qu'ils venaient tout juste d'annuler la transaction, mais celle-ci a persisté dans l'idée qu'un jour, la maison serait à eux. « Nous l'aurons parce que nous aurons Dieu comme cosignataire », a-t-elle affirmé.

Deux semaines plus tard, l'agent d'immeubles les a appelés pour leur annoncer, d'une voix enthousiaste qu'après de fructueuses négociations, il avait obtenu du vendeur qu'il accepte l'offre initiale de Terry.

Terry et Betty ont alors compris que leur intuition ne les avait pas trompés. Ils étaient bel et bien censés acheter cette maison, mais pas au prix demandé initialement par le vendeur. Terry, Betty et tous leurs enfants ont pu acquérir la propriété contre la somme exacte qu'ils avaient figuré payer le jour où ils ont visualisé la maison de leurs rêves dans ses moindres détails !

Le désir de tout avoir

Suzanne, une de mes clientes, se montrait sceptique lorsque je lui ai expliqué les principes de la manifestation. « C'est le genre de choses dont mon mari ne cesse de parler », m'a-t-elle dit. C'était un commentaire que j'avais entendu maintes et maintes fois en thérapie. Lorsque j'évoquais le pouvoir de la pensée, de la visualisation, des affirmations et autres choses du genre, elle ne croyait pas un mot de ce que je lui racontais. Si je me souviens bien, elle appelait cela « des trucs à l'eau de rose ».

Jusqu'au jour où son mari, Roy, a ramené à la maison ce que Suzanne a comparé au haricot magique qui pousse jusqu'au ciel. Voici ce qu'elle m'a raconté :

> « Mon mari et moi avions toujours rêvé de nous faire construire une maison sur une falaise dominant le Pacifique. Nous habitions depuis des années dans un sombre canyon situé à quelques kilomètres de l'océan. Même si j'en rêvais tout autant que Roy, je n'ai jamais vraiment cru que cela arriverait un jour. Nous sommes loin d'être riches, voyez-vous ! Mais Roy, lui, n'en a jamais douté.
>
> « Il me racontait régulièrement comment il utilisait les affirmations et la visualisation pour nous imaginer propriétaires d'un terrain plat situé au sommet d'une falaise surplombant la mer. Je me contentais de lever les yeux au ciel en pensant « Il peut toujours rêver ! » Mais aujourd'hui, il a réussi ! J'en suis restée bouche bée ! »

Ce jour-là, Roy s'était rendu à un encan immobilier, où il avait remporté, à l'enchère, un magnifique terrain plat surplombant la mer. Tout s'était déroulé exactement comme il l'avait imaginé et il avait payé le prix stipulé dans ses affirmations. De plus, le scepticisme de Suzanne à l'endroit de la manifestation avait disparu, car Roy en avait fait la demande également dans ses affirmations !

Je pourrais écrire un livre au complet sur les expériences positives de manifestation vécues par mes amis, ma famille, mes clients et moi-même ! Je sais sans l'ombre d'un doute que ces principes fonctionnent lorsqu'ils sont appliqués correctement. Voici, brièvement, quelques exemples supplémentaires de leur efficacité :

♦ Un ami, prénommé Dan, souhaitait acquérir un deltaplane. Il a mis une photo de son modèle de deltaplane préféré sur un mur de son bureau et il l'a regardée tous les jours. Dans le mois qui a suivi, son voisin lui a annoncé qu'il abandonnait le deltaplane. Il lui a demandé s'il serait intéressé par son deltaplane. Il a insisté pour en faire don à Dan, et l'appareil s'est révélé être du même modèle et de la même couleur que la photo que Dan avait affichée dans son bureau !

♦ Debra, une de mes connaissances, était lasse des clubs de célibataires. Elle souhaitait épouser un homme formidable qui aime ses enfants. Alors, elle a rédigé la liste des qualités recherchées chez l'homme de ses rêves et elle l'a mise dans son porte-monnaie. Il ne se passait pas une journée sans qu'elle regarde sa liste, persuadée qu'elle réussirait à manifester le type d'homme qu'elle cherchait. Et elle a réussi ! En moins d'un mois, elle a commencé à fréquenter Chris, un homme extrêmement beau et prospère, correspondant en tous points aux caractéristiques énoncées sur sa liste. Aujourd'hui mariés, ils sont toujours amoureux.

♦ L'exemple suivant est plus « modeste », mais non moins impressionnant. Il concerne mon mari, Michael, dont je devais faire la connaissance quelques années plus tard. Michael emballait ses cadeaux de Noël à la dernière minute lorsqu'il a manqué de ruban adhésif! Or, nous étions le 25 décembre et le seul magasin ouvert où il aurait pu en acheter était à plusieurs kilomètres de chez lui. Croyant dur comme fer à la manifestation, il a affirmé à l'Univers qu'il lui fallait *absolument* trouver du ruban adhésif et, guidé par son intuition, il est sorti dehors. Quelle ne fut pas sa surprise lorsqu'il a aperçu au milieu de la rue un gros rouleau de ruban transparent. Michael a encore ce qu'il appelle son « rouleau miraculeux ».

Subito presto !

Je vous ai donné tous ces exemples pour illustrer que le temps nécessaire à la réalisation de ses rêves est une question de « liberté artistique ». Nous sommes libres de modifier les « règles » de manière à les adapter à nos besoins. Paradoxalement, en évitant de nous sentir coincés dans le temps, nous éprouvons moins de colère, de tension et de culpabilité, trois facteurs énergivores. Ayant plus d'énergie, nous sommes plus productifs.

En gros, refusez toute idée négative qui vous ferait douter de vos capacités ou de ce qu'il est possible d'obtenir. Évitez même de parler aux personnes qui sont négatives pendant que vos rêves sont encore à l'étape fragile de l'incubation!

Mon expérience clinique m'a montré que n'importe qui — peu importent ses antécédents, son âge, son physique, son sexe, son revenu, son éducation et sa religion — peut réussir à combler son plus cher désir. Êtes-vous décidé à faire un effort sincère en ce sens et à voir ce que cela donne ?

Vous avez le droit de vous amuser

Beaucoup de gens se sont laissés prendre à la course aux profits des années 1980. Certains se sont lancés à corps perdu dans l'immobilier ou les transactions boursières pour tout perdre lorsque le marché a plongé. J'ai connu plusieurs personnes qui ont souffert considérablement sur les plans financier et émotionnel entre la fin des années 80 et le début des années 90. Elles avaient investi de manière exagérée dans l'immobilier — leurs économies, leur crédit, leurs rêves de retraite dorée, leurs espoirs en leur force personnelle et mode de vie, ainsi que leur confiance dans leurs propres décisions. Lorsque le marché a chuté, que l'inflation a fait des ravages et que les fusions et mises à pied se sont succédé dans le milieu des affaires, elles ont été ébranlées sur le plan financier, mais ce qu'elles ont perdu de plus précieux, c'est la confiance.

Ce revirement démoralisant a été le point de départ du regain de spiritualité émergent actuel. Nous avons appris à nous méfier des investissements matériels pour nous tourner vers quelque chose de fiable et durable : l'esprit. Mais il y a un hic. Pendant que nous étudions la spiritualité, à la recherche de notre voie, les factures s'empilent. Nous sommes nombreux à avoir des enfants à élever et autres responsabilités urgentes.

Cela ne nous empêche pourtant pas — lorsque nous goûtons brièvement à la félicité dans le cadre d'une activité spirituelle comme le yoga, la méditation, un séminaire, une lecture ou une promenade — de soupirer en pensant : « Il doit bien y avoir une façon de prolonger ma sérénité spirituelle tout en m'acquittant de mes responsabilités d'adulte ». De nombreuses personnes rêveraient de tout quitter pour aller étudier auprès d'un maître spirituel en Inde, au Tibet ou au Pérou.

Depuis quelques années, je reçois régulièrement des questions de la part de ma clientèle, mon lectorat et des membres de l'auditoire des talk-shows auxquels je suis invitée. Ils se demandent comment gagner de l'argent en pratiquant une activité qui donne un sens à leur vie. Voici un échantillon des questions qui reviennent le plus souvent :

♦ « J'adorerais exercer un métier qui sollicite ma créativité (auteur, journaliste, actrice, etc.), mais je ne sais pas par quel bout commencer. Comment puis-je savoir si j'ai assez de talent pour gagner ma vie en exerçant ce métier ? »

♦ « J'ai toujours voulu être guérisseur, mais je me sens trop vieux pour faire des études de médecine ou obtenir un doctorat. Existe-t-il d'autres façons de travailler dans le domaine de la guérison ? »

♦ « Je me sens si coincé ! Je ne supporte plus mon emploi actuel, mais je ne sais pas comment je pourrais gagner assez d'argent pour payer toutes mes factures. Que faire ? »

♦ « Je ne suis pas certaine de connaître ma mission divine. Lorsque je médite, j'essaie d'être réellement attentive aux messages, mais je n'entends rien ! Qu'est-ce qui ne va pas ? »

♦ « Chaque fois que j'envisage, ne serait-ce que brièvement, un changement de carrière, je prends peur. Je ne veux surtout pas me tromper ; comment puis-je être absolument sûr de ce que je dois faire ? »

Il est tout à fait normal de se poser ce genre de questions. Peut-être ne voulons-nous pas « tout avoir », mais nous en voulons certainement plus que ce que nous avons à l'heure actuelle. L'obsession des années 80 pour les BMW et les robots culinaires est peut-être chose du passé, mais nous continuons à rêver d'indépendance financière et de temps pour nous-mêmes et notre famille. Nous ne demandons pas de mener la vie des gens riches et célèbres, seulement d'être en sécurité financièrement et émotionnellement.

« Je suis fatiguée de travailler d'arrache-pied sans voir ma qualité de vie augmenter », me racontait Emily, 42 ans, directrice des services administratifs et mère de deux enfants. Conduire les enfants à la garderie, se taper l'aller-retour au bureau et travailler l'estomac noué dans une atmosphère tendue avaient pour effet de miner la confiance et l'énergie d'Emily.

Il y a des gens qui, à sa place, abandonnent tout espoir d'avoir un jour une vie meilleure. Ils étouffent leurs ambitions dans le sarcasme et l'apathie et se disent en eux-mêmes : « À quoi bon même essayer ? »

D'autres, comme vous peut-être, adoptent une approche différente et plus constructive. En votre for intérieur, vous savez probablement déjà que vous pouvez améliorer votre qualité de vie de manière à vous mettre à l'abri grâce à un revenu plus élevé, vous épanouir au travail et avoir des rapports enrichissants avec les autres. C'est ce qui vous motive à essayer de trouver des façons d'améliorer votre quotidien.

Devenir riche par la pensée

De nos jours, de nombreux ouvrages sur la prospérité affirment tous plus ou moins la même chose : « Pensez à ce que vous désirez en termes positifs, soyez convaincu que vous l'obtiendrez et vous l'aurez. » Cette opinion est tirée tout droit de la Bible et reprise par presque toutes les grandes religions.

Les textes sacrés insistent invariablement sur l'importance de vivre en état de gratitude. Vous pouvez demander que vos besoins matériels soient comblés, mais devez être reconnaissant pour ce que vous avez déjà, et savoir que Dieu comble tous vos besoins. Disons que vous habitez dans un appartement exigu et chichement meublé et que vous aimeriez vivre dans un endroit plus confortable. Vous aimeriez également conduire une voiture plus fiable et de meilleure qualité. Si vous vous apitoyez sur votre sort, vous ne ferez qu'empêcher l'amélioration de vos conditions de vie. Par contre, si vous demandez les changements souhaités, tout en sachant avec amour qu'ils sont en route, ils se matérialiseront.

De nombreux ouvrages sur la motivation et le succès sous-estiment l'importance d'un point important que la Bible et d'autres ouvrages de spiritualité mettent de l'avant : vous ne pouvez pas rester assis chez vous à rêver à l'argent en pensant qu'un ballot de billets de banque descendra par la cheminée pour atterrir dans votre salon. Vous devez d'abord vous aider vous-même et entreprendre des démarches. Fiez-vous à votre instinct pour savoir quoi faire chaque jour.

Pourtant, certains ouvrages de motivation laissent entendre qu'il suffit de penser à ce que l'on veut et à le visualiser pour que la magie opère. Il n'est pas étonnant, dans ce cas, que certaines personnes se détournent complètement de ce genre d'ouvrages. L'obtention du succès par des voies spirituelles exige que l'on médite afin de savoir ce que l'on doit faire concrètement pour accéder à l'abondance. Si vous avez toujours eu des doutes ou de la méfiance à l'égard de la théorie voulant que l'on puisse devenir riche par la seule force de la pensée, c'est que vous saviez au fond de vous qu'il n'y a pas de succès sans effort.

Il n'y a pas de résultat sans cause. L'argent est le résultat, et Dieu, vos pensées positives et vos efforts en sont la cause. Tout ceci est parfaitement logique. Voici pourquoi :

1. Lorsque vous focalisez vos pensées sur les réalisations et l'abondance, votre esprit se détend automatiquement et s'affranchit de la peur. Le changement qui s'opère alors dans vos fréquences

vibratoires libère votre créativité. En outre, votre guide intérieur et vos anges ne sont plus bloqués par votre peur; ils peuvent donc intervenir et vous aider à travers de miraculeuses «coïncidences».

2. Comme votre esprit et vos émotions ne sont pas encombrés par l'inquiétude, vous avez beaucoup d'idées, êtes plus apte à les mettre à exécution et à croire en vous.

3. Ces étapes, prises collectivement, constituent les causes qui créent l'effet de manifestation de vos rêves.

Le triangle du désir

La *nature* de vos désirs dans la vie importe peu, car il n'y a qu'une façon d'atteindre un objectif, quel qu'il soit. La façon de parvenir à la santé est la même que pour la richesse, qui est la même que pour l'amour. Bien qu'il n'y ait pas de différence entre la manière de manifester différents objectifs, de nombreuses personnes ont une vie mal équilibrée. Certains ont un gros compte en banque et un mariage dénué d'amour. D'autres sont comblés sur le plan amoureux, mais leur emploi laisse grandement à désirer. Et d'autres encore ont un mariage heureux et un emploi formidable, mais leur santé ou leur poids les préoccupe sans cesse.

Je vois les trois grands domaines de la vie que l'on cherche le plus souvent à améliorer — l'amour, l'argent et la santé — comme formant un triangle. On dirait que très peu de gens considèrent avoir réussi dans chaque pointe du triangle. En général, nous excellons dans un ou deux domaines, tandis que l'autre est à la traîne.

Craindrions-nous d'être trop parfaits ou de nous aliéner les autres si nous étions dépourvus de faiblesses ou de défauts ? En discutant avec des gens très prospères et puissants, je me suis rendu compte que c'était souvent le cas, surtout chez les femmes. Oprah Winfrey m'a dit être persuadée que celles-ci craignent de devenir trop fortes ou d'avoir trop de succès, parce que les femmes fortes en intimident certains. Et je suis d'accord avec elle.

Loin de moi l'idée d'encourager quiconque à essayer de tout avoir ou d'être une superfemme ou un surhomme, car ce style de vie débouche directement sur l'épuisement, la frustration et l'insatisfaction. Après tout, la joie vient de notre capacité à accomplir notre mission divine et non de l'accumulation de biens ou de réalisations. Cela dit, il est important de travailler régulièrement à la concrétisation d'objectifs dans les trois grands secteurs de notre vie : la santé, le travail et l'amour.

Les trois sont étroitement liés et s'influencent mutuellement. Notre satisfaction au travail et à la maison affecte notre santé. Notre santé affecte notre vie au travail et à la maison. Notre revenu peut fluctuer suivant notre état de santé physique et mental. Notre humeur se répercute sur toutes nos relations, et ainsi de suite.

Les pointes du triangle s'entrelacent et sont interdépendantes. Et pourtant, de nombreuses personnes trouvent difficile, voire impossible, d'avoir du succès dans plus d'un ou deux secteurs à la fois. Mais il existe des solutions. Un examen attentif de la question révèle qu'une décision se cache invariablement derrière l'insatisfaction ressentie dans un domaine en particulier de notre vie. Voici les cas les plus fréquents :

- ♦ Être persuadé qu'il est mal, immoral ou inacceptable sur le plan spirituel de vouloir de l'argent.
- ♦ Se contenter généralement des circonstances aléatoires de la vie.
- ♦ S'imaginer que le succès en amour est un objectif irréaliste ou futile.
- ♦ S'imaginer qu'on n'arrivera jamais à rayonner de santé parce qu'on est trop vieux, qu'on a des enfants, qu'on manque de temps ou d'argent, etc.

Bien que nous soyons persuadés du contraire, il n'est pas plus difficile de réussir à une extrémité qu'à une autre du triangle amour-carrière-santé. Cependant, nos croyances influencent notre vécu, et l'une ou l'autre des croyances susmentionnées pourrait, en effet, nous bloquer. Si vous avez réussi ou progressé à une extrémité du triangle, sachez que vous pouvez obtenir d'aussi bons résultats dans les autres domaines de votre vie.

Le voyage est plus important que l'arrivée

En réalité, nous n'atteignons jamais complètement les objectifs que notre âme s'est fixés, car cela voudrait dire que nous arriverons un jour au bout de quelque chose. Le véritable objectif, c'est le processus même enclenché pour atteindre l'objectif. C'est une façon d'organiser notre temps et d'agir de manière à rester continuellement en mode création. Après tout, nous sommes d'éternels créateurs.

Notre âme vise à être *dans* l'objectif et non derrière. Que vous aspiriez à devenir un artiste, un romancier ou un acteur de renom, votre objectif est un véhicule qui aide les autres à réaliser l'objectif que leur propre âme s'est fixé. Mais peut-être n'êtes-vous pas certain de ce que vous désirez ? Peut-être changez-vous d'idée chaque jour, ou craignez-vous de faire le « mauvais » choix et de vous sentir coincé ou déçu ?

Il est capital de savoir ce que vous voulez et de comprendre clairement en quoi consiste votre mission divine. Je vous invite, au chapitre suivant, à vous arrêter suffisamment longtemps pour reprendre votre souffle et entendre votre petite voix intérieure vous murmurer vos rêves à l'oreille. Il ne vous restera qu'à les coucher sur le papier !

Points à retenir

- Pour devenir riche ou réaliser tout autre objectif, il ne suffit pas d'y *penser*, il faut ensuite passer à l'action. Aide-toi et le Ciel t'aidera.

- Notre façon de voir le temps façonne nos expériences. Il est important de remplacer notre conception étriquée du temps par des idées plus larges et positives affirmant que le temps abonde.

- L'amour, le travail et la santé sont des objectifs aussi faciles à atteindre les uns que les autres, comme les trois pointes d'un triangle équilatéral. Si vous avez du succès dans un de ces domaines, vous pouvez en obtenir aussi dans les deux autres.

❧ L'âme a besoin de grandir sans arrêt, si bien que nous n'avons jamais fini de travailler à la réalisation de ses objectifs.

CHAPITRE 3

TROUVER SA MISSION DIVINE

On a toujours assez de temps quand on l'emploie à bon escient.
— *Johann Wolfgang von Goethe,*
auteur allemand, 1749-1832

Lorsque Teresa, 37 ans, directrice des services administratifs, s'est assise dans mon bureau, elle s'est plainte d'un vague sentiment de mécontentement. « Quelque chose manque à mon bonheur », a-t-elle affirmé en soupirant. Elle luttait pour trouver les mots exacts décrivant la sensation de vide qui l'habitait.

Lorsque je lui ai demandé : « Mais que cherchez-vous ? », ma question l'a déconcertée. Elle savait qu'elle n'était ni heureuse ni comblée. Teresa n'aimait ni son emploi, ni sa voiture, ni son mariage, mais elle n'avait aucune idée de ce qui aurait pu lui plaire. Les deux premières séances ont donc servi à l'aider à préciser ce qu'elle voulait exactement. Elle a pu constater la diversité des choix qui s'offraient à elle et envisager pour la première fois des changements positifs à sa vie.

Il ne suffit pas de savoir ce que vous ne voulez *pas*. Ce serait comme d'aller au restaurant, de dire au serveur « Je ne veux ni steak, ni poulet, ni poisson » et de penser qu'il vous servira un plat à votre goût. La seule façon d'obtenir ce que vous voulez est de le *savoir,* puis de le commander.

J'entends souvent dire : « Je ne *sais* pas ce que je veux ! » et je comprends qu'il est difficile et même angoissant de cerner ses aspirations et ses buts. S'engager dans la réalisation d'un objectif nécessite le renoncement à d'autres options. Voilà pourquoi je consacre ce chapitre à la science de la détermination des objectifs. Je voudrais vous aider à vous faire une image mentale précise de ce que vous désirez réellement.

Les buts sont une nécessité et non un luxe

À moins d'avoir une idée précise du genre de vie que vous souhaitez, vous ne vous sentirez jamais maître de votre temps. « Ceux qui n'ont pas de buts sont à jamais condamnés à travailler pour ceux qui en ont », m'a dit un jour l'auteur Brian Tracy. Réfléchissez un moment à cette dernière phrase. Lorsque vous n'avez pas de buts précis, vous donnez votre énergie à des gens qui ne demandent pas mieux que de l'utiliser à leurs propres fins. Plutôt que de vous consacrer à des tâches satisfaisantes, vos journées sont monopolisées par la réalisation des rêves de quelqu'un d'autre.

Presque tous ceux qui réussissent ont commencé de la même façon — en se fixant des valeurs et des objectifs clairs. Chacun de nous sait, au fond de lui, ce qui lui importe et ce qu'il veut. Mais il arrive que ces rêves soient enterrés, contrecarrés ou oubliés. Parfois, nous ne sommes même pas conscients de la possibilité de travailler moins et d'avoir plus. Sortons tous nos rêves du placard, époussetons-les et polissons-les, car nous allons nous y mettre DÈS MAINTENANT !

Beaucoup de gens ont peur d'examiner de près leurs rêves. Il est tentant de se dire : « Je me pencherai là-dessus demain quand j'aurai plus de temps et d'énergie ». La plupart des gens remettent continuellement la réalisation de leurs objectifs à plus tard et se demandent pourquoi leur vie et leur compte en banque semblent aussi vides que décevants.

En général, nous reportons la réalisation de nos objectifs à plus tard par crainte de perdre quelque chose ou quelqu'un, comme en témoignent les exemples ci-dessous :

♦ Jacqueline avait peur que son mari ne la quitte si elle réalisait son rêve d'étudier le droit et passait trois soirs par semaine à l'université.

♦ Marie avait peur que ses enfants en souffrent si elle suivait des cours de yoga et de méditation.

♦ Robert craignait qu'en obtenant la maison de ses rêves, il ne risque un jour d'être ruiné et de la *perdre* ; ce qui serait douloureux et humiliant.

♦ Cassandra voulait passer plus de temps avec sa fille, qui était encore bébé à l'époque, mais son emploi de courtier immobilier l'obligeait à rester à la disposition des clients 24 heures sur 24. Elle se demandait comment y arriver sans quitter son emploi et vivre de l'assistance publique.

♦ Julie, malgré un emploi du temps surchargé, passait une heure chaque soir au téléphone à écouter son amie Pam se plaindre de sa vie amoureuse et de ses finances. Julie aurait adoré ne plus avoir à écouter son amie chaque soir, mais elle craignait de la fâcher et de la blesser.

◆ James ne cessait de remettre à plus tard l'envoi de son manuscrit à des éditeurs par crainte d'être rejeté.

◆ Anna hésitait à demander une augmentation de salaire, craignant d'essuyer un refus de la part de son employeur, voire de se faire congédier. Elle était en outre persuadée, en son for intérieur, de ne pas la mériter.

◆ Kathy reportait constamment sa demande d'admission à l'université, car elle avait la hantise d'échouer. Après tout, sa mère ne lui avait-elle pas répété que les femmes n'ont pas besoin d'aller à l'université, qu'elles ont simplement besoin d'un mari ?

◆ Brenda craignait de quitter Mark, son mari violent et alcoolique. Elle avait peur de se retrouver seule, d'avoir du mal à joindre les deux bouts et de ne jamais trouver un autre partenaire.

◆ Craignant de choisir la « mauvaise » carrière, Kevin remettait sa décision à plus tard. En attendant, il continuait d'occuper un emploi peu satisfaisant et mal payé. Il se disait : « Un jour, je saurai ce que je veux faire dans la vie, mais pour l'instant, je n'en ai aucune idée. »

◆ Sous prétexte que ce serait égoïste de sa part, Stella refusait de priver sa famille de sa présence pour aller s'entraîner au gymnase et s'occuper ainsi de sa santé.

Ces hommes et ces femmes étaient paralysés par le doute, la peur et l'insécurité. Ils étaient conscients de souhaiter améliorer leur vie, mais craignaient que le prix en soit trop élevé.

Se fixer des «objectifs unidimensionnels» consiste à croire à tort que pour réaliser un rêve en particulier, il faut faire des sacrifices. Lorsque vous vous fixez des objectifs, il est plus sain de viser plus d'un aspect de votre vie à la fois et de décider comment vous envisagez *l'ensemble* de votre vie. Pour moi, le summum consiste à avoir beaucoup de temps, plutôt que beaucoup de biens matériels. Alors, choisissez ce qu'il y a de mieux pour vous dans votre vie amoureuse, professionnelle, spirituelle, familiale et personnelle.

Lorsque vous fixez vos objectifs, cessez d'abord de craindre que vos proches vous en veuillent de vous consacrer à vos propres intérêts pendant un certain temps. En réalité, quand vous êtes gagnant, tout le monde est gagnant. Cet aphorisme prend ses racines dans une vérité qui forme un tout : vous ne pouvez donner de l'amour que si vous vous aimez vous-même et aimez votre vie. Satisfaire vos besoins est non seulement *bien*, c'est essentiel !

Avec le temps, les gens qui n'ont pas réalisé leurs aspirations finissent par en vouloir à tout le monde autour d'eux. Les vapeurs toxiques du ressentiment s'infiltrent partout dans leur être, figeant les rides en un masque sévère, nouant et acidifiant l'estomac. Remplacez toutes traces de ressentiment par la satisfaction, et votre santé affective, spirituelle et physique, de même que celle de votre famille, connaîtront une véritable cure de rajeunissement.

Une façon saine de se fixer des objectifs et de les réaliser

> *Il n'y a pas de meilleure démonstration du pouvoir de la foi que de décider de faire quelque chose et de prendre la ferme résolution de réaliser votre ambition.*
>
> — Napoleon Hill,
> auteur de *Réfléchissez et devenez riche*

N'importe qui peut réaliser ses objectifs; nous le faisons tous chaque jour. Toutefois, de nombreuses personnes se fixent des objectifs trop modestes et se contentent de trop peu. Il n'y a pas de meilleur moment que le moment présent pour clarifier et fixer vos objectifs. Même si vous les connaissez déjà, il faut les mettre à jour régulièrement. Si vous ne l'avez pas fait depuis au moins cinq ans, prenez un stylo et assoyez-vous devant une feuille de papier. Si vous n'avez jamais couché vos objectifs sur papier, vous serez ravi de la vitesse à laquelle ils se réaliseront grâce à cette procédure en apparence toute simple. Pour l'instant, veuillez chasser de votre esprit toutes vos interrogations concernant la façon dont vous y parviendrez. Nous y reviendrons plus tard.

♦ ♦ ♦

Ici, j'utilise le mot *objectif* de manière interchangeable avec les mots *désir, rêve, aspiration, fonction, but* et *mission*. Je comprends que le mot *objectif* n'est pas à la mode et qu'il a même une connotation négative issue de la course effrénée des années 80, alors que de nombreuses personnes se sont endettées au maximum pour acheter des voitures, des maisons et des appareils ménagers de luxe.

Par *objectif*, j'entends «ce que vous souhaitez avoir, être ou faire». Vous souhaiterez probablement, entre autres, simplifier votre vie. Il y a un merveilleux objectif qui consiste à vous rendre maître de vos temps libres afin de réellement vous détendre, méditer, passer du temps en famille et vous sentir reposé.

C'est une autre façon de procéder, comme l'a découvert Wanda, une de mes clientes. Dans les années 80, elle a dépensé des milliers de dollars en livres et audiocassettes sur le sujet, puis, s'apercevant qu'elle ne réussissait pas à réaliser ses objectifs, elle a tout jeté à la poubelle! C'est donc à reculons qu'elle s'est exécutée lorsque je lui ai demandé de consigner ses objectifs par écrit. «J'ai déjà essayé et ça n'a pas marché!», a-t-elle protesté.

Je l'ai quand même exhortée à franchir cette première étape, au bout de laquelle elle a dû admettre que sa nouvelle liste d'objectifs différait considérablement de la précédente. En effet, alors que son ancienne liste réunissait des objectifs qu'elle croyait «devoir» inclure, la nouvelle portait sur ce qui lui tenait réellement à cœur. Voici son histoire :

Wanda était douce, empathique et artistique. Et pourtant, dans les années 70 et 80, elle s'était fixé des objectifs tout à fait contraires à sa personnalité et à ses intérêts. Par exemple, elle avait exercé entre autres métiers celui d'agent de police et passé cinq ans à patrouiller à pied dans les rues des quartiers chauds de Los Angeles.

Lorsqu'elle s'est rendu compte que ce n'était pas un métier pour elle, elle a opté pour une maîtrise en administration des affaires. Voyant que cela l'ennuyait à mourir, elle a abandonné ses études pour devenir agent d'assurances. Comme elle détestait faire du réseautage et de la sollicitation au hasard, la frustration l'a de nouveau gagnée. Elle s'est retrouvée complètement désespérée et dégoûtée. De toute évidence, ses livres et cassettes de motivation ne lui avaient été d'aucun secours!

Lorsque j'ai demandé à Wanda de décrire le genre de vie qu'elle souhaitait *réellement*, elle a cligné des yeux et m'a demandé plusieurs fois, incrédule : « Je peux vraiment écrire tout ce que je veux? Êtes-vous certaine que je ne finirai pas par être déçue? » Lorsque je l'ai convaincue qu'elle pouvait exprimer ses plus chers désirs, elle a pu s'avouer la vérité.

Elle m'a raconté que depuis dix ans, elle allait en vacances au Pérou — sa famille était originaire de ce pays — deux fois par année. « Une chose inouïe se produit : dès que j'y mets les pieds, je ne suis plus la même. Ici, je dois marcher avec une canne tellement j'ai mal aux genoux, tandis que là-bas, je n'en ai pas besoin! Ici, je n'arrive pas à maîtriser mon appétit et je déteste faire de l'exercice, alors qu'au Pérou, j'adore faire de longues promenades dans les sentiers et je me nourris uniquement de fruits et de légumes. Ici, je ne suis pas très sociable, alors que là-bas, j'ai de très bons amis et même un merveilleux amoureux. Je rêve d'ouvrir une agence de recrutement de personnel au Pérou. J'ai même trouvé un emplacement et économisé suffisamment pour subvenir à mes besoins pendant un an, mais je ne sais pas… »

Wanda a baissé la tête sans achever sa phrase. Les fois suivantes, nous avons parlé des peurs qui l'empêchaient d'admettre et de réaliser son rêve, qui consistait à ouvrir une agence de personnel au Pérou. Premièrement, elle avait énormément de mal à sentir qu'elle « méritait » de réaliser son rêve, étant donné que ses parents lui répétaient sans cesse « tu n'es qu'une ratée ! »

Deuxièmement, elle se disait que si elle réalisait ses rêves, ils risquaient de s'évanouir un jour. Elle avait peur, une fois déménagée, que son amoureux la laisse tomber et de ne pas trouver de logement à son goût. Mille et une craintes l'empêchaient d'admettre à quel point elle était attachée à ce projet.

Lorsque Wanda s'est forcée à écrire ce qui était réellement important à ses yeux, elle a été surprise de constater que tout se tenait ! Après tout, rien ne la retenait à Los Angeles et elle avait épargné suffisamment pour payer son déménagement, ouvrir son agence et subvenir à ses besoins pendant l'inévitable période de rodage de l'entreprise. Tout pointait en direction du Pérou : sa santé, ses amitiés, sa vie amoureuse et ses passions.

Ayant écouté son cœur et son âme, elle a enfin réussi à se fixer des objectifs qui la comblaient réellement à tous points de vue : sentimental, physique, spirituel et financier.

Vous serez guidé

Tout comme Wanda, votre âme sait déjà en quoi consistent vos *véritables* aspirations. Ce sont elles qui vous apporteront la joie et la liberté que vous recherchez. Je ne parle pas
ici de la joie que procure l'accumulation de biens matériels.
Les véritables désirs visent à donner, tandis que les désirs
enracinés dans l'ego visent uniquement à acquérir. Iro-
niquement, nous finissons par obtenir davantage de nos
véritables désirs que de nos désirs inspirés par l'ego. Plus
vite vous vous détacherez de ces derniers, plus vite vous
connaîtrez la joie.

Réfléchissez un instant à vos désirs les plus chers et les
plus secrets et demandez-vous : « D'où vient ce désir ? » Si la
perspective d'y donner suite vous remplit de joie, cela
indique qu'il s'agit d'une véritable aspiration correspondant
à votre mission divine. Une mission divine, c'est le rôle que
nous avons accepté de jouer tout au long de notre vie. Un
rôle qui contribue à rendre notre monde meilleur. Si vous
acceptez de remplir votre mission divine, vous ressentirez
une joie et un bien-être indescriptibles. Mais il se peut que
vous hésitiez, doutant de vos compétences. Sachez bien,
cependant, que *vous êtes suprêmement qualifié pour remplir
votre mission divine.*

Dès que vous accepterez de tenir compte de vos véritables désirs et de ce que votre intuition vous presse d'accomplir, votre vie sera transformée à jamais. Toutes sortes de
coïncidences miraculeuses se produiront sous forme d'appels téléphoniques, de rencontres fortuites, de livres qui
tombent des rayons de votre bibliothèque et d'envies irré-
pressibles de suivre votre intuition ! Vous recevrez

également des directives précises sur la façon de remplir votre mission divine, ainsi que tout le temps, le soutien, l'argent et l'aide dont vous avez besoin.

Vous recevrez des messages vous indiquant quoi faire, une ou deux étapes à la fois. Ne vous inquiétez donc pas si vous ne savez pas d'avance comment procéder ultérieurement. Lorsque vous aurez suivi la première série de directives, vous recevrez la suivante et ainsi de suite. Vous apprendrez rapidement à faire confiance aux messages transmis par votre intuition et c'est avec joie que vous vous préparerez à recevoir et à mettre en œuvre tous ceux qui suivront.

Ayant moi-même essayé de trouver la joie dans la réussite matérielle, je sais pertinemment que la seule façon de vivre heureux et en sécurité consiste à suivre la voie spirituelle que notre intuition nous a tracée. Je n'ai rien contre les belles maisons et les biens matériels, mais ils me procurent une joie infime comparativement à celle que je retire de la vie que je mène et de ma capacité à remplir ma mission divine. L'amour est mon bien le plus précieux, un bien qui se multiplie lorsque j'en fais don. Après tout, donner de l'amour est ma mission divine. Et c'est la vôtre également, qu'importe la forme dictée par votre intuition !

Points à retenir

- Des objectifs flous donnent des résultats flous. Vous devez savoir où vous allez et croire que vous y arriverez. Votre intuition vous incite depuis longtemps à vous occuper de vos objectifs. Il est temps de l'écouter et de lui obéir : elle vous mènera vers la joie, la liberté et la sécurité que vous recherchez et méritez.

- Tout le monde a des objectifs, car tout le monde a une mission divine. Vous saurez clairement en quoi elle consiste lorsque vous écouterez votre intuition et lui obéirez.

- Vous êtes *suprêmement* qualifié pour accomplir votre mission divine. Ces missions ne sont jamais attribuées de manière erronée ou fortuite.

- Chaque fois que vous aurez complété une étape de la mission dictée par votre intuition, vous recevrez une nouvelle série de directives. Ne vous impatientez pas si vous ne connaissez pas d'avance les étapes à venir : vous serez guidé chaque jour de votre vie.

CHAPITRE 4

LIBÉREZ VOS RÊVES

Le succès a ceci de merveilleux qu'il vous permet de prendre le temps de faire ce que vous désirez.
— Mary Leontyne Price (1927-),
chanteuse d'opéra américaine

Prenez le temps de vous interroger : «Qu'est-ce que j'aimerais être, avoir, faire?» Mettez de côté vos doutes et vos craintes quant à savoir si vos ambitions sont réalistes ou pas, et répondez en imaginant qu'un philanthrope va les financer. Décrivez en détail votre vie idéale — de la maison de vos rêves au partenaire amoureux, en passant par votre façon de vous détendre et de vous divertir, sans oublier votre carrière.

Laissez votre esprit vagabonder à l'aise pendant qu'il cristallise des images saisissantes de votre vie rêvée. Pensez aux gens dont vous admirez le mode de vie et décrivez les aspects de leur existence que vous aimeriez vous approprier.

Les objectifs flous donnent des résultats flous, donc insatisfaisants. Le vieil adage est toujours aussi vrai : «On ne peut atteindre une cible que l'on n'aperçoit pas.» Vous ne serez pas heureux des résultats tant et aussi longtemps que vous n'aurez pas une idée précise de ce que vous désirez. Lorsque vous décrivez la vie de vos rêves, il faut remplir tous les blancs, sinon d'autres risquent de les remplir à votre place. Ne laissez rien au hasard et arrêtez vos choix dans tout ce qui vous importe.

Imaginez que votre philanthrope milliardaire vous dise : « Si vous décrivez clairement ce que vous désirez, je paierai tout. » Votre bailleur de fonds vous demande une seule chose : décrire exactement ce en quoi consiste votre vie rêvée.

Laissez-vous aller et trouvez des objectifs qui suscitent réellement votre enthousiasme. Étant donné que *vous ne pouvez pas ne pas créer*, autant vous donner des objectifs qui « créeront » un être plus heureux : vous ! Si vous avez déjà essayé cette méthode par le passé et que cela n'a pas fonctionné, surtout ne mettez pas en doute le processus même. Peut-être que les objectifs que vous aviez choisis ne vous paraissaient pas vraiment atteignables ou ne vous plaisaient pas du tout au départ. Comme nous l'avons dit au chapitre précédent, votre âme sait déjà ce que vous désirez, car elle sait ce dont vous avez besoin pour remplir votre mission divine. Si, par exemple, votre mission divine consiste à être guérisseur, votre âme sait de quelles études, sécurité matérielle ou expériences de vie vous avez besoin. C'est le genre de détails qu'il vous faudra préciser et mettre sur papier.

> Votre mission divine — et les choses, personnes, argent, logement et soutien dont vous avez besoin pour remplir votre objectif — est le but de votre vie.

Si vous vous sentez coincé ou indécis, ne vous en faites pas. Reportez-vous plutôt à la cinquième partie du présent ouvrage pour apprendre à consulter votre guide intérieur, qui vous aidera à préciser le genre de vie susceptible de vous apporter les plus grandes satisfactions.

Au fur et à mesure que vous avancerez dans votre lecture et dans la pratique des exercices de ce livre, vous aurez probablement des ajouts et des changements à apporter à votre liste, et c'est normal! La liste constitue un excellent tremplin : je vous la recommande vivement. Le fait de mettre par écrit ce que vous recherchez est une des étapes les plus importantes de la réalisation de vos plus chers désirs. En fait, c'est un outil tellement puissant, qu'il est pratiquement indispensable.

Des objectifs pour la vie

Je mets par écrit mes désirs et mes objectifs depuis de nombreuses années déjà et je dois dire que j'ai toujours obtenu des résultats remarquables.

J'ai déjà cru que les objectifs servaient uniquement à planifier sa carrière ou sa réussite financière. C'est pourtant ce qui m'a aidée à être publiée à 30 ans, à être invitée à la télévision comme auteure à succès à 31 ans et à posséder une maison, une voiture et des meubles à mon goût. Cependant, tandis que ma carrière allait bon train, le reste de ma vie laissait à désirer.

Mi-désespérée et mi-curieuse, j'ai donc décidé d'appliquer la technique des objectifs à ma vie amoureuse et familiale, ainsi qu'à ma santé et à ma spiritualité. À mon grand étonnement, cela a fonctionné! Sur le plan amoureux, par exemple, tous les hommes que je rencontrais ou avec qui je sortais auparavant avaient malheureusement des valeurs et un style de vie très différents de ce que je recherchais chez un compagnon de vie.

Alors, j'ai essayé sans trop y croire de manifester une relation amoureuse par des moyens spirituels. Mais comme je l'ai expliqué précédemment, les visualisations quelconques donnent des résultats quelconques. Vous auriez dû voir le résultat que j'ai obtenu! Ma timide tentative consistait à vouloir un homme romantique qui m'offre des roses rouges, sans aucune autre précision. Quelle erreur! C'est comme si vous commandiez un sandwich et laissiez le serveur décider de la garniture à mettre entre les deux tranches de pain. Lorsque vous «commandez» quelque chose — surtout si c'est important (comme un amoureux) — il faut être *extrêmement* précis.

Quoi qu'il en soit, environ deux jours après avoir affirmé mon désir de rencontrer l'homme au bouquet de roses, j'ai fait la connaissance de John le comptable. Il paraissait bien, était de compagnie agréable et avait du succès. Et il avait un réel penchant pour les roses! J'ai dû insister un peu trop sur les roses dans mes manifestations, car une semaine après l'avoir rencontré, j'ai commencé à recevoir des tonnes de fleurs au bureau. Ma table de travail, mes étagères et mes classeurs étaient couverts de vases remplis de magnifiques roses d'un rouge profond, au point où ma secrétaire a commencé à se moquer gentiment des arrivages de fleurs quotidiens. J'avais l'impression d'être Mickey Mouse qui, dans *Fantasia*, voit une procession interminable de roses venir à sa rencontre.

J'aurais apprécié le romantisme de John si j'avais eu la bonne idée de manifester un ingrédient très important dans une relation amoureuse : la chimie entre les partenaires.

Malheureusement, elle n'opérait pas du tout entre nous, du moins en ce qui me concernait. Je ne ressentais rien : zéro émotion. Ma tête me disait qu'il était formidable, mais mon cœur m'empêchait ne serait-ce que d'avoir envie de glisser ma main dans la sienne ou de l'embrasser.

Je me suis juré que, lors de ma prochaine manifestation, tous les détails essentiels seraient au point. Je me suis donc aventurée à mettre par écrit chaque qualité que je souhaitais rencontrer chez un homme et chaque caractéristique de la relation que je désirais avoir avec lui. Parmi les hommes que j'ai rencontrés, beaucoup avaient une idée du mariage qui ne correspondait pas à la mienne. Soit qu'ils voulaient se marier tout de suite, soit qu'ils ne voulaient pas se marier du tout. Personnellement, j'aspirais au mariage, mais après de longues fiançailles. J'ai donc spécifié dans ma liste : « Je veux me fiancer rapidement, mais ne pas me marier avant deux ans. » Ma liste faisait deux pages de long !

Puis, j'ai utilisé les autres volets de la méthode des objectifs qui avait si bien fonctionné pour ma carrière, c'est-à-dire la visualisation et la confiance. Je fermais les yeux et je *savais* que l'homme de ma vie mettait autant de ferveur à me chercher que j'en mettais, moi, à le chercher. Je ne sais pas pourquoi, mais chaque fois que je fermais les yeux et que je pensais à lui, j'apercevais un comptoir de cuisine blanc.

Quelques jours plus tard, un très fort pressentiment m'a poussée à me rendre dans un endroit que je ne fréquentais pas d'habitude et à appeler des gens que je n'appelais pas d'habitude. Et c'est ainsi que je me retrouvée dans un petit restaurant français situé près de chez moi, alors que j'évite généralement ce genre d'établissement parce que je n'aime pas les sauces riches.

En pénétrant dans le restaurant, un homme de grande stature a failli me heurter. Après avoir échangé les salutations d'usage, nous avons engagé la conversation et, en moins d'une heure, je savais que c'était l'homme que j'avais décrit en détail dans mes objectifs. Depuis, Michael et moi n'avons jamais cessé de nous aimer et de former un couple heureux. Comme je l'avais visualisé, nos fiançailles ont duré deux ans et nous nous sommes mariés le jour du troisième anniversaire de notre rencontre. Nous avons même fêté notre mariage au restaurant français où nous nous étions rencontrés. Ce qu'il y a de fascinant dans cette histoire, c'est que Michael avait, lui aussi, dressé la liste des caractéristiques de la partenaire idéale et que cette personne, c'était moi!

Lorsque j'ai l'impression de faire du sur place ou que je n'ai pas le moral, c'est généralement parce que je n'ai pas écrit, relu ou mis à jour mes objectifs. S'il y a une chose dont j'aimerais vous persuader, c'est *qu'il n'y a pas de limite à la joie et au succès que vous et votre famille pouvez connaître*, à part les limites que vous y mettez vous-même.

Prenez un cahier neuf et écrivez ce que vous aimeriez par-dessus tout. Ne laissez ni la peur ni les réticences telles que *c'est matérialiste, ce n'est pas réaliste* ou *c'est superficiel* vous empêcher d'écrire en toute sincérité ce que vous souhaitez le plus au monde. N'oubliez pas qu'une bonne partie de vos désirs sont nés dans le monde spirituel et qu'il n'y a rien de gênant à souhaiter vivre confortablement.

Par contre, n'écrivez que les rêves auxquels vous tenez réellement. Autrement dit, n'écrivez pas que vous aimeriez posséder un manoir de cinq étages simplement parce que c'est ce que vous croyez *devoir* vouloir, alors que vous préféreriez un petit appartement douillet.

Donnez les précisions que vous jugez importantes. Comme je l'explique dans la cinquième partie, il est préférable de vous faire une image mentale concrète de vos objectifs pendant que vous méditez, et d'être reconnaissant et confiant que la loi spirituelle est en train de vous livrer ces désirs.

Voici des questions à vous poser lorsque vous décrivez en détail ce que vous attendez de la vie dans chacun des domaines suivants :

— *Temps libre et vie personnelle.* Quelles activités souhaiterais-je pratiquer plus souvent ? Qu'aimerais-je faire de mon temps libre ? Est-ce que je souhaiterais prendre plus de vacances ? (Si oui, où, à quelle fréquence et quel genre ?) Est-ce que j'aimerais passer plus de temps à méditer, à me détendre ou à dormir ? Combien de temps en plus ? Qui partagerait avec moi mon temps libre ? Où aimerais-je passer ce temps ? Est-ce que j'aspire à une vie plus simple ? Plus stable ? Qu'est-ce qui est important à mes yeux ?

— *Carrière.* Quel changement professionnel ferais-je si je gagnais à la loterie aujourd'hui ? Si l'on m'annonçait qu'il me reste trois mois à vivre ? À quelle carrière rêvée aimerais-je me consacrer ? À quelles activités m'adonnerais-je dans le cadre de cette carrière ? Y a-t-il un cours que je pourrais suivre ou un livre que je pourrais lire aujourd'hui même sur le sujet? Pour me lancer dans cette carrière, me faudrait-il de l'équipement ou un local quelconque? Comment me sentirais-je si je faisais un petit pas en direction de cette nouvelle carrière? Comment pourrais-je décrire ce pas sur ma feuille d'objectifs? Que pourrais-je changer dans mon travail actuel de manière à disposer d'un peu plus de temps? Si je m'efforce en ce moment à grimper les échelons dans mon poste actuel, est-ce bien ce que je veux? Qu'elle est la principale raison pour laquelle je travaille? Qu'elle est la deuxième raison pour laquelle je travaille? Est-ce que mon temps est réparti de manière à me permettre d'atteindre ces objectifs?

— *Vie amoureuse.* Quel genre de relation me conviendrait le mieux? Une relation qui penche davantage du côté de l'amitié ou de la passion? Parmi les caractéristiques suivantes, lesquelles me plairaient chez un partenaire : employé, à son compte, étudiant, caractère indépendant, travailleur assidu, tempérament artistique, efficace, sophistiqué, décontracté, reconnaissant, instruit, détendu, sûr de lui, amical, extraverti, drôle, sensuel, attentionné, sincère, monogame, romantique, studieux, capable d'offrir son soutien, affectueux, spirituel, religieux, axé sur la famille, sans enfants, athlétique, végétarien, buveur occasionnel, non-fumeur, sobre, sociable, tranquille, réservé, menu, fort, grand, charpenté, humble, sérieux, rustique, pantouflard, gourmet, confiant, loquace, câlineux, lève-tôt, couche-tard?

— *Revenu, dépenses et finances.* De combien suis-je prêt à m'endetter et à quelles fins? Est-ce que j'aimerais rembourser le solde d'une ou de plusieurs de mes cartes de crédit? Si oui, d'ici quelle date? Combien d'argent est-ce que j'aimerais gagner le mois prochain? L'an prochain? Dans cinq ans? Quelles sont les dépenses que j'aimerais réduire ou éliminer?

— *Maison et communauté.* Quels changements aimerais-je apporter à l'environnement dans lequel je vis? Est-ce que j'aimerais faire subir une cure de jouvence à ma maison ou à mon jardin? Est-ce que j'aimerais déménager? À quoi ressemblerait la maison de mes rêves? Où serait-elle située? À quoi ressemblerait mon coin ou ma pièce à moi? Y a-t-il un jardin, une piscine ou un étang? Est-elle située près de la mer, d'un lac, du désert ou des montagnes? En ville ou à la campagne? Dans quel coin du monde? À quoi ressemble le quartier? Dans quels projets communautaires suis-je impliqué si c'est ce que je souhaite?

— *Vie spirituelle.* Combien de temps aimerais-je consacrer aux pratiques spirituelles, comme la médiation, des cours sur la spiritualité, mon église, le bénévolat et ainsi de suite? Quels livres aimerais-je lire? Quels cours aimerais-je suivre? Y a-t-il des mentors, des auteurs ou des chefs spirituels que je souhaiterais rencontrer ou entendre, ou avec qui j'aimerais étudier? Quels lieux chargés de spiritualité aurais-je envie de visiter? Avec qui souhaiterais-je le faire et à quel moment? Quels sont les projets spirituels qui m'attirent? Quel cadeau spirituel aimerais-je offrir aux autres?

— *Santé et condition physique.* Qu'est-ce que je voudrais changer à mon état de santé et à ma condition physique? Combien de temps par jour et par semaine aurais-je envie de consacrer à l'activité physique? Quel régime d'exercice me plairait le plus et me ferait le plus de bien? Où aurais-je envie de me rendre pour faire de l'exercice? Avec qui aimerais-je faire de l'exercice? Qu'est-ce que j'aimerais guérir sur le plan physique? Si je pouvais manifester à l'instant même mon véritable état de santé naturellement parfait, comment serait mon corps? Pour être à l'aise et en santé, combien devrais-je peser ou quel devrait être mon pourcentage de tissu adipeux? Quel serait mon régime alimentaire de base? Quelles habitudes de sommeil me conviendraient le mieux? Comment réagirais-je au stress et à la tension? Quels facteurs de stress inutiles aimerais-je éliminer? Quelles toxines (émotives ou physiques) pourrais-je éliminer de ma diète ou de ma vie?

— *Vie familiale.* Quel genre de vie familiale aimerais-je avoir? Est-ce que je veux avoir des enfants? Si oui, combien de temps aimerais-je passer avec eux? Qu'est-ce que je souhaiterais leur transmettre ou vivre avec eux? Comment pourrais-je resserrer mes liens familiaux ou passer davantage de bons moments avec ma famille? Quel genre de liens aimerais-je entretenir avec mes parents? Mes frères et sœurs? Mes beaux-parents? Les autres membres de ma famille? Ai-je quelque chose à pardonner à quelqu'un dans ma famille? Quel type de rapports aimerais-je entretenir avec mon conjoint ou mon ex-conjoint relativement à l'éducation de nos enfants? Quel genre de vie de famille me conviendrait le mieux?

— *Amitié et vie sociale.* Combien de temps aimerais-je passer avec mes amis et mes connaissances? Quel genre d'amitié aurais-je envie d'encourager? Est-ce que je préfère avoir un ou deux amis proches, ou un groupe d'amis? Quelles qualités et caractéristiques aurions-nous en commun? Quelles activités aimerais-je surtout pratiquer avec eux? Qu'est-ce que j'aimerais changer dans mes interactions avec les gens que je côtoie actuellement? Faudrait-il que j'impose aux gens que je côtoie des limites à respecter me concernant, ou que je me fasse respecter? Ai-je quelque chose à pardonner à l'un de mes amis d'aujourd'hui ou d'autrefois? Combien de temps aimerais-je passer au téléphone avec mes amis? À mon avis, dans quelle limite devrait-on aider ses amis?

— *Passe-temps et loisirs.* Quelle est mon activité préférée? Qu'est-ce que j'aimais faire pour m'amuser quand j'étais enfant? Quand j'étais adolescent? À quels passe-temps ou sports aimerais-je m'initier? À quoi aimerais-je occuper mes week-ends et mon temps libre? Qu'est-ce que j'aimerais m'offrir comme équipement, voyages, cours ou abonnements? Quand vais-je m'en servir? Où? À quelle fréquence? Avec qui?

- *Éducation.* Qu'est-ce que j'aimerais apprendre? Quels sont les sujets qui me fascinent? Est-ce que j'aurais envie d'obtenir un diplôme ou un certificat d'études? Qu'est-ce que je pourrais apprendre qui serait amusant, intéressant, rentable, sain ou bienfaisant? Dans quels établissements et avec quels professeurs aimerais-je étudier? Quel petit pas puis-je faire aujourd'hui même pour me propulser vers ces objectifs?

- *Mes biens matériels.* Quels biens matériels aimerais-je posséder ou me faudrait-il pour remplir ma mission divine? Quels objets pourraient me rendre la vie plus facile, sécuritaire et agréable? Qu'est-ce que j'aurais toujours souhaité avoir comme meubles, vêtements, automobiles, véhicules récréatifs, bijoux, équipement, gadgets ou autres? Quels biens matériels me pèsent actuellement? De quoi souhaiterais-je me débarrasser? Y a-t-il quelque chose que j'aimerais vendre, offrir ou échanger?

Lorsque vous aurez répondu à ces questions, vous aurez fait un pas considérable vers l'établissement d'objectifs sains, susceptibles d'enrichir et d'améliorer votre vie!

Points à retenir

🍃 Il est sain de se fixer des objectifs dans tous les domaines de la vie, y compris les loisirs, la famille, la vie amoureuse, la trilogie santé-forme-poids, la spiritualité, ainsi que la carrière et l'argent.

🍃 Se fixer des objectifs est une façon d'admettre en toute honnêteté que nous avons toujours souhaité avoir certains biens matériels et un certain mode de vie. Le processus le plus important dans l'établissement d'objectifs sains est l'honnêteté face à soi-même.

DEUXIÈME PARTIE

Surmonter la peur et tout autre obstacle au succès

CHAPITRE 5

LA PEUR À L'ORIGINE DE LA PROCRASTINATION

La meilleure façon de préparer demain est de cultiver aujourd'hui un esprit serein et harmonieux. Tout ce qui vous arrivera de bon en découlera.

— Emmet Fox (1886-1951),
auteur du *Sermon sur la Montagne*

Mes voisins possèdent une chienne de race golden retriever qui s'appelle Katie. Chaque fois que je sors sur la terrasse, elle vient jouer avec moi. Si vous connaissez cette race de chiens, vous savez déjà que leur jeu préféré consiste à courir après une balle et à la ramener.

Katie vient toujours à ma rencontre le regard suppliant pour que je lance la balle de tennis verte qu'elle tient invariablement entre les dents. Alors, je tape des mains en disant «Laisse tomber la balle, Katie!» et elle me répond en grognant et en secouant la tête de manière enjouée, comme pour dire : «Tu veux la balle? Eh bien, tu ne l'auras pas, tralala!»

Je lui dis alors : «Mais Katie, comment veux-tu que je la lance si tu ne me la remets pas?» Son plus grand plaisir consiste à courir après la balle, mais elle hésite pourtant à lâcher prise, ce qui me fait penser à mes clientes et clients qui savent ce qu'ils veulent, mais hésitent néanmoins à se débarrasser des obstacles qui leur barrent la route. Ils ont une soif ardente de bonheur, mais ne sont pas prêts à laisser tomber la peur ou les habitudes qui les empêchent d'y accéder.

Il n'y a rien de plus triste que de ne pas pouvoir réaliser un rêve à notre portée, simplement parce que nous nous cramponnons à des obstacles qui freinent nos progrès. Cessons de nous traiter de la sorte! Refuser de lâcher prise est beaucoup plus grave pour nous que pour Katie. Les «balles» auxquelles nous nous accrochons si fermement peuvent nous garder prisonniers d'un emploi ingrat, d'un budget serré, d'une relation pénible et — pire que tout — nous empêcher de remplir notre mission. Examinons, si vous le voulez, en quoi consistent nos «balles» et laissons-les tomber!

> *Comme c'est vrai : personne ne peut rien nous donner, sauf nous ; et personne ne peut rien nous enlever, sauf nous.*
> — Ernest Holmes (1887-1960),
> auteur de *La science du mental*

L'importance de cerner nos peurs

Avez-vous déjà remarqué que plus les humains tiennent à un objectif, plus ils ont tendance à en reporter la réalisation? N'est-ce pas ironique? Cela vous est-il même arrivé? Les objectifs non réalisés ont peut-être une utilité après tout : lors d'une réunion d'affaires assommante, dans un embouteillage ou lors d'une matinée mouvementée avec les enfants, ils nous permettent de nous échapper en rêvant à la vie merveilleuse que nous aurions «si seulement...»

Il serait beaucoup plus logique de simplement changer ce qui ne va pas dans notre vie, si c'est ce que nous voulons réellement. Mais en général, nous remettons au lundi suivant l'exécution de notre plan. Et le lundi suivant, nous remettons le tout à plus tard. Nous ne nous sentons jamais tout à fait prêts. Nous avons l'impression qu'il nous manque encore du temps, de l'argent ou des compétences.

En général, il ne suffit pas de fermer les yeux sur nos peurs et autres blocages pour qu'ils disparaissent : il faut d'abord en prendre conscience, puis les mettre en lumière. Nous éviterons de nous attarder sur les peurs, car tout ce qui retient longtemps votre attention finit par s'amplifier. *Il faut toujours penser à ce que nous voulons et non à ce que nous ne voulons pas.* Nous décrirons brièvement les obstacles au succès dans le seul but de les éliminer le plus vite possible.

Il n'est pas toujours facile de reconnaître les peurs qui nous arrêtent. Beaucoup d'entre nous insistent pour dire qu'ils n'ont peur de rien, mais les peurs ne sont pas toujours faciles à débusquer. En fait, la procrastination et la peur de l'échec sont si puissantes qu'elles revêtent souvent la forme d'autres problèmes comme :

— *L'hyperphagie (trop manger).* Comme elle détestait faire le ménage, Henrietta commençait la journée le plus tard possible. « Je vais m'y mettre tout de suite après le petit déjeuner », se disait-elle. Alors, elle se servait un bol de céréales, puis un autre et un autre encore...

— *La léthargie.* « Je suis trop fatigué pour faire de l'exercice. » « Je n'ai pas envie de sortir et d'essayer de rencontrer des gens ce soir. » « Je n'ai pas assez d'énergie pour suivre des cours du soir. » La léthargie et le manque d'énergie sont réellement ressentis et pourtant, eux aussi cachent la peur de l'échec.

L'échec et même la peur de l'échec sont très douloureux, et les êtres humains feraient n'importe quoi pour éviter de souffrir. L'un de nos mécanismes d'évitement les plus ingénieux consiste à nous sentir trop fatigués pour amorcer un projet. Dès que nous songeons à nous y mettre, notre esprit se sent aussitôt accablé. Alors nous nous « mettons à zéro » et la fatigue s'ensuit.

La source de toute énergie — Dieu — est illimitée et nous pouvons tous puiser instantanément à même cette force. Qui n'a jamais retrouvé son enthousiasme au point de piaffer d'impatience simplement en entendant parler d'un projet qui les emballe ?

— *La maladie physique.* Tomber malade ou se blesser est une autre façon d'éviter la souffrance liée à l'échec. Katrina, par exemple, avait mal à la gorge chaque fois qu'elle avait l'intention de demander une augmentation de salaire à son patron.

— *Les problèmes relationnels.* Sophie mettait son incapacité d'être heureuse sur le dos de son mari. Elle se disait qu'un homme, « un vrai », faisait un gros salaire, achetait des cadeaux à sa femme et amenait souvent la famille en vacances. Elle le rabaissait et se plaignait de son maigre salaire, au point où leur mariage a commencé à en souffrir, ce qui n'est pas surprenant. En thérapie, Sophie a découvert les peurs qui l'empêchaient, elle, de trouver une façon d'arrondir les fins de mois.

Les différentes formes de peur

La plupart des gens qui souffrent de procrastination ont peur de quelque chose et ignorent même parfois la nature de leurs craintes. Voici quelques-unes des peurs les plus souvent responsables de la procrastination :

— *Croire que l'on ne mérite pas de réussir.* « J'ai le sentiment que les bonnes choses n'arrivent qu'aux autres », me confiait Marge, une de mes clientes. Je caresse certains rêves, mais je sais qu'ils resteront toujours latents. » Marge avait décidé qu'elle ne méritait pas d'avoir une vie meilleure. Plutôt que de risquer d'être déçue, elle préférait ne même pas tenter sa chance. Au fil des ans, j'ai aidé des milliers de personnes maltraitées ou négligées pendant l'enfance, chez qui cette croyance était fermement ancrée.

Ces personnes ont généralement grandi dans un milieu qui leur renvoyait une image négative d'elles-mêmes et de leur capacité à réussir. Les parents qui maltraitent leurs enfants — généralement des alcooliques, des toxicomanes, des handicapés mentaux ou des personnes au caractère instable — réussissent à leur faire croire qu'il ne sert à rien d'essayer d'améliorer sa vie. Certaines blâment même leurs enfants de leur pauvreté. D'autres se moquent d'eux en leur lançant des « t'es un bon à rien » ou « espèce d'abruti » et autres messages semblables. Il n'est donc pas étonnant qu'une fois adultes, ces personnes doutent de leur mérite et de leurs compétences.

— *Craindre que d'essayer d'améliorer sa vie ne fera qu'empirer la situation.* Cathy et son mari, Bob, souhaitaient quitter leur emploi et se lancer en affaires, mais comme ils avaient peur de faire faillite, ils ne se sont même pas donné la peine de s'informer des possibilités qui s'offraient à eux.

— *La peur de se laisser dominer.* «Je refuse qu'on me dise quoi faire!» Nous nous rebellons souvent contre les règles, y compris celles que nous nous imposons nous-mêmes. C'est pourquoi il est entre autres difficile de rester fidèle à un régime amaigrissant. Cette peur est la version adulte de la rébellion contre un parent. Si vos parents vous disaient toujours quoi faire, il se peut qu'une fois adulte, vous vous êtes juré de ne plus jamais vous laisser dominer. Ce modèle d'éducation est une arme à deux tranchants, cependant. Alors qu'il favorise un esprit d'entreprise, il se fait aussi au détriment de l'autodiscipline.

— *Croire que vous avez besoin de connaître les «bonnes» personnes pour réussir.* Anita voulait devenir animatrice de talk-show et elle avait visiblement ce qu'il fallait pour réussir : le physique, la personnalité et l'intelligence. Elle animait déjà un talk-show populaire à la télévision communautaire et habitait près de Los Angeles, lieu de tournage de plusieurs émissions. Ses amis l'encourageaient à se trouver un agent, enregistrer une démo et se lancer. Mais Anita ne croyait pas suffisamment en elle pour attaquer la situation de front. Elle a plutôt opté pour un emploi de vendeuse chez un concessionnaire de voitures de luxe situé à plus de 90 km de Los Angeles, en croyant qu'elle y rencontrerait des gens capables de l'aider à réaliser son rêve. «Je vais rencontrer de riches clients qui vont m'aider à me tailler une place dans le show-business», a-t-elle expliqué à ses amis.

— *Croire que vous n'avez pas toutes les connaissances nécessaires.* Jonathan, qui avait participé à un de mes séminaires, m'a raconté qu'il avait suivi des dizaines d'ateliers depuis deux ans et qu'il rêvait de devenir conférencier spécialisé en motivation. Il m'a expliqué qu'il était devenu millionnaire par ses propres moyens et qu'il aimerait inspirer et aider les autres en partageant avec eux ses nombreuses théories. Lorsque je lui ai demandé à quel moment il comptait se lancer, il m'a répondu ceci : «Je ne sais pas trop. Je ne me sens pas tout à fait prêt encore».

— *Se sentir trop vieux.* «Je suis trop vieux pour aller à l'université! déplorait Martin, 42 ans. Si je commence maintenant, je devrai étudier pendant six ans à temps partiel et j'aurai presque 50 ans lorsque j'obtiendrai mon diplôme!» Je lui ai fait remarquer que dans six ans, il aura le même âge, avec ou sans diplôme.

— *Éviter les désagréments.* Il est rare que l'on puisse réaliser un objectif sans avoir à s'astreindre à des tâches difficiles ou monotones. Suivre des cours du soir ou faire de l'exercice, par exemple, peut sembler désagréable comparativement à des activités de pur divertissement. Judy rêvait de devenir actrice, ce qui l'aidait à endurer son travail monotone de secrétaire. Elle imaginait les accolades, les trophées, l'adulation de ses admirateurs et pourtant, chaque fois qu'elle songeait à suivre des cours de théâtre, elle se jugeait trop occupée.

— *La peur de prendre la mauvaise décision.* Patty, une cliente, s'est plainte à moi en ces termes : « Je sais que je suis malheureuse, mais je n'arrive pas à savoir ce qui me ferait du bien. Il m'arrive de penser que je devrais changer d'emploi, puis je me dis que c'est mon mari qui me rend folle et je songe à divorcer. À d'autres moments, je me dis que j'ai simplement besoin de prendre de longues vacances. Je tourne en rond en me demandant ce que je devrais faire ! »

La peur de prendre la mauvaise décision maintient les gens dans une sorte de flou pendant qu'ils remettent leur décision à plus tard. Sans doute est-il utile de se demander quels choix s'offrent à nous au lieu de plonger les yeux fermés, mais faire éternellement du sur place revient à choisir le statu quo. En outre, certaines personnes ont tellement peur de prendre une décision qu'elles passent tout leur temps à scruter les différentes possibilités qui s'offrent à elles.

— *La peur d'être ridiculisé ou critiqué.* Je connais une femme prénommée Martha qui se souvient encore d'un numéro de danse à claquettes qu'elle avait donné lors d'un spectacle à l'école. À la fin, elle avait regardé sa mère du haut de l'estrade, mais au lieu d'arborer un sourire radieux, celle-ci avait le visage cramoisi et la mâchoire serrée. Lorsque Martha est descendue dans la salle, sa mère s'est mise à lui reprocher sa « piètre performance » et à lui demander comment elle pouvait être assez cruelle pour lui faire honte devant tout le monde. La petite Martha n'avait jamais remis en question le jugement de sa mère ; elle présumait que celle-ci avait raison. Par la suite, elle a fait particulièrement attention de ne jamais se mettre dans une situation où sa performance risquait d'être qualifiée de médiocre. Elle n'a donc jamais tenté de réaliser un certain rêve, car il aurait fallu qu'elle prenne le risque de s'exposer au ridicule, à la critique ou à la honte.

— *La peur de l'abandon.* Nous craignons parfois que les autres réagissent mal si nous apportons des changements importants à notre vie. Kate, par exemple, avait peur que son mari la quitte si elle s'inscrivait à des cours du soir. « Je sais qu'il sera contrarié si je ne suis pas à la maison le soir », a-t-elle soupiré. Barbara, quant à elle, se disait inquiète de la réaction de ses amies si elle perdait du poids : « Elles ne voudront plus me fréquenter si je suis plus mince qu'elles. »

— *Ne pas croire qu'on est réellement capable de réaliser son objectif.* Patricia voulait à tout prix perdre du poids et elle savait que l'exercice était essentiel à sa réussite, mais elle doutait de l'efficacité du conditionnement physique dans son cas. «J'ai déjà dépensé une fortune en équipement, a-t-elle expliqué, et rien ne semble fonctionner. Je me blesse, j'ai des courbatures, je m'épuise et je me décourage. Pourquoi me donner la peine d'essayer de nouveau?»

— *La peur d'être comme ses parents.* Les victimes de mauvais traitements sont particulièrement sujettes à cette peur. Ce phénomène, appelé «désidentification», amène quelqu'un à adopter volontairement le comportement opposé à celui d'une autre personne. Entre sept et neuf ans, Tamara, une de mes clientes, avait été agressée sexuellement par son père alcoolique. Elle en était sortie profondément blessée, mais c'est le comportement de sa mère qui l'enrageait le plus. «Ma mère est une poule mouillée sans volonté aucune, affirmait Tamara. Elle savait ce qui se passait, mais craignait que mon père ne nous abandonne si elle le confrontait. Plus tard, lorsque je lui ai raconté ce qui s'était passé, elle m'a accusée de l'avoir cherché. Personnellement, je considère que ma mère m'a échangée contre un toit au-dessus de nos têtes. C'est un peu comme si je m'étais prostituée pour son compte!»

Tamara s'est juré de ne jamais être une poule mouillée sans épine dorsale comme sa mère. S'affirmer est une très bonne chose, bien entendu, mais Tamara a poussé un peu trop loin la promesse qu'elle s'était faite à elle-même et elle s'est endurcie, adoptant une attitude défensive et agressive, ce qui lui a valu de nombreuses difficultés en amour, en amitié et au travail. Chaque fois qu'elle fréquentait un homme, elle ergotait afin de lui «prouver» sa force et son indépendance. Elle se disputait également avec ses patrons et ses collègues de travail pour les mêmes motifs.

En thérapie, elle s'est penchée sur la possibilité de pardonner à son père et à sa mère, et de se pardonner à elle-même, pour ce qu'elle avait enduré pendant des années. Lorsqu'elle a réussi à se débarrasser de la rage et du ressentiment qui l'habitaient depuis si longtemps, elle s'est sentie libre de ses propres décisions. «Je ne suis plus obsédée par les sévices sexuels que j'ai subis autrefois, a-t-elle expliqué. Toutes ces années, j'ai fait l'impossible pour ne pas ressembler à ma mère, mais pendant ce temps, je n'étais pas moi-même non plus.»

— *Croire qu'il y a quelque chose d'intrinsèque qui cloche ou qui manque chez vous.* «Je sais que Dieu nous a tous faits à son image et que nous sommes donc parfaits, m'a dit Frank, un client. Mais je crois qu'Il a commis une erreur lorsqu'Il m'a créé.» Beaucoup de mes clients m'ont répété plus ou moins la même chose. Ils craignent secrètement qu'un jour on ne découvre qu'ils sont «défectueux» ou «indignes», phénomène fréquent chez ceux qui ont subi des sévices ou souffert de négligence pendant l'enfance.

— *Le syndrome de l'imposteur.* Fred avait toujours craint d'être sous-qualifié pour le poste de cadre intermédiaire qu'il occupait. Il était paralysé par la crainte d'être congédié le jour où l'on découvrirait qu'il n'était qu'un imposteur. Il aurait voulu devenir cadre supérieur, mais ne se sentait pas le droit d'aspirer à de tels sommets.

— *Avoir peur que tout s'effondre à la maison si vous n'êtes pas là pour tout superviser.* Candice en avait assez d'assurer la tenue de livre de la petite entreprise familiale. Elle rêvait au jour où elle aurait enfin le plaisir de peindre des anges, mais craignait que son mari n'oublie de payer les taxes et de remplir les formulaires d'usage si elle ne supervisait pas elle-même la tenue de livre. La famille avait les moyens de s'offrir les services d'un aide-comptable compétent, mais Candice hésitait. Elle a dû finir par confronter sa peur de découvrir qu'on pouvait effectivement se passer d'elle. Au fond d'elle-même, elle craignait que son mari ne cesse de l'apprécier si elle ne jouait plus le rôle de protectrice et d'aide-comptable émérite.

— *Croire que vos proches (partenaire, amis, parents) doivent changer pour que vous puissiez réussir.* «J'aurais plus de temps à moi si mes amis cessaient de toujours me rendre visite à l'improviste, se plaignait Judy, une cliente. On dirait qu'ils veulent tous me confier leurs problèmes.» Judy a poursuivi en expliquant qu'elle rêvait d'écrire des livres pour enfants, mais qu'elle attendait que ses amis aient une vie plus stable et cessent de compter autant sur elle. « Ainsi, je ne me sentirai pas coupable de consacrer du temps à mes propres objectifs », a-t-elle ajouté.

— *Craindre le changement.* Alison avait toujours vécu seule. Elle rêvait d'avoir un mari et des enfants, mais n'était pas certaine de pouvoir partager son quotidien avec quelqu'un.

— *Croire que l'absence de bonheur, la peur et la culpabilité sont inhérentes à la condition humaine.* Beaucoup de gens sont profondément convaincus que l'on doit nécessairement souffrir pour avoir le droit d'être heureux, ce qui les empêche d'améliorer leur vie. C'est presque comme si l'on devait accumuler une certaine quantité de tristesse, de peur et de culpabilité, un peu comme des timbres-escompte échangeables contre la paix, la sécurité, l'amour et le bonheur dont nous avons tellement soif.

— *Avoir l'impression de ne pas être prêt.* « Je veux vraiment devenir actrice », m'a dit un jour Regina, une cliente, mais je dois d'abord suivre un autre cours de théâtre. » Lorsque je lui ai fait remarquer qu'elle suivait des cours depuis déjà cinq ans et qu'elle ne faisait peut-être que reporter son rêve à plus tard, elle s'est engagée à cesser de se préparer et à faire en sorte de réaliser son rêve. Trois mois plus tard, elle avait un agent, passait des auditions et se disait emballée par ses nouvelles activités.

Vous méritez de réussir

> *Il n'y a qu'une parcelle de l'univers qu'on peut être certain de pouvoir améliorer et c'est soi-même.*
>
> — Aldous Huxley (1894-1963),
> auteur et philosophe anglais

Examinons d'un peu plus près encore les empêchements de réussir, afin d'éviter que votre succès ne soit entravé par une quelconque peur cachée. Nous éviterons d'analyser ces craintes à outrance, car nous ne ferions que les renforcer. En effet, tout ce sur quoi nous nous attardons finit par s'amplifier. Plutôt que de nous pencher sur la peur, nous la *sortirons* des ténèbres. Ainsi attirée vers la lumière, elle éclatera comme une bulle de savon au soleil, et nous verrons apparaître votre véritable moi délivré de la peur.

◆ ◆ ◆

Le mérite. De tous les obstacles au succès — au travail, en amour ou sur le plan de la santé — c'est le plus important et le plus destructeur. Si vous ne croyez pas mériter le succès, vous l'éloignerez de vous. La question du mérite peut sembler illogique. Après tout, qui ne souhaite pas réussir ? Et pourtant, *vouloir* le succès et *y croire* sont deux choses différentes. Quelqu'un peut très bien souhaiter avoir un meilleur emploi, mais se dire : «continue de rêver, mon vieux !» et ne jamais même faire d'efforts en ce sens.

Si vous n'êtes pas convaincu de mériter le succès, c'est comme si vous décidiez d'échouer. Comme vous vous attendrez à échouer, votre prédiction se réalisera d'elle-même. Par contre, si vous savez que vous méritez de réussir comme n'importe qui d'autre, vous accepterez volontiers les bonnes choses qui vous arrivent. Vous apprécierez les compliments, les cadeaux et les promotions, et ferez preuve de générosité envers les autres. Lorsqu'on se sent méritant, on comprend qu'il est naturel dans la vie de donner et de recevoir. On accueille les bonnes choses au lieu de les craindre.

Beaucoup de mes clientes et clients, surtout parmi les victimes de sévices physiques et de négligence, ont l'impression de ne pas mériter le succès. «Les autres méritent de réussir, mais pas moi», diront-ils. En général, ce sentiment vient des nombreuses années pendant lesquelles ils se sont blâmés eux-mêmes pour les sévices qu'ils ont subis : «Je suis sûrement très vilain pour que papa me traite de cette façon ou que maman soit si fâchée contre moi.»

Bien que Tina, une de mes clientes, n'ait pas été maltraitée physiquement par ses parents, le fait d'avoir été négligée et injuriée durant toute son enfance avait réussi à la convaincre qu'elle ne valait rien et ne méritait pas de réussir. Or, Tina aspirait à devenir une artiste. Elle avait suivi de nombreux cours d'arts plastiques et peint de magnifiques portraits qu'on pouvait admirer sur les murs de son salon et de son bureau. Lorsqu'un ami lui a suggéré de participer à l'exposition qui allait se tenir dans son quartier, elle a paniqué. Ne se sentant pas à la hauteur, elle a protesté en ces termes : «Je n'ai pas le temps de peindre le nombre de tableaux nécessaires!»

Tina rêvait pourtant depuis longtemps d'être une artiste professionnelle. Dans son scénario préféré, elle se voyait exposer dans une galerie de San Francisco, évoluant avec élégance parmi des amateurs d'art admiratifs et conversant avec eux. Vêtue d'un chic tailleur en soie, elle prenait plaisir à échanger avec des hommes et des femmes qui sirotaient du champagne et ne tarissaient pas d'éloges à son sujet.

Ce rêve mettait de la couleur et de l'espoir dans sa grisaille quotidienne. Il la nourrissait et lui permettait de s'échapper dans un monde qui lui ressemblait, où elle se sentait appréciée et maîtresse de sa vie. Le hic, c'est qu'*elle ne s'était jamais attendue à ce que son rêve devienne réalité*. Voici ce qu'elle m'a dit un jour : « J'aimerais que mon rêve se réalise, mais je ne vois vraiment pas comment cela pourrait se produire. Je crois avoir du talent et il m'arrive souvent de me dire en voyant le travail d'un autre artiste : je pourrais faire encore mieux. Je trouve que mon travail n'est pas assez poussé. Comme je ne peins pas souvent, je n'ai pas l'occasion de m'améliorer. Je rêve de m'enfuir sur une île déserte avec une palette et un pinceau, là où personne ne viendrait me déranger et où je pourrais peindre toute la journée. »

À force d'en discuter avec elle, j'ai compris qu'au cœur de ces rêves éveillés se cachait la certitude de ne pas mériter d'accomplir ses objectifs. Tina était convaincue que les autres méritaient de réussir, mais pas elle. Elle croyait que les « vrais artistes » étaient différents d'elle. Elle a même été surprise de découvrir qu'elle croyait, à tort, que tous les artistes qui avaient du succès étaient chanceux, avaient du piston, étaient beaux ou exceptionnellement talentueux. «Je sais très bien qu'il est néfaste d'entretenir ce genre de croyance, m'a-t-elle dit. Je connais le pouvoir de la pensée, ce qui ne m'empêche pas de faire de l'autosabotage.»

Nous avons mis au jour et traité les deux facteurs faisant que Tina ne se sentait pas méritante, c'est-à-dire la violence verbale et la négligence subies dans l'enfance, d'une part, et l'autosabotage à l'âge adulte d'autre part. La mère de Tina avait dit à sa fille qu'elle ne réussirait jamais comme artiste parce qu'elle était «maladroite, paresseuse et dépourvue de talent». Comme presque tous les enfants, Tina a laissé ces paroles cruelles modeler l'image qu'elle avait d'elle-même. Elle se croyait paresseuse et sans talent et se comportait comme si c'était vrai. À mesure qu'elle grandissait, elle devenait de plus en plus dure avec elle-même, au point où elle refusait de s'engager dans quoi que ce soit de nouveau, comme une routine de conditionnement physique, une relation amoureuse ou une carrière artistique. «Pourquoi même essayer? se demandait-elle. De toute façon, je finirai par tout gâcher ou par abandonner.»

En thérapie, nous avons utilisé les mots suivants pour redonner à Tina une image de soi qui reflète véritablement sa nature divine : énergie illimitée, talent, créativité, amour, santé et abondance. Nous avons recouru à plusieurs méthodes expliquées dans le présent ouvrage et les résultats n'ont pas tardé. La vie de Tina s'est améliorée à plusieurs points de vue : sa vie amoureuse s'est épanouie, elle a perdu du poids et elle a exposé dans une galerie de renom!

Se sentir abîmé

Le sentiment d'être abîmé, comme s'il y avait quelque chose de foncièrement mauvais en vous, constitue également un obstacle au succès. Un nombre incalculable de clientes et clients m'ont dit à peu près ce qui suit :

Je sais que Dieu a créé tous les autres humains pour qu'ils soient parfaits, mais je crois qu'Il s'est trompé dans mon cas.

Cette crainte, comme toutes les autres, habite les personnes qui, enfants, ont été victimes de négligence ou de violence plus souvent que celles qui ont grandi dans l'amour et l'harmonie.

Les victimes de mauvais traitements durant l'enfance ont souvent du mal à comprendre qu'on puisse les traiter avec gentillesse. Elles doutent que cela puisse arriver un jour et ne s'y attendent même pas. Elles n'ont connu que la critique, la négligence et la cruauté. Est-ce donc si étonnant qu'elles se maltraitent elles-mêmes, une fois adultes ? Elles en sont venues à considérer la douleur comme normale et à se méfier de la bonté.

L'autopunition est le fruit de la culpabilité. « Je suis mauvaise et je mérite d'être punie », croit la personne qui, au fond d'elle-même, s'estime vaguement déficiente et indigne. Ce sentiment peut être lié à un événement précis ou au fait qu'en général, on croit être « une mauvaise personne, comme le savent tous ceux qui me connaissent ».

L'autopunition peut prendre de nombreuses formes, notamment :

1. *Faire passer ses besoins en dernier.* Maria se plaignait de ce que ses responsabilités familiales étaient si prenantes et éreintantes qu'elle ne pouvait pas faire d'exercice. Toute sa vie, elle avait fait passer ses besoins en dernier.

   En examinant de plus près son emploi du temps, nous avons découvert qu'elle passait un nombre d'heures déraisonnable à nettoyer la chambre et les vêtements de ses préadolescents. Nous avons donc imposé à ses fils et à sa fille d'exécuter régulièrement certains travaux domestiques pour avoir droit à leur argent de poche, ce qui a permis à Maria d'aller au gymnase.

2. *Ne pas se fixer d'objectifs, les reporter ou les laisser tomber.* Seul et malheureux, Daniel souhaitait rencontrer l'âme sœur, mais il reportait constamment la réalisation de son objectif en se disant : « Je vais m'inscrire à un club de rencontres une fois que j'aurai perdu du poids » ou encore « À quoi bon ? Il n'existe pas une seule femme célibataire qui soit convenable. » Ces convictions auto-destructrices permettaient à Daniel de se protéger de la peur d'être rejeté.

   Je l'ai d'abord aidé à débusquer ses croyances néga-tives, puis à se fixer des objectifs réalistes en amour. Daniel a commencé par dresser la liste de toutes les caractéristiques qu'il jugeait importantes chez une éven-tuelle compagne. Puis il s'est forcé à sortir le soir, afin de se donner la chance de rencontrer un bon parti. Il s'est inscrit à des cours pour adultes, à des séminaires, ainsi qu'à un groupe d'étude en spiritualité. En moins de deux mois, il a rencontré une femme dont il sentait qu'il pouvait réellement tomber amoureux et les fréquentations ont débuté.

3. *Être un martyr et une victime.* Rebecca faisait beaucoup de bénévolat pour sa communauté, les écoles de son quartier et divers organismes de bienfaisance. Elle affirmait avec ferveur que tous les citoyens devaient donner sans compter, aussi bien du temps que des ressources. Tout cela était très louable, sauf qu'elle a fini par siéger à de si nombreux comités qu'elle a commencé à se plaindre qu'elle croulait sous les responsabilités. Se sentant exploitée par les organismes de bienfaisance auprès desquels elle s'était portée bénévole, elle était d'humeur généralement irritable.

Rebecca avait accepté de jouer le rôle de martyr/victime. En effet, elle se percevait comme une victime vertueuse souffrant depuis longtemps d'être froidement manipulée par les autres. Elle ne discernait pas sa part de responsabilité dans le rôle qu'elle jouait. Seule la dichotomie «bonne fille/mauvaise fille» lui apparaissait clairement.

4. *Gaspiller ses ressources.* Kathleen avait pour objectif de rembourser ses cartes de crédit, ce qui ne l'empêchait pas, chaque semaine, d'acheter des vêtements et des articles ménagers à crédit. Frank voulait finir sa maîtrise en administration par correspondance, mais il passait son temps libre à regarder la télévision au lieu faire ses travaux scolaires. Aussi bien Kathleen que Frank se plaignaient de ce que des facteurs extérieurs les empêchaient

de réaliser leur objectif, alors qu'en réalité, ils étaient seuls responsables du sabotage de leur succès.

5. *Poursuivre une relation malsaine.* Trina et Mark se fréquentaient depuis deux ans. Or, Trina était mécontente parce qu'à sa connaissance, Mark avait déjà eu deux aventures et qu'il la violentait verbalement. Elle n'en pensait pas moins qu'elle pouvait changer Mark en l'aimant plus qu'aucune autre femme. En thérapie, cependant, elle a découvert que son désir d'être aimée de Mark venait de sa relation décevante avec son père, qui avait quitté le domicile familial lorsqu'elle avait cinq ans.

6. *Se dénigrer.* Donna souhaitait avoir plus d'assurance et de confiance au travail. Nous avons découvert, en thérapie, qu'elle avait tendance à se dénigrer en se disant des choses comme : «Tu feras toujours des bêtises», «Tu es stupide, personne ne t'écoutera» et ainsi de suite. Grâce aux affirmations, Donna a adopté une façon de voir qui lui a donné confiance en elle et fait prendre de l'assurance.

7. *Maltraiter son corps.* Chaque jour, pour arriver à commencer la journée, Barbara ingurgitait des stimulants tels le café, les colas et le chocolat, une diète qui occasionnait du stress se changeant en nervosité le soir venu. Et pour arriver à s'endormir, elle avalait une bouteille de vin.

8. *Être avare pour soi-même* (par exemple, ne pas s'offrir de petits luxes ni même l'essentiel, ne pas aller chez le

dentiste ou le médecin lorsqu'on en a besoin, ou laisser sa voiture en mauvais état).

9. *Trop vouloir plaire.* Brenda voulait par-dessus tout se faire aimer et accepter de ses collègues. Cependant, les moyens qu'elle déployait pour y parvenir minaient le respect qu'elle avait pour elle-même. Il lui arrivait souvent de payer l'addition lorsqu'ils sortaient tous déjeuner et d'offrir à une collègue de terminer son travail à sa place. Les femmes avec qui elle travaillait ne refusaient jamais ses marques de générosité, mais Brenda avait remarqué qu'elles ne lui rendaient jamais la pareille. Elle se demandait ce que les gens n'aimaient pas chez elle, alors qu'elle faisait tout pour leur être agréable et s'efforçait de ne jamais les irriter ou les déranger. Elle avait l'impression que plus elle essayait de se faire aimer, moins on la remarquait.

S'autopunir revient plus ou moins à faire pénitence. On s'imagine qu'un comportement autodestructeur soulagera la culpabilité qu'on porte en soi. «Si je suis puni pour le mal que j'ai fait, je me sentirai mieux», croit-on. Malheureusement, chez les personnes qui maltraitent leur enfant intérieur, l'autopunition ne fait qu'amplifier l'impression de ne pas valoir grand-chose.

Comme on peut le lire dans *Un cours en miracles* : «L'amour et la culpabilité ne peuvent coexister; accepter l'un, c'est nier l'autre». L'histoire de Stephanie à la page suivante illustre ce propos :

Stephanie, une mère monoparentale de deux jeunes enfants, qui travaille à temps plein comme responsable des prêts, ne voit pas le temps passer. Le travail, les courses, les enfants à reconduire ici et là et le ménage lui laissaient très peu de temps libre. Elle souhaitait de tout cœur pouvoir se détendre et se divertir, et elle rêvait d'épouser un homme bon. Mais chaque fois qu'elle sortait avec un homme, ses enfants protestaient haut et fort parce qu'ils ne voulaient pas se faire garder. Elle se sentait si coupable qu'elle finissait souvent par être de mauvaise humeur et par écourter la soirée pour revenir à la maison le plus tôt possible. Elle se demandait si elle en était réduite à attendre que ses enfants soient grands pour avoir une vie sociale.

Le syndrome de l'imposteur

Joseph, 33 ans, travaillait pour une société où il était le plus jeune des cadres. Fils cadet d'une famille instruite de la Nouvelle-Angleterre, le succès lui était venu tout naturellement et il avait vite gravi les échelons.

En son for intérieur, cependant, Joseph s'était toujours demandé s'il méritait les bienfaits que la vie lui avait accordés. En thérapie, il a partagé ses inquiétudes : « Un jour, mes patrons découvriront que je suis un imposteur et que je ne suis pas vraiment compétent. En réalité, ce sont ma secrétaire et mon assistant qui font le gros du travail de réflexion, de planification et d'exécution pour lequel je suis payé. J'ai le sentiment qu'un jour, quelqu'un me dénoncera et qu'on me mettra à la porte. »

En fait, Joseph souffrait du « syndrome de l'imposteur », qui consiste à croire que l'on est une sorte de charlatan non méritant. Cela est très fréquent chez les gens qui ont réussi, mais en général, cette fausse croyance disparaît le jour où ils en prennent conscience. Ce n'est pas parce qu'on *croit* être un imposteur qu'on en est *réellement* un.

Les gens qui, comme Joseph, ont peur d'être « découverts » minimisent leur talent et leurs compétences simplement parce qu'ils n'ont pas eu à lutter pour réussir. Joseph se sentait coupable d'avoir réussi facilement ses examens à l'université, alors que ses frères avaient travaillé d'arrache-pied uniquement pour obtenir la note de passage. En vérité, si Joseph s'était distingué par son mérite scolaire, c'est parce qu'à sa façon, il avait travaillé fort : notes de cours impeccables, concentration intense à l'étude et attitude calme et positive aux examens.

Au lieu de s'asseoir sur ses lauriers, il s'était toujours forcé à relever le prochain défi. Il craignait de tomber dans la complaisance s'il prenait la mesure de ses progrès. Son insécurité était à la fois le moteur de sa motivation et la source de son sentiment d'inaptitude. Lorsque je l'ai encouragé à s'attribuer le mérite de sa formidable capacité de concentration et de son immense talent pour l'étude, il m'a répondu en souriant : « Je dois admettre que j'ai travaillé fort pour arriver jusqu'ici. »

«*Franchement, ça ne me dérange pas!*»

La rationalisation est une petite prison de l'esprit qui nous permet de faire face à l'inacceptable. Un jour que je rendais visite à un prisonnier, je lui ai demandé comment il faisait pour composer avec le manque de liberté et il a répondu ceci : «Vous savez, si je le voulais vraiment, je pourrais m'évader». D'abord estomaquée par l'énormité de cette affirmation, j'ai ensuite compris que cette façon de penser était sa manière à lui de rester sain d'esprit. Il s'était convaincu qu'il restait en prison *par choix*.

Combien de fois n'avons-nous pas, nous aussi, recouru à ce genre de réflexion pour pouvoir tolérer un comportement inacceptable de la part de quelqu'un d'autre ou conserver un emploi dans lequel nous ne parvenons pas à nous épanouir!

Je me souviens d'une cliente qui travaillait en usine et qui détestait son emploi. L'endroit était sale et bruyant, et ses collègues tenaient des propos grossiers. Elle s'en plaignait pratiquement chaque fois qu'elle venait me consulter, mais lorsque j'ai fini par lui demander si elle serait prête à changer d'emploi, elle a répliqué : «C'est qu'il me reste à peine 12 ans avant ma retraite!»

Pour elle, 12 ans de sa vie étaient peu en échange du généreux régime de retraite que lui faisait miroiter son employeur. Personnellement, je trouvais cela inconcevable, car 12 ans m'apparaissent comme un laps de temps considérable.

Attendre la permission

De nombreuses personnes retardent le moment où elles apporteront des changements à leur vie de peur d'être critiquées. En outre, beaucoup de mes clientes et clients ont affirmé attendre la permission ou le feu vert d'une figure d'autorité quelconque pour modifier leur vie.

> Helen souhaitait divorcer de Dave, son mari qui l'injuriait, mais elle craignait que ses parents ne la considèrent comme une ratée. Le couple s'était déjà séparé et réconcilié trois fois après la promesse de Dave d'aller en thérapie et de se montrer plus tendre, mais peu de temps après, il avait recommencé à rabaisser et à ridiculiser sa femme.
>
> Helen voulait mettre fin à ce douloureux mariage, mais elle avait une peur bleue à l'idée d'affronter le mépris de sa famille. Cherchant désespérément l'approbation de ses parents pour divorcer, elle se plaignait ouvertement à eux du comportement de son mari, expliquant à son père que Dave la rabaissait, mais jamais ses parents n'ont prononcé les paroles qu'elle espérait tant : « Nous croyons que tu devrais demander le divorce, Helen. »

Tout comme elle, de nombreuses personnes ont intériorisé les paroles de leurs parents. Elles peuvent pratiquement entendre leur mère leur dire « fais ceci » ou « fais cela ». Celles qui ont grandi dans un foyer où régnait la violence sont souvent paralysées par la peur de se tromper. Quand Helen était enfant, ses parents lui demandaient souvent pourquoi elle avait mal agi, alors qu'elle avait essayé *de toutes ses forces* de bien se comporter. Elle n'avait aucune idée de ce qu'elle avait pu faire de mal. Ses parents étaient souvent sous l'influence de l'alcool lorsqu'ils jugeaient, pour telle ou telle raison, qu'elle avait été « une mauvaise fille ».

Helen attendait donc qu'une puissance extérieure lui signale qu'elle pouvait maintenant commencer à réaliser ses objectifs, qu'une quelconque figure d'autorité lui tape sur l'épaule en disant : « D'accord, il est temps de commencer à vivre comme tu le veux vraiment ».

C'est un sentiment que l'on rencontre souvent et qui vient de l'enfance, alors que nos parents nous dictaient quoi faire et quand le faire. Enfants, nous étions souvent complimentés pour avoir obéi aux consignes. À l'âge adulte, cependant, ce même comportement nous cantonne dans des emplois sans avenir et des relations sans issue. Pour survivre, enfants, nous devions céder une partie de notre pouvoir. Mais l'ironie veut qu'à l'âge adulte, l'abdication de ce même pouvoir nuise à notre bien-être et à notre santé.

Les peurs qui s'avèrent

Les peurs nuisent au succès et à l'évolution de l'âme lorsqu'elles nous paralysent et nous maintiennent dans un état de procrastination catatonique. Mais les blessures qui en résultent sont bien plus profondes lorsque ces peurs se transforment en cauchemars vivants, comme dans l'histoire de Melissa, mon ex-voisine.

Âgée de 41 ans, Melissa était mère monoparentale d'une fillette et occupait un emploi d'administratrice.

Première dans sa famille à devenir propriétaire, elle était extrêmement fière le jour où elle a acheté un condo avec vue sur la mer ! En outre, ses amies la considéraient comme un modèle parce qu'elle avait accédé à la propriété sans l'aide financière de personne : ni mari ni parent.

Mais dès qu'elle a emménagé dans son nouveau domicile, elle s'est mise à avoir une peur maladive de perdre son précieux bien. Elle adorait respirer l'air du large qui entrait par la cuisine, mais se sentait incapable d'en profiter. Melissa avait une peur bleue de perdre son emploi et de ne plus pouvoir payer son hypothèque. Il lui arrivait une ou deux fois par semaine de faire des cauchemars sur la saisie de son appartement.

Ses peurs se sont peu à peu changées en obsession et elle ne cessait de les ressasser. Elle consultait des clairvoyants pour savoir si elle aurait à faire face à des ennuis financiers, mais tous s'entendaient pour affirmer qu'elle n'avait rien à craindre. L'un d'entre eux l'a cependant mise en garde contre la possibilité que le seul fait d'avoir des craintes fasse en sorte qu'elles se réalisent. Cela n'a pas empêché Melissa de souffrir d'une forme de syndrome de l'imposteur : elle avait l'impression de ne pas mériter ce merveilleux style de vie.

L'insomnie et l'inquiétude permanentes de Melissa ont fini par affaiblir son système immunitaire et par provoquer une grave pneumonie. Elle s'est absentée de son travail, ce qui n'a fait qu'aggraver son insécurité financière et tout ce stress a fait en sorte que, la maladie ayant duré plusieurs mois, Melissa a effectivement perdu son emploi. Elle était dans tous ses états, certaine cette fois-ci de perdre son appartement. Comme elle était désespérée, elle faisait piètre figure en entrevue, si bien qu'elle n'a pas trouvé de travail, et lorsque ses réserves ont été épuisées, la banque a saisi l'appartement qu'elle avait acheté deux ans plus tôt.

Cette crise a fait perdre à Melissa toutes ses défenses. Elle a voulu comprendre ce qui lui était arrivé. Était-elle responsable de sa situation ou si la vie était tout simplement injuste ? Melissa n'avait ni les moyens ni l'assurance nécessaires pour s'offrir une thérapie. Elle s'est donc inscrite à un groupe d'entraide féminin gratuit subventionné par le comté. Dans cet environnement de soutien, elle a fini par comprendre que ses peurs s'étaient transformées en maladie et en inactivité. Depuis, elle a adopté une attitude proactive qui lui permet de se concentrer mentalement et émotivement sur ce qu'elle *veut* et non sur ce qu'elle souhaite éviter.

J'estime que Melissa a toutes les chances de se refaire une vie à son goût et qu'elle saura édifier ses rêves au lieu de les détruire.

La femme qui n'avait pas le temps d'avoir un cancer

La femme dont voici l'histoire a découvert le pouvoir des peurs et des décisions d'une manière qui a bien failli lui être fatale :

Anna Maria, propriétaire d'un spa très fréquenté de San Francisco, a toujours été sensible aux énergies positives et négatives qui circulent autour d'elle. «Je suis inspirée par les gens qui dégagent une énergie positive et cela me conforte dans l'idée de ce que je veux dans la vie. Être en compagnie de gens négatifs a l'effet contraire», m'a-t-elle expliqué. J'adore lire quelque chose de positif ou regarder les Jeux olympiques à la télé, car cela a pour effet d'augmenter instantanément mon niveau d'énergie.»

Mais en dépit de toute cette énergie positive, Anna Maria a un jour été habitée par de puissantes peurs. Sa tante était décédée des suites d'un cancer du sein et elle avait très peur de subir le même sort. Elle a participé à de nombreuses courses organisées pour financer la recherche sur cette maladie et elle s'est documentée à fond sur la maladie.

En 1987, ses pires craintes se sont avérées et elle a appris qu'elle souffrait d'un cancer du sein. Anna Maria m'a raconté la suite des événements : «On attire vraiment ce que l'on craint le plus et j'avais réellement peur du cancer du sein. J'avais l'impression de m'être attiré cette maladie. Je savais cela à l'époque et j'étais fâchée contre moi-même. Premièrement, ma vie était trop remplie pour que je me permette d'être malade. Je me souviens d'avoir songé, allongée sur une civière : je n'ai pas le TEMPS d'être ici.» Peu de temps après avoir décidé qu'elle n'avait pas le temps d'avoir le cancer, elle est entrée en rémission. Aujourd'hui, elle fait bien attention d'avoir uniquement des pensées qui attirent ce qu'elle veut dans la vie.

La Loi universelle de l'Attraction stipule que nos pensées déterminent nos expériences futures. Vous décidez aujourd'hui de ce que vous allez vivre demain. Louise Hay, mon éditrice, affirme que ce que nous vivons aujourd'hui est le fruit de nos pensées d'il y a six mois.

Lorsque nous prenons conscience du pouvoir que nous avons sur notre vie, il est à la fois excitant et effrayant de réaliser que nous pouvons obtenir tout ce que nous voulons et que seuls nos croyances et nos jugements nous freinent. Allez à la recherche de vos peurs et de vos croyances restrictives, un peu comme si vous cherchiez les mauvaises herbes dans un jardin. Observez-les, puis arrachez-les par la racine ! J'espère que vous choisirez de merveilleux rêves. *Vous le méritez bien.*

De la peur à la bravoure

Jetons un rapide coup d'œil sur les peurs dans le but de les faire disparaître, ce qui est différent des deux réactions malsaines et inefficaces que nous risquons d'avoir face à nos peurs : les analyser à l'excès, ce qui ne fait que les amplifier ; ou les nier, ce qui fait obstacle au succès d'une manière difficile à débusquer.

Notez chaque peur sans la juger. Dites-vous simplement : « Ah ! je constate que j'ai peur ». Lorsque vous jugez une peur indésirable, vous vous blâmez vous-même et elle augmente. Mais si vous prenez du recul avant de l'examiner, vous pouvez l'écarter sans vous attendre à recevoir une tape sur les doigts. La peur est enracinée dans nos perceptions erronées de nous-mêmes et des autres, et seul un ajustement suffit ; aucune punition n'est nécessaire. Corrigez vos pensées de manière à les ramener vers une conception juste de vous-même et des autres : nous sommes tous parfaits, intègres et entiers. Si vous trouvez cette étape difficile, demandez un soutien spirituel. Rectifiez vos pensées et vous verrez vos peurs — qui sont le produit d'une façon de penser erronée — s'évanouir.

Lorsque vous avez peur, dites-vous ceci : «Je remarque que j'ai peur. J'observe cette peur sans la laisser me ronger. J'invite mon moi intérieur à me dire quelle information ou leçon importante se cache à l'intérieur.»

Tout le monde a peur de temps à autre. Il ne s'agit pas de vous fixer un idéal impossible à atteindre. Ce serait du déni ! Mais sachez que vous avez en vous un énorme pouvoir : celui de vous débarrasser d'une peur simplement en prenant conscience de son existence. *Sachez* que vous pouvez compter sur votre guide intérieur pour vous préserver de toute peur et de toute inquiétude.

Les peurs apprises dans l'enfance viennent du fait que nous étions petits et dépendants à cette époque. Aujourd'hui, vous pouvez décider de vous en débarrasser et choisir votre propre destinée. Si vous êtes en danger, votre guide intérieur et vos anges vous préviendront. En attendant, *lancez-vous* et rapprochez-vous sans tarder de vos rêves.

Il n'y a rien à craindre

Lorsque nous éliminons la peur de notre vie, tout est possible. Pensez-y et voyez si vous êtes d'accord. Si vous vouliez vraiment quelque chose de très précis et que ni la peur ni le doute ne vous habitaient, il n'y aurait rien à votre épreuve. Vous travailleriez de manière responsable, intelligente et systématique à la réalisation de votre objectif, n'est-ce pas ? Et vous auriez davantage d'énergie, car la peur, tel un vampire, suce l'enthousiasme.

Mais les peurs font mal. Plutôt que de les affronter, nous préférons nous y soustraire en prétextant le manque de temps. En outre, nous nous retrouvons coincés dans des cercles vicieux qui grugent réellement notre énergie et notre temps. Je veux parler ici des relations ou des emplois émotionnellement et spirituellement toxiques dont nous sommes prisonniers, de l'épuisement physique ou moral qui résulte d'une journée de dix heures passée à faire un travail qui ne nous nourrit pas, et des heures passées au téléphone à nous plaindre de l'impasse dans laquelle nous nous trouvons.

Si vous n'aviez aucunement peur de l'échec, à quoi rêveriez-vous ?

Lorsque vous aurez terminé la lecture de ce livre, cette question vous paraîtra désuète et presque comique ! Car si vous n'avez pas encore réalisé vos rêves, c'est *à cause de la peur*, une peur qui vous paralyse et vous empêche de demander aux autres et à l'Univers de vous aider à les concrétiser. Lorsque vous aurez *demandé* que vos besoins soient comblés, ils le *seront*. C'est uniquement la peur qui vous empêche de le demander.

Lorsque vous désirez réellement quelque chose, vous trouvez le temps de faire le nécessaire, sans vous poser de questions ! Cela s'applique à tous vos objectifs du moment. Lorsque vous connaîtrez et éliminerez vos peurs, vous trouverez le temps d'accomplir tout ce que vous désirez. Ni rien ni personne ne vous en empêchera. C'est aussi simple que cela !

Points à retenir

- La procrastination découle de la peur et de l'indécision.

- Lorsque vous voulez vraiment accomplir quelque chose, vous trouvez toujours le temps de le faire. Quand nous nous débarrassons de la peur et de l'indécision, nous avons davantage de temps pour réaliser nos souhaits.

- Le syndrome de l'imposteur est une maladie courante chez les gens qui ont réussi. En réalité, ils craignent qu'on ne découvre que ce sont des imposteurs n'ayant aucunement mérité le prestige dont ils jouissent.

- Les peurs peuvent non seulement nuire à l'accomplissement des objectifs, mais se réaliser elles-mêmes. La peur et l'inquiétude causent plus de défaites qu'elles n'en préviennent.

❧ Pour éliminer les peurs et les obstacles au succès, il est important de commencer par les reconnaître. Évitez cependant d'analyser vos peurs à l'excès. N'oubliez pas de penser à ce que vous voulez et non à ce que vous ne voulez pas.

❧ Observez et remarquez vos peurs sans les juger.

❧ La peur est un phénomène normal, mais il est sain de vouloir s'en débarrasser et possible de le faire. Lorsque nous éliminons la peur, tout est possible.

CHAPITRE 6

À LA CONQUÊTE DU TEMPS ET DE LA PEUR

L'homme doit être maître du temps, pas son esclave.

— Golda Meir (1898-1978),
première ministre d'Israël

On entend souvent des généralisations comme : « Les femmes n'obtiennent jamais de promotion », « Jamais je ne serai promu à cause de ma race », « Mes parents m'ont inculqué trop de messages négatifs » ou « Il est impossible que je réussisse sans diplôme universitaire ».

Ces croyances finissent par s'autoréaliser parce que vous croyez avoir perdu la course avant même qu'elle n'ait commencé. Vous ne vous donnez même pas la peine d'essayer, ou alors vous vous lancez sans grande conviction.

Les histoires que voici vous aideront à bannir de votre vocabulaire ce genre d'énoncés catégoriques.

— *Première croyance restrictive :* « Comment pourrais-je donc obtenir de l'avancement avec de jeunes enfants à élever ? »

Considérez-vous vos enfants ou votre partenaire comme des obstacles ? Libérez-vous de cette croyance restrictive et le chemin du succès s'ouvrira devant vous, comme pour Dottie Walters :

À la fin du secondaire, tous les amis de Dottie sont partis pour l'université et elle s'est sentie très seule.

Puis elle a pris conscience d'une chose : *personne ne m'aidera à fréquenter l'université. Je suis entièrement seule.* Elle s'est mise à lire des tas d'autobiographies et elle a découvert dans celle d'Amelia Earhart une phrase qu'elle allait garder toute sa vie dans son portefeuille :

> *Certains d'entre nous ont de belles pistes d'atterrissage à leur disposition. Si c'est votre cas, SERVEZ-VOUS-EN et envolez-vous ! Sinon, construisez votre propre piste.*

Dottie a fini par aller à l'université, se marier et avoir deux enfants, mais elle n'était pas heureuse parce qu'elle et son mari tiraient le diable par la queue. Elle en avait assez d'être pauvre ! Au début, elle en voulait à son mari de gagner si peu, ce qui n'a rien arrangé, bien entendu. Lorsqu'elle a finalement lâché prise, elle s'est dit : «Bon, d'accord, j'en prends la responsabilité. Si je veux améliorer mon sort, il n'en tient qu'à moi.»

Comme elle avait toujours voulu faire de la rédaction, elle s'est présentée au bureau du journal de son quartier, accompagnée de ses deux enfants. Aucunement intimidée par la grande affiche placardée sur l'édifice qui disait «NOUS N'EMBAUCHONS PAS», elle a insisté pour voir le rédacteur en chef.

Dans la salle d'attente, elle s'est dit que si le journal n'était pas riche, elle défraierait le coût de l'espace consacré à sa rubrique. Elle se proposait d'écrire sur les restaurants et commerces de son quartier et de demander aux propriétaires de payer une certaine somme pour faire parler d'eux dans le journal.

Lorsqu'elle s'est retrouvée devant l'éditeur en chef, qui avait l'air débordé, elle a expliqué : « J'ai une rubrique très intéressante à vous proposer. Je vais vous acheter de l'espace au prix du gros et le revendre au prix de détail. » Et au lieu de lui demander s'il était d'accord, elle lui a fait deux propositions : « Pour la première rubrique, voulez-vous que je vous paie deux semaines après la publication ou trois semaines ? »

Heureusement qu'il a répondu « trois semaines », car étant sans le sou, Dottie avait besoin de temps pour convaincre les marchands de la payer.

Elle a donc travaillé de chez elle tout en s'occupant de sa famille, et son entreprise a rapidement pris de l'expansion. Elle s'est vite retrouvée à gérer 4 000 contrats de vente de publicité et à diriger 285 employés répartis dans quatre bureaux. Aujourd'hui, Dottie Walters est à la tête d'une prospère agence de conférenciers, en plus d'être l'auteure de *Speak and Grow Rich* et de publier une revue professionnelle à l'intention des conférenciers. Elle vit conformément à sa devise, qui est :

Ne remettez pas votre réussite à plus tard — faites-le maintenant !

— Deuxième croyance restrictive : « Les femmes n'obtiennent jamais de promotion : à quoi bon essayer ? »

Croyez-vous réellement que le fait d'être une femme peut vous empêcher d'avancer ? Débarrassez-vous de cette croyance afin de goûter à une joie illimitée, comme l'a fait Patricia Jethalal :

Quiconque a déjà changé de ville ou de pays sait à quel point il a fallu du courage à la jeune Pat pour quitter son Afrique du Sud natale et venir, seule, s'établir aux États-Unis. Comme elle avait besoin d'argent et qu'elle avait entendu dire qu'aux États-Unis, il n'y avait pas de limite aux revenus des représentants commerciaux, elle a décidé de vendre de l'assurance. À cette époque, il y avait très peu de femmes agents d'assurance.

Ses collègues supportaient mal de travailler avec une femme ; tous ont refusé de l'aider dans ses nouvelles fonctions. Pour apprendre, il n'y avait qu'une solution : se présenter à un rendez-vous d'affaires en compagnie d'un collègue expérimenté en échange de la moitié de la commission. Elle était cependant convaincue qu'un jour elle dépasserait tous les autres. Et ce fut le cas !

Aujourd'hui, Pat est directrice générale d'une des plus grandes firmes d'assurance au monde, avec sous ses ordres 55 agents aussi bien hommes que femmes. Elle compte parmi les meilleures agentes d'assurance au pays, son salaire est considérable et elle a reçu de nombreuses distinctions dans son domaine.

Pat m'a fait part de sa philosophie de vie et de travail : « Vous pouvez réussir si vous êtes habité par une passion. Consacrez-vous à la réalisation de vos rêves et *n'en dérogez pas*. Restez concentré. Vous pouvez tout faire dans la vie, que vous soyez un homme ou une femme. »

— *Troisième croyance restrictive* : « Je ne pourrai pas avancer sans un diplôme universitaire, alors je ferais mieux de conserver mon emploi actuel. »

Croyez-vous réellement que le manque d'éducation peut vous empêcher d'aller loin dans la vie ? Abandonnez cette croyance et vous découvrirez encore plus de possibilités comme Ruth l'a fait :

Ruth, une jeune femme aux cheveux de jais qui a décroché du secondaire, a transformé son amour de la danse en profession. Pour commencer, elle s'est jointe à la troupe *Hula Don Ho*. Puis elle a travaillé à *Disneyland* comme danseuse tahitienne dans la hutte *Tiki Room*. Mais comme elle espérait trouver un travail plus intéressant et gagner un salaire lui permettant de rembourser la totalité de son hypothèque, elle a accepté de vendre de la publicité pour un hebdomadaire de vente par catalogue. Grâce à son ardeur au travail, elle est devenue directrice, puis directrice générale. Tout fonctionnait à merveille jusqu'à ce que les éditeurs mettent la publication en vente.

Inquiète de se faire congédier par le nouvel éditeur, ou de voir son salaire diminuer, elle s'est dit que, pour conserver son emploi, il n'y avait qu'une solution : acheter la publication ! Il fallait pour cela que son offre dépasse toutes les autres, et la compétition était féroce. Se disant qu'avec 650 000 $, elle avait de bonnes chances de l'emporter, elle a pris une grande respiration, ses maigres économies et une deuxième hypothèque sur sa maison. Le seul autre soumissionnaire était un homme qui, voyant Ruth, s'est dit que sa mise serait sans doute beaucoup trop basse. Mais c'était mal la connaître, si bien qu'aujourd'hui, Ruth se retrouve à la tête d'une des publications régionales les plus populaires au pays. Avec des revenus de publicité approchant les 3,2 millions de dollars, elle a réalisé son double objectif de faire un travail passionnant et de rembourser les hypothèques sur sa maison.

– *Quatrième croyance restrictive :* « Le milieu des affaires entretient des préjugés envers ma race ou mon ethnicité, et seule la chance me permettrait d'aller loin dans la vie ! »

Croyez-vous réellement que votre race, votre ethnicité, vos convictions ou votre religion nuisent à la réalisation de vos objectifs ? Si oui, débarrassez-vous de cette croyance et découvrez de nouveaux sentiers menant vers une existence plus joyeuse et plus satisfaisante, comme l'a fait Marty Rodriguez :

Marty était la quatrième de 11 enfants d'origine hispanique vivant dans un quartier pauvre de la Californie du Sud. À 12 ans, elle travaillait comme femme de ménage et repassait des chemises après l'école pour aider à payer l'épicerie, le loyer et les vêtements de la famille. Lorsqu'elle et sa mère se présentaient chez de nouveaux clients pour faire le ménage, il arrivait souvent qu'on ne les laisse même pas entrer : ils ne voulaient pas d'hispanophones chez eux.

Aujourd'hui, les propriétaires accueillent Marty à bras ouverts ! Elle s'est méritée, trois années d'affilée, le titre de meilleure vendeuse *au monde* à la société immobilière Century 21, devançant tous les autres agents, aussi bien hommes que femmes. Dans un marché affligé de la pire récession depuis des années — celui du comté Los Angeles — Marty a vendu plus de 1 200 propriétés et gagné plus de 6 millions de dollars en 10 ans. En 1993, l'année la plus mauvaise de l'histoire de l'immobilier avant les années 2000, Marty a vendu 173 maisons et gagné près d'un million deux cent cinquante mille dollars. Comment a-t-elle réussi à fracasser tous les records et, contre toutes attentes, à réaliser ses rêves et ses aspirations ? Comme vous le verrez, la réponse se résume plus ou moins à ceci : grâce à la Loi universelle de la responsabilité.

Enfant, Marty cherchait continuellement à se dépasser pour le simple plaisir d'être la meilleure en tout. Adulte, si elle a réussi comme agent d'immeubles, c'est parce que toute sa vie durant, elle a cru en l'effort comme moyen de se hisser au sommet. Durant le boom immobilier des années 1980, les maisons se vendaient pour ainsi dire toute seules. Puis, dans la décennie qui a suivi, la récession a pratiquement réduit le marché de l'immobilier à néant.

Marty a malgré tout décidé de rester dans ce domaine. Elle adorait vendre des maisons, et l'entreprise de sous-traitance de son mari était très affectée par la récession. Ils avaient réellement besoin d'argent! La solution était claire : plutôt que de céder devant le ralentissement de l'économie, elle allait devoir prendre le taureau par les cornes!

Elle a donc éliminé de son emploi du temps tout ce qui n'était pas inscription et vente de maisons. Elle a aussi retenu les services d'une femme de ménage même si, au départ, elle n'avait pas vraiment les moyens de s'offrir ce luxe, ce qui s'est révélé un très bon investissement. En outre, Marty amenait souvent ses enfants au travail afin qu'ils comprennent les efforts qu'elle déployait pour améliorer le sort de la famille et qu'ils la soutiennent dans son travail.

Lorsque le marché de l'immobilier s'est effondré, Marty avait toutes les excuses au monde pour abandonner la partie, mais elle ne l'a pas fait. Elle aurait pu justifier son échec en se disant «Après tout, je suis une femme, je suis mère, je suis hispanophone, je viens d'un milieu pauvre» ou autre chose du genre, mais elle ne s'est jamais perçue comme une victime et n'a pas l'intention de changer. «Je n'accepte pas d'être limitée, a-t-elle expliqué. Nous pouvons choisir notre vie : à nous de décider ce que nous voulons en faire.»

Marty Rodriguez, trois fois meilleure vendeuse à l'international chez Century 21, est parfaitement consciente de l'entière responsabilité qui nous échoit dans ce qui nous arrive.

Peu importe l'état ou la situation dans laquelle nous nous trouvons actuellement, peu importe que nous nous sentions bien, mal ou indifférents, nous avons choisi et permis qu'il en soit ainsi. Il ne s'agit pas de condamner ou de blâmer qui que ce soit pour ses difficultés, mais de faire comprendre à chacun qu'il peut décider à peu près tout dans sa vie et que c'est là une grande joie.

— *Cinquième croyance restrictive :* « Il faut connaître les bonnes personnes pour aller loin dans la vie. »
    Croyez-vous réellement que seuls les gens qui ont des relations ont du succès ? Débarrassez-vous de cette croyance et ouvrez-vous aux possibilités infinies qui s'offrent à chacun d'entre nous, comme l'a fait Vicki Lansky :

Lorsque le mari de Vicki s'est vu offrir un nouvel emploi au Michigan, lui et sa femme, tous deux natifs de Boston, ont choisi de quitter leur ville natale pour s'y établir. Enceinte d'un premier enfant, Vicki n'avait jamais vraiment travaillé et elle était loin de penser qu'un jour, elle aurait des factures à payer.

Or, *la veille* du jour où Vicki devait accoucher, son mari a perdu son emploi ! Comment allaient-ils rembourser l'hypothèque ? Dans cette situation, de nombreuses femmes se seraient dit : « À quoi bon ? Vendons la maison et retournons vivre chez nos parents ».

Mais Vicki a décidé de gagner assez d'argent pour faire vivre sa famille et rembourser l'hypothèque. Elle ne savait pas exactement *comment* elle s'y prendrait, mais elle savait qu'elle *trouverait* l'argent nécessaire!

« Pourquoi ne pas produire et vendre un livre de recettes d'aliments pour bébés? » s'est-t-elle demandé. Le groupe auquel elle appartenait à l'église n'avait-il pas ramassé des fonds en vendant un livre de recettes?» Disposant d'un maigre budget, Vicki n'en a pas moins réussi à faire imprimer 1 000 exemplaires de son livre, qui sont restés dans le garage jusqu'à ce que son mari la presse de faire de la publicité.

À demi convaincue, elle a commencé par en remettre un exemplaire au responsable de la chronique «alimentation» du journal de son quartier, ce qui s'est révélé une très bonne idée. En effet, il en a dit tellement de bien que Vicki a reçu une commande de 150 exemplaires la semaine suivante. Encouragée par ce succès, elle a continué à faire de la publicité, et les ventes ont dépassé les 100 000 exemplaires, un nombre considérable pour un ouvrage publié à compte d'auteur!

Elle a ensuite vendu le livre à Bantam Publishers, puis elle est partie en tournée de promotion. La semaine suivante, elle était invitée à l'émission de Phil Donahue et son livre, intitulé *Feed Me, I'm Yours* s'est retrouvé en première position du palmarès des succès de librairie du New York Times. À ce jour, Vicki a vendu plus de deux millions d'exemplaires de *Feed Me, I'm Yours* et plus de quatre millions de livres tous titres confondus.

C'est, entre autres, grâce à sa foi et à sa détermination qu'elle a accompli ce miracle. Elle a empêché que sa maison ne soit saisie et a aidé des millions de parents. Devant une crise imminente, Vicki a décidé de relever le défi. Elle s'est dit : «S'il y a quelque chose à faire, c'est à moi d'y voir.»

Vous avez du succès en ce moment même

Vous ne le savez peut-être pas, mais vous vous fixez et réalisez des objectifs chaque minute de la journée. Prenez la commande d'épicerie, par exemple : après avoir dressé la liste des aliments, condiments et autres ingrédients à acheter, vous vous rendez à l'épicerie, mettez dans votre panier les articles inscrits sur votre liste, passez à la caisse et rentrez chez vous.

Nous tenons ce processus pour acquis et nous faisons l'épicerie sans toujours nous demander : «Que se passera-t-il si je ne trouve pas tout ce qui est inscrit sur ma liste ? Ai-je le diplôme nécessaire ? Suis-je assez intelligent ? Suis-je assez mince ?» Bien sûr que nous n'agissons pas de la sorte ! Nous nous rendons simplement à l'épicerie et achetons ce dont nous avons besoin. Pourquoi en serait-il autrement de nos autres objectifs ?

C'est comme de marcher sur une planche de bois posée à plat sur le sol. Nous n'avons pas peur de la parcourir sur toute sa longueur parce que nous savons que nous ne risquons pas de tomber. Si la planche était élevée de deux centimètres, nous aurions encore confiance et n'hésiterions pas à faire la même chose. Mais si la planche continuait à monter, viendrait un moment où la peur et l'appréhension s'empareraient de nous. La planche serait pourtant identique, mais nous aurions peur de tomber.

Le moment où vous commencez tout juste à avoir peur marque la fin de votre zone de confort. Peut-être n'êtes-vous pas satisfait de votre mariage, de la routine domestique ou de votre travail — mais ces aspects de votre vie ont quelque chose de familier et de prévisible. Ils sont comme la planche de bois qui repose au sol et vous savez que vous ne tomberez pas. En voici une illustration :

> Karen n'aimait pas sa relation avec son petit ami, un homme maussade et sans ambition. Au moins savait-elle qu'il ne la quitterait jamais pour une autre. Karen craignait que si elle trouvait l'homme idéal, il finisse par la quitter.
>
> Kurt n'aimait pas son emploi sans avenir de caissier dans un grand magasin, mais au moins, il était stable. Il rêvait d'ouvrir un magasin de pièces automobiles, mais craignait les difficultés que risquent de rencontrer les propriétaires de commerce.

Karen et Kurt avaient tous les deux peur de quitter le confort douillet de la familiarité, ce qui n'aurait posé aucun problème s'ils n'avaient pas été *profondément* malheureux ! Il n'y a rien de mal à se sentir en sécurité, mais lorsque votre vie confortable est nettement différente de celle que vous souhaiteriez avoir, cela devient problématique.

S'aventurer en dehors de sa zone de confort

Lorsqu'une porte menant au bonheur se referme, une autre s'ouvre ; mais nous restons parfois si longtemps à regarder la porte fermée que nous n'apercevons pas celle qui s'est ouverte.
— Helen Keller (1880-1968)

Connaissez-vous les boules de verre que l'on secoue pour faire tomber la neige sur de minuscules maisons et personnages en plastique ? Lorsque vous songez à réaliser vos rêves, il se peut que vous ayez l'impression qu'une véritable tempête s'abat sur vous, comme à l'intérieur de ces bibelots. Je vous invite maintenant à faire un peu de gymnastique mentale et à faire confiance au processus. Au début, vous pourriez être légèrement «courbaturé», comme lorsqu'on commence à s'entraîner physiquement.

Sortez de votre cocon pour que la chenille puisse se transformer en papillon. Comment ? En assumant l'entière responsabilité de votre présence à l'intérieur du cocon et de votre désir de vous envoler. Lorsque nous n'assumons pas la responsabilité de notre propre vie, nous restons piégés. Et le piège se referme encore davantage lorsque nous blâmons les autres pour notre manque de satisfaction, de succès et de bonheur.

Carrie mettait sa situation financière lamentable sur le dos de ses racines afro-américaines. Ron mettait son alcoolisme sur le dos de son père qui l'avait maltraité. Jeanne blâmait son mari chômeur d'être responsable de ses conditions de vie minables. Aaron en voulait à ses jeunes enfants de lui coûter si cher qu'il risquait de ne pas joindre les deux bouts s'il changeait d'emploi.

En blâmant les autres, Carrie, Ron, Jeanne et Aaron évitaient de faire face à leurs problèmes du moment. Quantité de gens blâment les autres plutôt que de prendre la responsabilité de changer ce qui ne va pas dans leur vie et ils sont souvent perçus comme de pauvres victimes.

Mais est-il vraiment agréable de faire pitié? Est-ce suffisant pour que vous vous sentiez soutenu ou comblé? La pitié n'a jamais payé les factures ni permis à quiconque de changer de maison, de voiture ou de garde-robe! Ne vous sentiriez-vous pas mieux si vous faisiez ce que vous savez devoir faire?

Réveillez-vous!

S'il y a un aspect de votre vie qui vous déplaît, il n'y a que VOUS qui puissiez y changer quoi que ce soit! Vous sentez-vous effrayé ou soulagé en lisant une telle chose? En réalité, c'est une excellente nouvelle, car cela vous donne tout le pouvoir dont vous avez besoin pour introduire les changements nécessaires. Sortez immédiatement de votre torpeur et accordez-vous la permission d'apporter ces changements.

Tous les objectifs, rêves, souhaits et espoirs sont exactement comme la liste d'épicerie évoquée précédemment. Vous commencez par énumérer ce que vous voulez, puis vous sortez l'acheter. Assumer la responsabilité de ses échecs et de ses succès n'est pas un fardeau, c'est une révélation libératrice. Des études démontrent que le stress vient d'un manque de contrôle de notre temps et notre vie. Les secrétaires, par exemple, comptent parmi les employés les plus stressés, toutes catégories confondues, en raison du peu de contrôle sur le déroulement de leur journée. Constamment interrompues par un patron, un collègue ou un client, elles doivent mettre leur travail de côté pour s'occuper d'autre chose. C'est leur peu de pouvoir de décision sur leur emploi du temps qui est source de stress.

Le mot *contrôle* peut avoir une connotation négative. Le contrôle peut être sain ou malsain. Lorsqu'il est malsain, il consiste le plus souvent à dominer ou à manipuler des gens, des lieux ou des choses et il est généralement perçu comme nuisible.

Par exemple, Hélène souhaitait désespérément que son mari diminue sa consommation d'alcool. Elle a tout essayé — se plaindre, s'habiller de manière aguichante et le presser de devenir membre des Alcooliques anonymes — mais rien n'y a fait. Hélène essayait de maîtriser une situation sur laquelle seul son mari pouvait avoir le contrôle.

Toute forme de contrôle malsain crée du stress, aussi bien pour la personne qui l'exerce que pour son entourage. Il y a des gens qui essaient de contrôler les émotions qui les bouleversent en contrôlant les autres, un comportement malsain qui entraîne des problèmes relationnels. L'histoire de Brad, que voici, est malheureusement typique de ce qui se produit lorsqu'on cherche à exercer ce pouvoir malsain :

Brad était profondément inquiet que sa femme Ella le quitte pour un autre homme. Il essayait de maîtriser ses douloureux sentiments de jalousie et de peur de l'abandon par des moyens indirects, c'est-à-dire en surveillant de près les allers et venues d'Ella. Un simple retard de dix minutes déclenchait chez lui une litanie d'accusations.

Pour être considéré comme sain, le contrôle doit s'exercer sur ce que l'on *peut* changer, comme notre situation financière, le choix de nos partenaires amoureux, nos conditions de vie, notre niveau de scolarité, notre poids, notre cercle d'amis... et notre emploi du temps. Lorsque vous focalisez sur ces aspects, vous agissez conformément à la Loi universelle de la responsabilité. Vous êtes aux commandes de votre véhicule et obéissez aux forces naturelles qui vous entourent.

Lorsque vous assumez l'entière responsabilité de votre vie, cela revient essentiellement à mettre la clé dans le contact de votre vie, à démarrer le moteur et à appuyer sur l'accélérateur ! N'est-ce pas excitant ? Cette décision essentielle fait en sorte que c'est vous qui avez la clé de contact. Alors, affirmez immédiatement que vous êtes entièrement responsable de tout ce qui se passe d'agréable et de désagréable dans votre vie. C'est un premier pas vers une amélioration spectaculaire de votre qualité de vie. Par exemple :

— Si vous avez des dettes, acceptez la responsabilité d'avoir choisi (ou permis à quelqu'un d'autre) d'utiliser votre crédit à différentes fins, bonnes ou mauvaises.

— Si vous faites de l'embonpoint ou n'êtes pas en forme, acceptez la responsabilité d'avoir trop mangé ou de ne pas avoir fait suffisamment d'exercice.

— Si vous stagnez sur le plan professionnel, acceptez la responsabilité d'avoir pris de mauvaises décisions, retardé vos études ou remis à plus tard votre choix de carrière.

— Si vous croulez sous les tâches ou responsabilités futiles, acceptez la responsabilité d'avoir dit oui alors que vous vouliez dire non.

— Si vous n'êtes pas heureux en amour, acceptez d'être responsable des partenaires que vous avez choisis, ou de ne pas avoir exprimé clairement ce qui est acceptable et ce qui ne l'est pas.

— Si vous êtes entouré de gens négatifs, acceptez la responsabilité d'avoir attiré ces amis ou collègues dans votre vie, ou d'avoir accepté d'entrer en relation avec eux.

— Si vous n'êtes pas en santé, acceptez la responsabilité des choix de vie ou des pensées susceptibles d'avoir influencé ou aggravé votre état de santé.

Lorsque vous avez baigné dans la lumière claire et vive de la responsabilisation et avez assumé vos choix antérieurs, aussi bien les bons que les mauvais, vous pouvez progresser et mieux choisir par la suite. Voilà une bonne nouvelle! Si personne d'autre que vous ne peut être tenu responsable de votre passé, personne ne peut vous empêcher d'améliorer votre vie. Vous avez toujours eu et aurez toujours la maîtrise de votre vie!

Si ce principe vous dérange, vous feriez mieux d'examiner de près vos croyances et vos émotions sous-jacentes. Demandez-vous ceci : « À quoi bon continuer à ressentir de la colère, de l'amertume ou du ressentiment envers quelqu'un ? » Cette colère vous rapproche-t-elle de vos objectifs ou si elle vous en éloigne ? Il y a fort à parier que l'énergie qu'elle vous dérobe mine vos efforts en ce sens. C'est donc dire que la colère vous bloque et vous fait du tort à VOUS ! Pardonnez-vous et pardonnez à tous ceux que vous avez un jour blâmés. Allez-y, pardonnez !

Même si quatre ans s'étaient écoulés depuis que Marcus avait demandé le divorce, son épouse, Tisha, était encore amère lorsqu'elle pensait à lui. La lutte qu'elle avait menée pour obtenir la garde de leur fils lui avait coûté des milliers de dollars et de nombreuses nuits d'angoisse. Depuis quatre ans, Tisha était bouleversée et épuisée chaque fois que Marcus exerçait son droit de visite. « Si ce n'était de la présence de Marcus dans ma vie, j'aurais l'énergie nécessaire pour poursuivre ma carrière ! » croyait-elle dur comme fer.

Lorsqu'elle a heureusement compris, en thérapie, que Marcus n'allait pas disparaître de sa vie comme par enchantement, elle a décidé que son temps et sa confiance en soi étaient trop précieux pour qu'elle laisse sa colère les gruger. Au lieu de focaliser sur Marcus, elle s'est donc employée à améliorer sa vie et celle de son fils.

L'envie comme blocage

J'aimerais attirer votre attention sur l'envie, une des dernières entraves au succès dont nous allons discuter avant d'aborder la guérison.

La jalousie, souvent confondue avec l'envie, se nourrit de la peur de perdre quelque chose ou quelqu'un que nous aimons, tandis que l'envie se nourrit de la douleur ressentie lorsque nous désirons ardemment quelque chose ou quelqu'un que nous n'avons pas. Il se peut que nous soyons jaloux si, par exemple, notre conjoint ou conjointe discute avec un membre du sexe opposé qui paraît bien. Notre jalousie vient de la crainte que notre partenaire préfère quelqu'un d'autre que nous. Nous avons peur que notre union prenne fin et d'être privés d'amour.

Nous pouvons ressentir de l'envie face à quelqu'un qui a plus d'argent que nous, une plus belle maison, une voiture plus luxueuse, un mariage plus heureux, un plus beau corps, un meilleur emploi ou une éducation plus poussée. La question qu'il faut absolument se poser lorsque nous ressentons de l'envie est la suivante : « Cela m'inspire-t-il ou si cela me bloque ? »

— Si vous avez une amie dont vous enviez le corps athlétique, cela vous pousse-t-il à vouloir à tout prix vous entraîner ou si vous la maudissez et faites tout pour l'éviter ?
— Lorsque vous admirez une luxueuse résidence, vous dites-vous qu'un jour vous en posséderez une

vous aussi ou si vous pensez que tous les gens riches sont des méchants ou des escrocs ?

— Lorsque vous admirez la nouvelle voiture d'une voisine, vous sentez-vous poussé à faire des démarches pour en acheter une vous aussi ou si vous l'accusez de vouloir épater la galerie ?

— Lorsqu'un de vos collègues obtient son diplôme après avoir suivi des cours du soir, est-ce que cela vous encourage à vous inscrire, vous aussi, dans cette université ou si vous vous dites, aigri : «On sait bien, c'est facile pour lui : il n'a pas autant de responsabilités familiales que moi» ?

L'envie est sans contredit une arme à deux tranchants pouvant aussi bien bloquer que favoriser le succès personnel. Lors de mon récent passage à l'émission d'Oprah, où j'ai parlé de perte de poids, les producteurs de l'émission m'ont fait part d'un phénomène intéressant. Quand Oprah a perdu du poids après avoir suivi un régime faible en gras combiné à l'exercice, de nombreux téléspectateurs lui ont écrit pour lui dire à quel point elle avait changé.

Il y avait deux sortes de lettres : celles de personnes qui détestaient sa nouvelle taille et se plaignaient de ne plus avoir d'affinités avec elle; et celles de personnes qui l'admiraient d'avoir ainsi maigri. Les producteurs ont remarqué une chose : toutes les lettres de la première catégorie provenaient de personnes se plaignant *également* de ne pas pouvoir maigrir. On pouvait y lire, en gros : «Si j'avais ton argent, Oprah, moi aussi je pourrais perdre du poids. Je pourrais embaucher un chef et un entraîneur personnel, mais je n'en ai pas les moyens.»

Par contre, absolument toutes les lettres saluant le succès d'Oprah étaient écrites par des personnes qui affirmaient avoir perdu du poids, elles aussi, parce que cette dernière les avait inspirées.

Des études indiquent que les gens qui réussissent le mieux sont ceux qui se disent énergisés et inspirés par le succès des autres. Ceux qui ne réussissent pas, pour leur part, se sentent souvent menacés par le succès des autres, comme si ces derniers leur enlevaient des occasions de réussir.

Je vous encourage à examiner vos réflexions et vos émotions lorsque vous vous trouvez en présence de gens qui ont réussi ou d'un objet que vous convoitez. Remarquez, sans juger, si les réalisations des autres vous inspirent ou détruisent vos espoirs, et promettez-vous de reprogrammer toute réaction négative que vous pourriez avoir devant le succès des autres.

Lorsque vous voyez quelqu'un qui possède quelque chose que vous convoitez (maison, voiture, vêtement, etc.), dites-vous que vous aussi pourriez l'avoir et en jouir. Faites-vous la réflexion suivante : « N'est-il pas merveilleux de vivre à une époque et dans un endroit où la prospérité est à la portée de tous, y compris moi-même ? » Lorsque vous voyez un couple d'amoureux heureux, ressentez du plaisir, un peu comme s'ils vous donnaient le présent de l'amour interposé (ce qui est effectivement le cas !).

Laissez la réussite des autres vous inspirer et vous confirmer que vous aussi pouvez obtenir ce que vous désirez. Dites-vous, sans aucune trace d'amertume, que tout le monde — y compris vous, bien entendu — mérite de mener une vie paisible et agréable. S'il y a un aspect de la vie de quelqu'un qui soulève vraiment votre enthousiasme, laissez cette émotion vous motiver! Soyez reconnaissant envers cette personne de vous avoir aidé à préciser vos objectifs. Comme nous l'avons déjà mentionné, savoir ce que nous voulons et que nous le méritons sont deux conditions essentielles à la réalisation des objectifs.

Points à retenir

- ❧ Votre sexe, éducation, âge, race, confession religieuse et niveau de scolarité ne peuvent vous limiter que si vous leur en donnez le pouvoir.

- ❧ Pour évoluer, prospérer et réussir, il est souvent nécessaire de laisser derrière nous nos vieilles situations et habitudes familières.

- ❧ La jalousie et l'envie peuvent vous empêcher d'accéder au mode de vie que vous souhaiteriez avoir.

TROISIÈME PARTIE

Un emploi
du temps
qui permet
de souffler

CHAPITRE 7

OUI, IL Y A SUFFISAMMENT D'HEURES
DANS UNE JOURNÉE!

Aimes-tu la vie? Alors, ne gaspille pas ton temps, car il est l'essence de la vie.

— Benjamin Franklin

Avez-vous l'impression de manquer de temps? Courez-vous toute la journée sans avoir accompli grand-chose? La journée de 26 heures ne réglera rien. Il faut plutôt apprendre à gérer votre temps de manière réaliste et recourir à des stratégies de hiérarchisation qui vous redonnent la maîtrise de votre temps.

En fait, gérer son temps, c'est un peu gérer sa vie, c'est-à-dire avoir le temps de s'occuper de *toutes* ses priorités, y compris se détendre, avoir du plaisir en famille, évoluer spirituellement, faire de l'exercice, prendre des cours du soir et gagner de l'argent. Ouf! Cela vous semble beaucoup? Pour y arriver, vous pourriez devoir renoncer à certaines activités, mais ne craignez rien, elles ne vous manqueront absolument pas. Nous ne ferons que jeter par-dessus bord les activités qui vous font perdre votre temps et vous drainent de l'énergie, afin que vous sous sentiez plus léger et puissiez voler plus haut à bord de votre montgolfière.

Première étape : Fixez vos priorités

Pour réaliser vos désirs, vous devez d'abord apprendre à maîtriser votre temps. Les gens heureux et prospères utilisent leur temps à bon escient, tandis que les insatisfaits le gaspillent de manière frivole. Les activités situées au bas de votre échelle de priorités minent votre estime de soi, votre énergie et votre enthousiasme.

Pour arriver à maîtriser son temps, il faut commencer par déterminer ses priorités et en dresser la liste. Il n'y a qu'une façon de savoir si vous perdez votre temps : prendre conscience de ce qui est important à vos yeux. Il existe une différence entre les priorités et les objectifs. Les priorités sont les grandes catégories — comme «Dieu et la spiritualité», «la santé», «les enfants» ou «l'argent» — qui chapeautent vos différents objectifs. Dans la catégorie «santé», par exemple, vous pourriez avoir l'objectif suivant : «faire 30 minutes d'exercices trois fois par semaine».

Beaucoup de gens ont deux listes de priorités :

1. Celles qui les intéressent *vraiment*.
2. Celles qui *devraient* les intéresser.

Ces personnes craignent peut-être de s'avouer à elles-mêmes, ou d'admettre devant les autres, en quoi consistent leurs véritables désirs. Elles travaillent donc à la réalisation de ce que «devraient» être leurs priorités. Une de mes clientes prénommée Becky avait comme véritable priorité «les enfants». Elle souhaitait réellement avoir des enfants et rester avec eux à la maison, mais elle avait l'impression que sa priorité était «inacceptable» et qu'elle «devrait» plutôt mettre l'accent sur sa carrière et l'argent.

Lorsque nous avons à la fois de vraies et de fausses priorités, il en résulte naturellement du stress et de la confusion. C'est comme si vous conduisiez avec un pied sur le frein et l'autre sur l'accélérateur. Dans de telles conditions, comment Becky aurait-elle pu établir son emploi du temps en fonction de ses priorités ? Après tout, si « les enfants » sont votre priorité, votre démarche ne sera pas la même que si c'est « la carrière ».

Certains de mes clients ont découvert qu'ils avaient deux listes de priorités pour plaire à leurs parents. Tony, par exemple, avait comme première priorité sur sa liste « officielle » de finir son droit (qui était en fait la priorité de ses parents), et dans sa « vraie » liste : acheter une maison à la campagne. Lorsqu'il est venu me voir en thérapie, il était bien sûr confus.

Lorsque vous dressez la liste de vos véritables priorités, le plus important est de suivre votre instinct. Si vous êtes indécis, essayez différents scénarios dans votre tête et voyez lequel vous procure la plus grande paix d'esprit. Lorsque vous suivez vos penchants naturels et que ceux-ci vous apaisent et contribuent à votre évolution, soyez assuré que ce sont des directives de Dieu faisant partie de votre mission divine. Si Dieu vous confie une mission, sachez qu'Il vous donnera également le temps, l'argent et le talent nécessaires pour la mener à bien.

Écrivez sur une feuille de papier vos cinq *véritables* priorités. Mettez cette liste à jour tous les deux ou trois mois et gardez-la en mémoire : vous verrez comme il vous sera facile de décider quoi faire de vos temps libres.

Deuxième étape : tenez un journal
de votre emploi du temps

Pour retrouver la maîtrise de votre temps, vous devez savoir ce que vous en faites. Vous devrez donc tenir un journal de votre activité journalière en ayant un calepin sous la main et en notant ce que vous faites chaque heure de la journée. Par exemple :

Samedi

11 h — Nettoyé la maison

12 h — Fait l'épicerie

13 h — Parlé à Sue

14 h — Écrit à maman

15 h — Regardé la télé

J'ai fait cet exercice pour la première fois dans le cadre d'un cours de psychologie sur la mort, et j'en ai tiré la conclusion suivante : si je dispose d'un nombre limité d'années sur Terre pour réaliser tout ce que je me propose d'accomplir, je n'ai pas une minute à perdre. Je vous incite fortement à le faire vous aussi. Vous verrez comme il est motivant !

Au fait, vous pouvez demander à votre intuition jusqu'à quel âge vous allez vivre. Lorsque je lui demande jusqu'à quel âge je vais vivre, j'obtiens toujours 82 ans. Tous ceux et celles à qui j'en ai parlé ont également reçu une réponse intuitive. Il est très motivant de savoir combien de temps nous allons vivre, car nous savons ainsi de combien de temps nous disposons pour réaliser notre mission divine.

En parcourant le journal de votre emploi du temps, vous constaterez probablement que plusieurs de vos activités vont à l'encontre de vos véritables objectifs. Décidez d'éliminer aujourd'hui même tout ce qui ne contribue pas à leur réalisation. Cela ne veut pas dire que vous deviendrez des accros du travail, car la détente et le temps passé en famille comptent probablement parmi vos priorités. Cela veut tout simplement dire d'éliminer tout ce qui gruge votre temps inutilement, comme lire le journal de la première à la dernière page, parler au téléphone sans but précis, ou regarder des émissions de télé qui ne vous intéressent pas vraiment.

Troisième étape : prenez un engagement ferme

Maintenant que vous avez une idée précise de vos véritables priorités et de votre emploi du temps, le moment est venu de signer un contrat avec vous-même. La différence entre un souhait et un objectif est l'engagement :

On *planifie* la réalisation d'un objectif.
On *espère* la réalisation d'un souhait.

Vous voyez la différence ? Il n'est pas étonnant que les objectifs se traduisent par des résultats et que les souhaits ne fassent que gruger notre temps.

Vous n'arriverez à rien si vous ne *planifiez* rien. Dans la première partie de ce livre, nous avons vu les blocages qui peuvent vous faire douter de vos capacités et de votre mérite. Nous avons étudié les différents mécanismes de procrastination et insisté sur l'importance de vous accorder la permission de modifier votre vie de manière à réaliser vos objectifs.

Alors, maintenant que plus rien ne vous retient, faisons de votre mission divine une réalité, ce qui passe inévitablement par la mise en œuvre de vos objectifs et de vos priorités. Vous allez vraiment réussir !

J'ai découvert que certaines personnes ont beaucoup plus de facilité à tenir une promesse faite à quelqu'un d'autre qu'une promesse faite à elles-mêmes. C'est pourquoi on entend souvent dire « je me mettrai au régime lundi prochain » et, au jour dit, l'objectif est remis au lundi suivant. C'est une tendance naturelle chez les humains, et plutôt que de tenter d'y faire échec, nous allons l'exploiter à nos fins.

Vous trouverez à la page suivante un formulaire à photocopier intitulé « mon engagement ferme ». Remplissez-le, signez-le et datez-le. Puis, affichez-le dans un endroit visible, comme le miroir de la salle de bain ou la porte du réfrigérateur, là où vous le verrez une ou deux fois par jour. Si vous voulez le soustraire au regard des autres, mettez-le à l'abri des curieux, mais choisissez un endroit où vous le verrez sans faute tous les jours, comme votre sac à main, votre porte-monnaie, votre porte-documents ou un tiroir de la salle de bain.

Mon engagement ferme

Je, votre nom, désire sans contredit améliorer ma vie dès maintenant. Je déclare les aspects suivants prioritaires dans ma vie et je choisis de prendre en main mon emploi du temps de manière à leur accorder toute l'attention nécessaire : (indiquer les cinq aspects les plus prioritaires dans votre vie)

Je sais que ma santé mentale, physique, spirituelle et financière, ainsi que le bien-être de ma famille, dépendent de mon bonheur et de la joie que m'inspire ma propre vie. Je sais également que je me sentirai plus joyeux et inspiré si je travaille avec régularité à la satisfaction de mes priorités. Et je sais que j'ai une mission à accomplir qui passe nécessairement par le respect de mes priorités. En prenant cet engagement ferme, j'ai confiance que je disposerai de tout le temps, l'argent, le talent et le soutien nécessaires pour réaliser mes désirs. Il me suffit de miser sur mes priorités et de les respecter.

Signature
Date

À quoi attachez-vous de l'importance ?

La plupart des gens sont occupés, mais peu se sentent comblés et ont l'impression d'avoir réussi. Puisque nous faisons déjà des efforts, autant canaliser notre énergie de manière à satisfaire nos besoins et ceux de notre famille. En modifiant légèrement vos comportements, vous pouvez adopter quatre habitudes menant au succès, et ainsi passer d'une existence misérable et agitée à une vie heureuse et passionnante.

Quatre habitudes de gens heureux qui ont réussi

1. *Focaliser sur les résultats.* Les gens heureux qui ont réussi mesurent l'efficacité de leur emploi du temps aux *résultats* de leurs efforts. Les insatisfaits se contentent de se plaindre qu'ils sont trop occupés et qu'ils travaillent trop fort, ou alors ils inventent des excuses pour expliquer leurs maigres réalisations.

2. *Connaître la valeur de son temps.* Les gens heureux qui ont réussi se demandent continuellement : «Comment puis-je utiliser mon temps au mieux?» Ils ne font jamais rien de superflu tant qu'ils n'ont pas terminé tout ce qu'ils jugent prioritaire. Ces gagnants savent également reconnaître et éliminer tout ce qui leur fait perdre du temps, comme les réunions inutiles, les visites inopinées, la lecture du journal de la première à la dernière page, aller à l'épicerie quotidiennement, trop d'engagements, la procrastination et la gestion des urgences. Lorsqu'on leur demande de faire une chose qui ne contribue pas à la

réalisation de leurs objectifs les plus importants, ils ont la force de dire «NON!»

3. *Connaître ses priorités.* Les gens qui réussissent et qui sont heureux connaissent leurs priorités. Ils se demandent chaque jour : «Que dois-je accomplir aujourd'hui pour me rapprocher de mes objectifs?» Au bureau, ils ne perdent pas de temps en commérages et en intrigues, car ils se concentrent sur leurs priorités. Ils comprennent l'importance de focaliser sur les projets qui rapportent le plus sur les plans émotionnel, spirituel et financier.

4. *L'efficacité.* Une concentration maximale au travail donne toujours d'excellents résultats. Premièrement, les gens qui réussissent et qui sont heureux terminent leurs tâches prioritaires et en retirent des bénéfices émotionnels, financiers et professionnels. Deuxièmement, ils quittent le travail la conscience en paix, sachant qu'ils ont été productifs durant la journée. Ils ont beaucoup d'énergie et de temps libre pour faire de l'exercice, se détendre et s'amuser en famille. Ils connaissent cette grande vérité : *il n'est pas nécessaire d'en faire plus pour réussir; il suffit de consacrer plus de temps à ce qui vous importe qu'à ce qui ne vous importe pas.*

Respecter vos priorités

Vous jubilerez chaque fois que vous ferez un pas vous rapprochant de l'accomplissement de votre objectif et vous serez fatigué, frustré et démoralisé chaque jour où vous n'aurez rien fait de ce qui vous importe.

Il est à la fois tragique et ironique de constater que les projets auxquels nous tenons le plus sont les plus difficiles à entreprendre. Et pourtant, lorsque nous avons mis la dernière main à un projet auquel nous tenons, nous sommes plus euphoriques que si nous venions de terminer mille et une tâches insignifiantes !

Le simple fait de dresser la liste de vos objectifs, comme nous l'avons fait au chapitre 3, vous donnera plus d'énergie et d'estime de soi que n'importe quoi d'autre. Vous vous sentirez encore mieux si vous consacrez ne serait-ce que 10 minutes par jour à la réalisation de vos objectifs. À l'inverse, si vous travaillez à une tâche qui vous laisse indifférent, vous finirez par être fatigué, lassé, et pourriez même vous sentir déprimé.

Pour être sûr de respecter vos priorités, relisez-les chaque matin et demandez-vous ceci : « Que puis-je faire aujourd'hui pour me rapprocher de mes objectifs ? À chaque moment de la journée, vous faites soit quelque chose d'important (vos moments de détente et de temps libre en font partie), soit quelque chose de futile.

L'habitude la plus importante que vous puissiez prendre pour assurer votre succès est de *relire chaque jour votre liste de priorités* ! Tous les matins, au lieu de perdre du temps à lire ce qui est écrit au dos des boîtes de céréales, à prendre un petit déjeuner trop copieux ou à regarder la télé, demandez-vous ceci : « Que pourrais-je faire aujourd'hui pour me rapprocher de mon objectif premier ? » Puis, écrivez en détail tout ce que vous avez l'intention d'accomplir durant la journée, de manière à pouvoir cocher chaque étape au fur et à mesure.

Un illustre médecin qui se consacre prioritairement à la guérison du cancer du sein, Dava Gerard, explique son succès professionnel et personnel par l'habitude qu'elle a de se fixer chaque jour des objectifs. «Lorsque je pense à un objectif, je l'écris, explique-t-elle. De cette façon, je cesse d'y penser sans arrêt.»

Chaque matin, Dava dresse la liste de ses objectifs de la journée. Les gens qui consultent chaque jour la liste de leurs objectifs à long terme finissent toujours par être récompensés, explique-t-elle. Assurez-vous de vous fixer des priorités et ne vous contentez pas de faire ce qu'il y a de plus facile sur votre liste. Forcez-vous! Travaillez fort pour obtenir ce que vous voulez.

Obligez-vous à travailler d'abord à vos principaux objectifs avant de passer à des tâches secondaires. Beaucoup de gens remettent à plus tard ou négligent entièrement ce qui leur tient le plus à cœur. Ils ont peur! Peur de l'échec, de la réussite ou du ridicule. Mais ces projets d'envergure ne se réaliseront pas tout seuls. Lorsque nous les négligeons, notre guide intérieur ne cesse de nous rappeler à l'ordre. Il connaît notre véritable mission sur Terre et continuera de nous embêter jusqu'à ce que nous revenions à nos priorités. Les gens les plus heureux, ceux qui ont le plus de succès, comprennent ce principe et prennent l'habitude de travailler d'abord à ce qui leur importe le plus.

La technique qui consiste à dresser une liste d'objectifs à court et à long terme, comme nous venons de l'expliquer, a pour effet immédiat de réduire considérablement la peur. Il est tellement plus facile de faire face à une série de petits objectifs qui finissent par donner un résultat de taille que de se laisser abattre par une tâche paraissant démesurée.

Faites chaque jour un pas de plus vers la réalisation de votre objectif et votre rêve deviendra vite réalité.

La plupart des gens sont surpris de voir à quelle vitesse ils parviennent à accomplir les objectifs qu'ils ont consignés sur papier. Le simple fait de les écrire vous donne la concentration et l'énergie nécessaires pour précipiter leur réalisation.

Karen, une agente d'immeubles dont j'ai fait la connaissance, a vendu pour une somme record pendant la pire crise immobilière que le pays n'ait jamais connue. Elle m'a dit que le fait d'écrire ses objectifs à court et à long terme avait donné des résultats immédiats. « L'an dernier, m'a-t-elle confié, j'ai atteint un objectif que je m'étais fixé pour dans deux ans : faire un quart de million de dollars de commissions en un seul trimestre. »

Pour avoir la vie de vos rêves, vous n'êtes pas obligé de travailler plus fort que vous ne le faites déjà. Il vous suffit de faire la part des choses entre les *activités productives*, qui vous rapprochent de votre objectif, et les *activités improductives*, qui vous en éloignent. Les gens qui sont très heureux et obtiennent beaucoup de succès s'adonnent principalement à des activités productives et consacrent très peu de temps (ou pas du tout) aux futilités. Avant de s'engager dans une quelconque activité, ils se demandent chaque fois : « Cela va-t-il me rapprocher de mes objectifs ou m'en éloigner ? »

Vicki Lansky, l'auteure du livre de recettes pour bébés dont nous avons parlé au chapitre 6, a une affichette sur son bureau qui dit ceci : « Ce que je fais aujourd'hui est important, car j'y consacre toute une journée de ma vie. »

Le stress et le manque de temps

La principale source de stress au travail est le sentiment de ne pas avoir le contrôle de son emploi du temps. Comme nous l'avons déjà mentionné, des recherches ont montré que les secrétaires sont plus stressées que leurs patrons parce qu'elles ne décident pas de leur emploi du temps et ne savent pas d'avance ce qu'elles auront à faire. Une étude effectuée par l'université Cornell en 1990 a révélé que les employés occupant des postes avec beaucoup de responsabilités et peu d'autonomie étaient trois fois plus sujets à l'hypertension que ceux qui occupaient des postes avec moins de responsabilités ou un certain degré d'autonomie.

Les symptômes de stress tels que les douleurs au dos ou au cou, les comportements compulsifs, l'absentéisme, une attitude défensive, la fatigue et l'insomnie sont des signes de malaise au travail. Au lieu de faire comme si tout allait bien, les gens heureux qui ont du succès passent à l'action, ce qui peut inclure changer d'emploi ou modifier certains aspects de leur travail de manière à abaisser leur niveau de stress. Occuper un emploi satisfaisant réduit automatiquement les effets négatifs du stress au travail.

Nous savons tous à quel point la gestion du stress repose sur l'exercice physique, de bonnes habitudes de sommeil et une saine alimentation. Et pourtant, beaucoup de gens insatisfaits et stressés ne font pas d'exercice régulièrement et mangent ou boivent trop. Parce qu'ils ont toujours à l'esprit leurs priorités et leur emploi du temps, ceux qui réussissent et sont heureux s'occupent de leur corps. Ils considèrent que l'exercice et de saines habitudes de vie sont une nécessité et non un luxe, et ils prennent le temps de faire de l'exercice sans s'excuser ni se sentir coupables. Adopter de bonnes habitudes de vie, c'est s'assurer d'avoir le moral et l'énergie nécessaires pour faire face aux défis de la vie.

Voir plus loin que la vague matérialiste

Dans les années 80, beaucoup d'entre nous ont surconsommé. Nous avons acheté — souvent à crédit — des voitures, des appareils ménagers et toutes sortes d'autres biens dont nous n'avions pas réellement besoin. Sous l'effet de l'adrénaline et de la compétition, il était difficile de résister à la vague de matérialisme effréné qui sévissait à l'époque. Nous avons été nombreux à croire que le bonheur se trouvait à portée de main et qu'une voiture de luxe importée était un moyen de l'atteindre.

Aujourd'hui, nous comprenons la vacuité de ce mode de vie superficiel. Nous désirons nous consacrer davantage à ce qui nous apporte une réelle satisfaction et refusons de renoncer au temps que nous pourrions passer avec nos enfants ou notre conjoint. Et pourtant, le manque de temps et d'argent afflige encore de nombreuses personnes de nos jours. Même si nous accordons plus d'importance aux valeurs familiales, il faut continuer à rembourser l'hypothèque et à payer les factures d'électricité. En outre, depuis que nous sommes douloureusement conscients de la nécessité de faire de l'exercice régulièrement, nous essayons par tous les moyens de trouver une heure par jour pour faire du yoga ou du tennis.

L'argent ne fait pas le bonheur, mais il n'en demeure pas moins que les gens les plus prospères affichent le taux de divorce et de suicide le plus bas aux États-Unis. Le plus gros mensonge jamais formulé est sans contredit que les gens riches sont malheureux! Après tout, l'argent peut vous acheter du temps à passer en famille, la liberté de changer de carrière, de meilleurs soins de santé, la possibilité de parfaire votre éducation et de faire instruire vos enfants, une voiture confortable et une maison dans un quartier sûr.

Il existe cependant une différence importante entre l'accumulation de biens matériels achetés à crédit, d'une part, et la sécurité et l'indépendance financière d'autre part. Il existe sans contredit une position mitoyenne entre les excès des années 80 et le manque de temps et d'argent des années 2000!

Heureusement, la recherche indique qu'il n'est pas nécessaire de sacrifier la réussite pour être comblé sur les plans domestique et familial. Les gens les plus prospères et heureux que je connaisse travaillent dans un domaine où ils peuvent suivre leur intuition. Ces gens sont riches et heureux parce qu'ils se sont abandonnés à la guidance de leur intuition. Comme ils se concentrent toute la journée sur leur mission divine, ils peuvent s'occuper de leurs autres priorités le reste du temps.

Les gens malheureux, au contraire, se sentent accablés et sous-payés parce qu'ils ne sont pas maîtres de leur temps. Ils perdent chaque jour un nombre d'heures incalculable en rencontres, réunions et conversations téléphoniques inutiles. Il ne faut donc pas s'étonner s'ils négligent leurs priorités et s'écrient : «Les journées ne sont pas assez longues!» Les rêves inaccomplis drainent l'énergie et minent la confiance.

Les gens les plus heureux que j'aie jamais rencontrés ne perdent pas une minute au travail. Au lieu de rentrer chez eux inquiets et découragés parce qu'ils n'ont pas terminé ce qu'ils avaient à faire, ils sont dynamisés par tout ce qu'ils ont accompli. Cela fait-il d'eux des *superfemmes* et des *surhommes*? Non. Ce sont simplement des femmes et des hommes extrêmement concentrés et organisés. C'est ce que veut dire l'expression «travailler intelligemment». Ceux qui travaillent intelligemment utilisent chaque minute de manière productive (sans pour autant devenir des accros du travail), comme lorsque nous nous efforçons de tirer le maximum de chaque dollar afin de respecter notre budget.

Si nous quittons le travail sans avoir tout terminé, il se passe de trois choses l'une :

1. Nous le terminons à la maison, nous privant ainsi d'une activité plus enrichissante comme de nous détendre en famille, faire de l'exercice, suivre un cours du soir ou méditer.
2. Notre carrière stagne, ou alors nous nous faisons licencier, rétrograder ou congédier.
3. Nous demeurons insatisfaits de notre salaire et du type d'emploi que nous occupons.

Aucun de ces scénarios ne vous semble particulièrement attrayant, n'est-ce pas? Tout cela peut heureusement être évité si nous restons concentrés sur nos priorités au travail. Pour réussir, il n'est pas nécessaire de sacrifier votre famille et votre épanouissement personnel. En fait, pour obtenir un succès durable, l'harmonie doit être déjà présente en vous.

Ne regardez pas en bas!

Lorsque vous saurez exactement ce que vous voulez et aurez décidé que rien ne vous arrêtera, votre degré d'enthousiasme et de confiance en vous connaîtra une hausse spectaculaire. De nouvelles portes s'ouvriront et d'extraordinaires coïncidences se manifesteront, comme par magie.

Lorsque vous ferez vos premiers pas vers le succès, surtout ne vous arrêtez pas en chemin. Ne vous laissez pas intimider par votre propre progrès. Si vous vous surprenez à penser « Ah, non! Mon objectif est sur le point de se réaliser et cela me fait peur! » relisez la Première partie du présent livre.

Lorsque vous montez, ne regardez jamais en bas, car vous pourriez perdre pied.

Points à retenir

- Les gens les plus heureux qui réussissent le mieux ont tous le contrôle de leur emploi du temps et s'organisent pour pouvoir se détendre, faire de l'exercice et passer du temps avec leurs proches.

- Les trois étapes suivantes vous permettront de prendre votre emploi du temps en main : dresser la liste de vos priorités, tenir un journal de votre emploi du temps et vous engager fermement à réaliser vos objectifs.

- Le stress au travail vient d'un manque de contrôle sur votre emploi du temps.

❧ Pour réaliser un plus grand nombre d'objectifs, consacrez plus de temps à vos activités importantes et moins aux activités futiles.

❧ Pour bien profiter de votre temps libre chez vous, concentrez-vous de manière à atteindre vos objectifs avant de quitter le travail.

❧ Lorsque vous atteindrez de nouveaux sommets, ne prenez pas peur.

CHAPITRE 8

LES DIX PLUS GRANDS VOLEURS DE TEMPS

Si je le pouvais, je tendrais mon chapeau au coin d'une rue en suppliant les passants d'y jeter toutes les heures qu'ils gaspillent.

— Bernard Berenson (1865-1959),
historien américain

Vous connaissez sûrement la vieille maxime suivante : «Les dépenses augmentent toujours en fonction du revenu». Quelqu'un qui, par exemple, reçoit une augmentation de salaire de 5 000 $ s'empressera de changer sa voiture pour un modèle plus luxueux.

Il en va à peu près de même pour notre emploi du temps. En réalité, lorsque vous avez décrit en détail vos rêves et vos objectifs, vous vous êtes pour ainsi dire accordé une «augmentation de temps». Vous en aurez donc un peu plus pour souffler. Il reste à savoir si vos «dépenses de temps» augmenteront en conséquence. Autrement dit, laisserez-vous de nouveaux «voleurs de temps» vous dérober celui que vous vous êtes engagé à consacrer à vos objectifs?

Gaspiller involontairement un nombre incalculable d'heures qui auraient pu être utilisées de manière constructive est tout aussi facile que de dépenser des centaines de dollars en achats dont nous pourrions très bien nous passer.

Ne vous privez pas de ces précieux moments qui peuvent faire la différente entre santé et maladie, harmonie et discorde familiale, sécurité et insécurité financière. Ce temps vous appartient : ne l'oubliez pas. Utilisez-le comme bon vous semble !

Les voleurs de temps

J'ai vécu une expérience dramatique qui m'a rappelé à quel point je suis maître de mon temps. Depuis plusieurs mois, j'étais frustrée de recevoir chaque jour de 20 à 50 demandes d'aide par téléphone. J'étais ouverte — et le suis encore — aux demandes de rendez-vous d'éventuels clientes et clients désireux de retenir mes services de thérapeute. Mais tous ces gens — pas tout à fait des collègues, non plus des amis — qui souhaitaient recevoir des conseils gratuits sur la façon de s'enrichir, me dérangeaient.

À titre de professionnelle de la relation d'aide, mon sens éthique me poussait à prodiguer quelques conseils à chacun, mais plusieurs d'entre eux ont commencé à abuser de ma générosité et à m'appeler deux ou trois fois par semaine uniquement pour se plaindre du manque d'argent. Ils me décrivaient différentes combines pour faire de l'argent, puis énuméraient les raisons pour lesquelles ça ne fonctionnait pas. Ces femmes et ces hommes n'étaient pas réellement intéressés à poser des gestes concrets pour améliorer leur sort ; ils cherchaient uniquement de la sympathie.

Je me sentais exploitée, ne sachant pas trop comment réagir, coincée entre deux priorités : aider les autres et m'occuper de moi et de ma famille. Et pourtant, je continuais à consacrer des dizaines d'heures par semaine à aider des personnes qui ne semblaient même pas se soucier de mon gagne-pain ou de mon emploi du temps. Après chaque appel, *elles* se sentaient mieux, mais *moi*, j'étais épuisée et en colère. Irritée, j'hésitais malgré tout à interrompre ce manège qui me volait du temps.

Il a fallu un incident dramatique pour que je mette fin à ce dilemme.

À la fois prévenue et protégée

Dans la vie, nous attirons toujours des gens et des événements qui reflètent parfaitement nos croyances prédominantes et, croyez-moi, j'ai été servie ! Comme je vous le disais, je traversais à l'époque une période difficile où je me sentais confuse. Un samedi après-midi où je me préparais à me rendre à un séminaire sur l'intuition, j'ai entendu, alors que je prenais ma douche, une voix (celle d'un ange gardien, ai-je pensé) qui disait : « Doreen, tu devrais remonter le toit ouvrant de ta décapotable, sinon on va te la voler ». Or, j'étais pressée et je n'avais pas les cinq minutes nécessaires qu'il m'aurait fallu pour obtempérer. J'ai donc décidé de ne pas tenir compte de ce conseil, même si la voix continuait de me mettre en garde contre des voleurs potentiels.

Je me suis dit qu'on pourrait me voler ma voiture pendant le séminaire mais pour une raison j'avais confiance que tout se passerait bien. Comme ma voiture était entièrement payée, je n'avais qu'une assurance responsabilité. Si je me la faisais voler, je ne recevrais aucune compensation de la compagnie d'assurance. Je savais néanmoins que Dieu nous protégerait, moi et ma voiture.

Je me suis rendue à mon séminaire en écoutant une cassette d'*Un cours en miracles* où l'on expliquait la présence de guides spirituels à nos côtés. En arrivant dans le stationnement, j'ai eu une impression bizarre, comme si quelqu'un avait aperçu ma voiture avec l'intention de la voler. J'ai décidé d'étaler quelques livres de spiritualité sur le tableau de bord et j'ai prié pour que ma voiture soit protégée en l'imaginant entourée de lumière blanche divine.

J'étais à peine sortie de mon véhicule lorsqu'un homme s'est précipité sur moi. Il a empoigné la courroie de mon sac à main et exigé que je lui remette mes clés d'auto. Lorsque je l'ai regardé dans le fond des yeux, j'y ai trouvé la peur dans sa plus pure expression. Contrairement à lui, je me sentais forte, soutenue et protégée par le monde spirituel. Je devais choisir entre lui remettre mon sac et mes clés de voiture ou dire «non!»

J'ai choisi la deuxième option et crié de toutes mes forces. Stupéfait, l'individu m'a regardée, puis il a essayé de voler mon sac à main au lieu de ma voiture. Mais plus il avait peur, plus je me sentais forte. Il n'était pas question qu'il me vole *quoi que ce soit*!

Mes cris ont fini par alerter les gens à l'intérieur et, les voyant sortir, le voleur a cessé de tirer sur mon sac et s'est enfui. Lorsque j'ai signalé l'incident à la police un peu plus tard, j'ai appris que ce malfaiteur était armé d'un pistolet et d'un couteau. J'avais bel et bien été prévenue et protégée par Dieu!

La leçon

Après avoir échappé à cette tentative de vol armé, j'ai passé deux semaines à réévaluer ma vie. Sachant que nous sommes responsables de tout ce qui nous arrive, je sentais le besoin de comprendre pourquoi je m'étais attiré un tel incident.

Et j'ai fini par comprendre : j'avais besoin d'apprendre à quel point je suis libre de choisir ce qui m'arrive dans la vie. Lorsque cette tentative de vol a eu lieu, j'aurais pu remettre au voleur mes clés d'auto et mon sac à main. Mais j'étais si décidée à ne pas me faire voler que j'ai provoqué une volte-face : c'est le voleur qui a eu peur et c'est moi qui ai fait preuve de détermination. Mon intention et mon énergie positives ont fait échec à sa peur et à sa négativité.

Je m'étais visiblement *laissé* voler mon temps, comme ce malfaiteur avait espéré que je le *laisse* voler ma voiture. Au lieu d'être fâchée contre mes voleurs de temps, je n'avais qu'à réagir en cessant de dire oui. À ma grande surprise, lorsque j'ai commencé à répondre que j'étais occupée, ces personnes sont sorties de ma vie tout aussi rapidement qu'elles y étaient entrées. Le ciel ne m'est pas tombé sur la tête et rien de grave ne m'est arrivé. Il avait fallu un drame pour que j'apprenne une leçon importante : notre temps et notre vie nous appartiennent.

Mon guide intérieur m'avait pourtant fait comprendre que je laissais ces appels téléphoniques nuire à mes priorités. Il m'avait également informée d'avance de la possibilité qu'on me vole ma voiture. J'étais donc prévenue. Notre guide intérieur ne se trompe jamais, mais notre ego — qui se démène contre l'influence de la sagesse intérieure — a toujours tort. Une seule chose est certaine en ce qui concerne l'ego : les renseignements qu'il nous communique sont toujours dévastateurs. Cette tentative de vol m'a appris à quel point il est capital d'obéir à mon intuition : ma vie même en dépend. Je dois admettre qu'encore aujourd'hui, je ne fais pas *toujours* confiance à mon intuition, mais par contre, je lui obéis *toujours* sans hésiter et sans me poser de question.

Avoir une confiance aveugle en son intuition, ça rapporte toujours beaucoup.

Débusquer les voleurs de temps et d'énergie

Vous avez sans doute, comme moi, de nombreuses priorités, dont la famille, la santé et les finances. Avec toutes ces préoccupations, vous n'avez pas de place dans votre vie pour des voleurs de temps, n'est-ce pas ? Voici une liste de dix voleurs de temps et d'énergie à surveiller. Les trois chapitres suivants vous proposent des solutions pratiques pour reprendre en main votre emploi du temps.

Les dix plus grands voleurs de temps et d'énergie

1. Les complices de la procrastination
2. Faire de la bataille un sport
3. Ne pas se fixer de priorités
4. Les réunions inutiles
5. La désorganisation
6. Les excès de table
7. Les divertissements sans contenu valable
8. Dire oui lorsqu'on voudrait dire non
9. Ne pas déléguer
10. L'indécision et l'inquiétude

1. *Les complices de la procrastination*. Ce sont des « amis » qui ont peur de s'engager dans la réalisation de leurs propres objectifs et qui acceptent tacitement de vous accompagner dans la procrastination. Ces complices vous appellent ou vous rendent visite à la maison ou au

bureau pour se plaindre d'un emploi ou d'une vie amoureuse qui laissent à désirer, et lorsque vous leur suggérez des façons d'améliorer leur vie, ils répondent par des formules négatives du genre : «on peut toujours rêver», «j'aimerais bien», «sois réaliste» ou «si quelque chose doit aller mal, on ne peut rien y faire.» Vos complices de la procrastination exigent beaucoup de vous et vous font perdre un temps précieux.

Différentes raisons malsaines nous poussent à nous associer aux complices de la procrastination : le besoin de sentir qu'on a besoin de nous, la peur d'offenser l'autre ou le désir de le sauver (qui cache une projection de notre propre besoin d'être sauvé). En général, nous espérons qu'en donnant suffisamment de temps, de conseils et d'amour à notre complice de la procrastination, il finira par devenir indépendant et par être heureux. Nous pourrions aller jusqu'à espérer être récompensés pour notre rôle dans l'opération sauvetage.

Mais peine perdue, car nos complices de la procrastination sont chroniquement amoureux de leurs petits drames personnels et bon nombre sont même dépendants de la montée d'adrénaline provoquée par leur mode de vie en dents de scie. Vous n'avez pas besoin de rester aux alentours pour connaître le dénouement de leur spectacle hebdomadaire, et vous n'avez pas besoin de leur permission pour décrocher de cette relation malsaine. Faites un meilleur usage de votre temps et de votre énergie. Investissez-les dans des causes qui aideront vraiment à guérir le monde.

Cependant, les complices de la procrastination nous servent parfois d'alibis pour ne pas ressentir la peur que nous inspire la réalisation de nos rêves. S'il y a assez de gens autour de vous qui pensent que «les bonnes personnes sont toujours perdantes» ou qui s'attendent à lutter toute leur vie sur le plan financier, vous aurez tendance à penser qu'il est plus prudent de ne même pas faire d'efforts. Peu importe la véritable raison de votre connivence avec un complice de la procrastination, vous comprenez sans doute maintenant pourquoi ce type de relation est au premier rang des voleurs de temps et d'énergie.

2. *Faire de la bataille un sport.* Les conflits vous volent de l'énergie, du bonheur et du temps! Heureusement, ils ne sont pas essentiels. Il est normal de ne pas toujours s'entendre entre colocataires, conjoints et collègues de travail, mais il y a des gens qui *suscitent* inutilement des conflits simplement pour se rassurer ou parce qu'ils s'ennuient. C'est ce que j'appelle «faire de la bataille un sport», dont voici quelques versions :

— «Allons-y, bagarrons-nous.» C'est le cas des collègues qui inventent des problèmes pour se divertir au travail.
— «Ça fait une semaine qu'on ne s'est pas bataillé, qu'est-ce qui ne va pas?» C'est le cas des couples qui prennent l'habitude de se disputer uniquement pour la forme.
— «Sans toi, j'aurais réalisé mes objectifs.» C'est le cas lorsque le blâme devient un jeu pour masquer la peur et la procrastination.

Vous pouvez vous épargner beaucoup de temps et de chagrin en prenant le soin de vous arrêter au lieu de sauter dans l'arène sans réfléchir. Demandez-vous si l'enjeu a une importance réelle à vos yeux et ce que vous pourriez faire au lieu de vous batailler. Pourquoi ne pas consigner vos émotions dans un journal, quitter les lieux, sortir ou aller marcher, suggérer à l'autre de discuter calmement, proposer d'en arriver à un compromis lors d'une prochaine rencontre ou consulter un thérapeute?

3. *Ne pas se fixer de priorités.* Si vous n'avez pas clairement décidé quelles étaient, dans l'ordre, vos cinq priorités, vous aurez toujours l'impression d'avoir oublié quelque chose. D'une petite voix insistante, votre instinct vous rappellera à l'ordre. Prenez donc 30 minutes pour dresser la liste des cinq choses les plus importantes à vos yeux, et jamais plus vous ne ferez du sur place en vous demandant quoi faire de votre temps.

4. *Les réunions inutiles.* Combien d'heures passez-vous chaque semaine en réunion, à vous ennuyer et à vous tortiller sur votre chaise en songeant à tout ce que vous pourriez faire d'utile à la place? Vous pourriez probablement vous en tirer sans y assister ou en sortant avant la fin si vous expliquiez à votre patron que vous avez autre chose à faire de plus pressant (se traduisant par une hausse de profits pour l'entreprise). Votre superviseur sera impressionné par votre ardeur au travail et vous serez libéré de l'obligation d'assister à des réunions qui vous font perdre votre temps!

Entrent dans la catégorie des réunions inutiles les séminaires qui promettent mer et monde, mais dont le contenu, qui n'a rien de révolutionnaire, se trouve facilement dans un simple livre. Avant de vous inscrire à l'un de ces séminaires alléchants, téléphonez pour obtenir la description exacte de la matière qui sera présentée. Ou encore mieux : n'assistez pas au séminaire, mais lisez le livre du conférencier. Vous épargnerez ainsi de l'argent et obtiendrez probablement des réponses plus approfondies à vos questions.

5. *La désorganisation.* Selon que vous êtes plus ou moins organisé, vous gagnez ou perdez de trois à cinq heures par jour. Chercher un article important égaré dans un placard, dans un tiroir ou sur un bureau en désordre engendre de l'anxiété, en plus de faire perdre du temps et parfois même de l'argent. Les visites non planifiées dans les magasins occasionnent également des pertes de temps. Regroupez vos emplettes, évitez d'aller dans les magasins certains jours et à certaines heures (les weekends, les jours de congé et à la sortie des bureaux en semaine) et n'allez pas à l'épicerie tous les jours. Appelez d'avance pour savoir si l'article que vous recherchez est en stock. Je ne saurais trop insister sur l'importance d'investir du temps dans l'organisation de votre maison et de votre lieu de travail, afin de savoir où tout se trouve. Vous aurez, en prime, le bonheur d'évoluer dans un lieu où règne l'ordre. J'aimerais également que vous songiez à recourir au Feng Shui pour agencer votre intérieur, tant au bureau qu'à la maison. Cet art traditionnel chinois de l'habitat établit des correspondances entre les

différents coins d'un appartement ou d'un bâtiment et les différents aspects physiques ou émotionnels de notre vie, par exemple : un coin santé et famille, un coin prospérité, et un autre pour vie amoureuse et maritale. Si vous désirez parfaire vos connaissances en Feng Shui, je vous invite à lire le merveilleux ouvrage de Terah Kathryn Collins intitulé *The Western Guide to Feng Shui*.

6. *Les excès de table.* Manger deux ou trois assiettées à chaque repas est un autre voleur de temps. Cela donne l'impression de faire quelque chose d'important (il faut bien manger, après tout!) sans que rien ne soit réellement accompli. J'ai eu de nombreux clients qui se disaient frustrés de s'empiffrer régulièrement au petit-déjeuner. Je considère qu'il s'agit là d'un subterfuge pour reporter le moment où il faudra affronter la journée. Il est plus facile de s'installer confortablement devant un bol de céréales qui ne désemplit pas que de se mettre à la tâche.

7. *Les divertissements sans contenu valable.* Il est certes agréable de se laisser prendre par un film, une émission de télé, un livre ou une revue que l'on juge captivants, mais attention! Il existe une grande différence entre les divertissements *de qualité* — une émission ou un livre que vous attendiez avec impatience — et les divertissements *sans contenu valable*, consommés faute de mieux. Pour vous aider à faire la différence, essayez simplement de vous rappeler ce que vous avez vu à la télé ou ce que vous avez lu la veille. Si vous avez consommé un divertissement sans contenu valable, vous ne vous souviendrez de rien. Ceci vaut également pour les journaux. Il

faut des heures pour lire un journal de la première à la dernière page. Pourquoi ne pas commencer par les grands titres et vous demander si le sujet vous captive suffisamment pour poursuivre votre lecture ? Vous gagnerez du temps et éviterez ainsi beaucoup de négativité.

8. *Dire oui lorsqu'on voudrait dire non.* Votre voisine s'invite chez vous pour prendre un café et converser longuement. Votre fils vous demande de le reconduire chez un ami qui habite à l'autre bout de la ville. Vos collègues vous invitent à sortir avec eux le vendredi soir. Rien de cela n'est en soi répréhensible si vous en avez véritablement envie.

Nous disons souvent oui par peur ou parce que nous nous sentons faussement obligés d'accepter. Non seulement allons-nous perdre notre temps, mais le ressentiment nous habitera pendant toute la durée de l'activité à laquelle nous avons acquiescé malgré nous. Le ressentiment, bien entendu, gruge l'énergie et l'estime de soi. Si votre instinct vous dit de refuser, alors dites non. Le seul fait d'obéir à son instinct est dans l'intérêt de tous, car il est le plus sûr chemin vers la tranquillité d'esprit et la satisfaction.

Souvent, ceux qui nous adressent des demandes indésirables les enrobent de flatterie ou les accompagnent de commentaires destinés à susciter de la culpabilité, comme : « Il n'y a que toi qui puisses me rendre ce service » ou « Si tu n'es pas là, nous n'y arriverons pas ». Mais rassurez-vous, ils trouveront vite quelque d'autre « d'irremplaçable » si vous refusez. N'oubliez pas ceci :

vous sentirez que vous avez accompli quelque chose de plus important et aurez une meilleure opinion de vous-même si vous mettez ce temps à profit pour vous occuper de vos priorités et de vos objectifs.

9. *Ne pas déléguer.* Beaucoup de clientes se plaignent d'être accablées par les travaux domestiques et je me rends compte, chaque fois, qu'elles ne demandent pas à leurs enfants ou à leur conjoint de les aider ou n'insistent pas assez pour qu'ils le fassent. Tous les enfants de plus de quatre ans gagnent à exécuter de menus travaux. Ils se sentent importants et le fardeau des parents est allégé. Je conseille la tenue régulière de réunions de famille pour discuter des tâches ménagères, y compris votre conjoint! Si le travail est mal fait, assurez-vous d'en discuter avec eux. Chez certaines femmes, l'estime de soi est liée à leur capacité d'être une superfemme à la maison; j'espère que vous ne céderez pas à cette tentation, car c'est une pure illusion.

Il est tout aussi important de déléguer en dehors de son foyer. Ne pensez pas que vous devez tout faire vous-même au bureau ou au magasin. Demandez de l'aide, même si cela vous rebute. Vous serez étonnée de toute l'aide que vous pourriez recevoir! Bientôt, vous n'hésiterez plus à faire appel aux autres et cette habitude constructive vous fera gagner un temps et une énergie considérables.

10. *L'indécision et l'inquiétude.* Est-ce que je devrais quitter Tom ou essayer d'améliorer notre relation? Devrais-je quitter mon emploi et retourner à l'université?

Qu'arrivera-t-il si je suis licencié et si je ne trouve pas un autre emploi immédiatement ? L'indécision et l'inquiétude sont des habitudes malsaines et parfaitement inutiles. Ruminer sans cesse en pensant à toutes les options possibles sur les plans amoureux, professionnel et familial vous fait perdre du temps et ne vous rapproche aucunement de vos objectifs.

Pour prendre rapidement une décision, imaginez les différents scénarios et faites comme si vous y étiez vraiment. Choisissez ensuite l'option qui vous procure le plus de tranquillité d'esprit et ne changez pas d'idée. Ne cédez pas à la tentation de vous demander ce qui serait arrivé si vous aviez choisi les autres scénarios.

Pour cesser de vous inquiéter, la procédure est la même : écrivez tout ce qui vous dérange ; promettez-vous d'y remédier de façon constructive lorsque c'est possible ; et si vous ne pouvez pas intervenir parce que cela ne dépend pas de vous (les actions et les pensées des autres échappent complètement à votre contrôle, par exemple), lâchez prise. Appuyez-vous sur vos convictions spirituelles et comptez sur Dieu pour s'occuper de vous à l'avenir. Après tout, Il ne vous a jamais laissé mourir de faim jusqu'à maintenant, n'est-ce pas ?

Points à retenir

- Vous avez le droit de dire non aux personnes et aux situations qui vous volent du temps.

- Les plus grands voleurs de temps, nos complices de la procrastination, sont les personnes avec lesquelles nous avons une entente tacite qui vise à valider chez l'autre les excuses qu'il se donne pour reporter sa réussite à plus tard.

 Nos mauvaises habitudes émotionnelles nous font également perdre une énergie et un temps précieux. Ce qui inclut la désorganisation, une méconnaissance de nos priorités, l'inquiétude et l'indécision.

CHAPITRE 9

ORGANISEZ VOTRE TEMPS

*Finissons par accepter qu'hier n'est plus, que demain n'est pas
encore arrivé, mais qu'aujourd'hui peut être merveilleux si nous
sommes conscients d'être à l'aube de quelque chose de formidable et de nouveau.*

— Ernest Holmes,
auteur de *la science du mental*

Vous pouvez tout avoir dans la vie : plus de temps,
d'argent, d'instruction, etc. Rien n'est impossible.
Prenez la décision de ne plus retarder le moment où
vous vivrez comme vous l'entendez. Passez à l'action sans
tarder ! Chaque objectif peut se comparer à un gros compte
en banque. C'est en additionnant les efforts — ou les pièces
de monnaie et les billets de banque — qu'on y arrive. Investir
ne serait-ce que *dix minutes* par jour dans l'édification de la
vie dont vous rêvez peut vous rapporter d'*énormes* bénéfices,
notamment :

♦ *Un sentiment accru de satisfaction générale.* Le seul fait
de savoir que vous êtes dans la bonne voie vous
mettra de bonne humeur.

♦ *Un regain d'énergie.* Vous serez heureux de faire des
progrès et votre enthousiasme se traduira par un
regain d'énergie.

♦ *Une hausse de productivité.* Votre regain d'énergie se
répercutera sur votre productivité ailleurs dans

votre vie, et vous vous surprendrez même à siffler en travaillant.

♦ *De nouvelles perspectives.* En ne perdant pas de vue votre objectif, vous tomberez automatiquement sur des livres, des cours, des organismes ou des professionnels susceptibles de nous aider à les atteindre et vous saurez en tirer parti.

♦ *La multiplication des « co-incidences ».* Comme si vous étiez entrainé par une force mystérieuse, des gens, des circonstances, de l'argent et des renseignements utiles surgiront au bon moment pour vous aider à passer à l'étape suivante.

Trois clés pour réussir n'importe quoi

Il n'y a pas de « secret » pour réussir, sinon le désir absolu de créer la vie dont vous rêvez et la détermination pour y parvenir. Vous pouvez avoir n'importe quoi, sauf si vous n'y croyez pas. Peu importe la vie que vous menez actuellement, le temps que vous consacrez au travail, l'importance de vos obligations familiales, votre situation financière, votre degré d'instruction ou de formation, votre condition physique : si vous avez suffisamment envie de quelque chose, vous *l'obtiendrez* ! Si vous réfléchissez bien, tous les succès que vous avez remportés ont commencé par une grande détermination de votre part. Et si vous avez réussi une fois, vous pouvez réussir encore.

Voici trois étapes importantes à faire dès maintenant afin d'accomplir vos désirs :

1. *Décomposez votre objectif en petites étapes.* Vous avez probablement déjà entendu des énoncés comme celui-ci : «Écrivez une page par jour et vous aurez un livre à la fin de l'année». Eh bien, c'est vrai. D'ailleurs, nous réalisons presque tout ce que nous entreprenons en procédant étape par étape. Prenez n'importe laquelle de vos réalisations importantes et vous verrez la multitude d'étapes que vous avez dû franchir pour y arriver. Cela s'applique à tous les objectifs, quels qu'ils soient, sans exception!

2. *Accomplissez une étape par jour.* Lors d'une conférence à mon ancienne école, Sally Kirkland, nominée pour un Academy Award, a raconté aux élèves qu'elle accomplissait chaque jour au moins une chose susceptible de faire avancer sa carrière : passer un coup de fil à un directeur de casting, poster un curriculum vitae à un producteur, lire un scénario, etc. Ce n'est pas tant ce qu'elle a fait qui l'a propulsée, c'est la régularité de ses efforts au jour le jour.

   Je crois dans l'efficacité des petits gestes posés chaque jour avec régularité. Il est très difficile de rester intéressé par un projet auquel on ne travaille que de façon accessoire. Mais si vous n'y consacrez que dix minutes par jour, vous en prendrez vite l'habitude. Ne vous préoccupez pas de savoir d'avance ce que vous ferez le lendemain. *Vous le saurez bien le jour venu.* Contentez-vous d'accomplir ce que vous vous étiez fixé pour la journée et laissez votre rêve prendre forme le plus naturellement du monde.

3. *Notez à l'encre sur votre calendrier le temps réservé à la réalisation de votre objectif.* Il est dans votre intérêt de planifier votre journée de manière à pouvoir avancer d'un pas tous les jours. Lorsque j'ai écrit mon premier livre, j'ai noté à l'encre sur mon calendrier le temps réservé à l'écriture. Il n'y avait pas d'autre moyen de parvenir à mes fins! Après tout, je travaillais à temps plein, j'avais deux jeunes enfants et un mari, je prenais des cours du soir et je m'entraînais. Mais comme je *tenais* à écrire ce livre, je me suis fait un horaire et je l'ai respecté.

J'ai travaillé à mon premier livre tous les soirs entre 21 h et 22 h, une fois les enfants couchés. J'ai aussi trouvé du temps pour écrire ici et là, en refusant par exemple une sortie au cinéma, au restaurant ou ailleurs. Bien sûr que j'aurais préféré aller dans des soirées que de rester chez moi à écrire, mais j'étais déterminée à réaliser mon rêve. Le jour où j'ai reçu mon livre de l'éditeur, j'ai su que je n'avais pas «sacrifié» ma vie sociale en vain, un sentiment qui n'a fait que se confirmer par des lettres de remerciement sincères de mes lectrices et lecteurs.

Points à retenir

🕊 Le seul fait de décider d'atteindre votre objectif augmentera votre énergie et votre estime personnelle.

🕊 N'importe qui peut réussir n'importe quel but en faisant chaque jour un petit pas.

❧ Ne vous souciez pas de la *façon* dont vous atteindrez votre but ; concentrez-vous simplement sur la chose à accomplir ce jour-là.

❧ Décomposez votre objectif en petites étapes que vous franchirez chaque jour, une à la fois, et mettez sur le papier un échéancier réaliste afin d'y parvenir.

QUATRIÈME PARTIE

Dégager
du temps
pour vous

CHAPITRE 10

OUI, VOUS AVEZ LE TEMPS
DE FAIRE DE L'EXERCICE!

J'abusais du temps, et à présent le temps abuse de moi.
— Tiré de *Richard II*
de William Shakespeare

En fait, tous les buts se ressemblent, car le processus qui mène à leur réalisation est essentiellement le même pour chacun d'eux :

♦ Décidez de ce que vous voulez ;
♦ Imprégnez votre désir de passion, foi et détermination ;
♦ Fixez-vous un échéancier réaliste de petites étapes à franchir — et surtout —
♦ Respectez vos promesses.

Dès les premières pages, *Un cours en miracles* introduit une notion essentielle : il n'y a pas d'ordre de difficulté dans les miracles. Il n'est ni plus ni moins difficile de réaliser ce miracle-ci que ce miracle-là. Il n'y a que l'ego pour faire de telles distinctions. Cependant, notre Moi supérieur sait que les miracles sont naturels, tout comme le succès.

Comme nous l'avons vu précédemment, la plupart des objectifs ont trait à l'un des trois grands piliers de notre vie : la santé, l'amour et l'argent, formant chacun une pointe de triangle. Dans les trois prochains chapitres, nous verrons comment connaître la satisfaction dans chacun de ces domaines. Voici des suggestions — certaines plus terre à terre que d'autres — pouvant vous aider à consacrer plus de temps à vos priorités.

Nous nous pencherons d'abord sur la santé, plus précisément l'exercice. Je ne vous apprendrai probablement rien en vous disant que l'exercice est extrêmement important pour la santé et le bien-être. Sur le marché, il existe même des appareils de conditionnement physique vendus avec la mention suivante : « Le Ministère de la Santé considère que le manque d'exercice nuit à la santé ». Et je ne blague pas !

D'après un sondage du President's Council on Physical Fitness, plus de 64 pour cent des Américains affirment ne pas avoir le temps de faire de l'exercice. Et pourtant, ce même sondage révèle que 84 pour cent des Américains regardent la télévision au moins trois heures par semaine ! De toute évidence, ce n'est pas le temps qui manque, c'est la motivation et la capacité de bien gérer son temps.

Voyons si nous pouvons nous attaquer à ce problème, là, tout de suite.

L'exercice et la procrastination

Il fait trop chaud. Vous êtes trop fatigué. Les enfants sont enrhumés. Le gymnase est bondé. Lorsque vient le moment de décider si nous allons faire de l'exercice, mille et une excuses se présentent à notre esprit. Prenons Terry, par exemple :

Cette mère de deux enfants âgée de 38 ans affirmait dans un de mes ateliers qu'elle n'avait pas le temps de faire de l'exercice. Elle se butait constamment à un mur de responsabilités tant familiales que professionnelles et ne pouvait trouver ne serait-ce que cinq minutes pour se détendre. Comment pourrait-elle donc trouver une ou deux heures pour s'entraîner au gymnase ?

Elle s'était procuré plusieurs cartes de membre à un club sportif et, chaque fois, sa carte était restée inutilisée dans son porte-monnaie jusqu'à la fin de son abonnement. Elle avait ensuite décidé de s'entraîner à la maison en suivant un programme d'exercice sur vidéocassette, mais s'était lassée au bout de trois jours.

Lorsque j'ai demandé à Terry de nommer les principales raisons qui l'empêchaient de faire de l'exercice, elle a répondu sans hésiter : « L'ennui, l'ennui et encore l'ennui ».

Je rencontre souvent des gens qui se sentent coupables ou anxieux parce qu'ils ne veulent tout simplement pas faire d'exercice, tout en sachant qu'il le faudrait. Personne ne peut nier qu'il est parfois ardu et monotone de s'entraîner. Et quand on croule littéralement sous les obligations, il est encore plus difficile d'enfiler ses espadrilles. Mais comme je suis moi-même très occupée — je combine travail et famille — je peux vous faire part des stratégies réalistes que j'ai mises au point pour incorporer l'exercice dans mon mode de vie trépidant.

Cela en vaut la peine !

Les bienfaits de l'exercice régulier dépassent largement le prix à payer en temps, efforts et sueur. Les gens occupés y trouveront un avantage majeur : ils auront plus d'énergie après qu'avant. *Personnellement*, j'en retire chaque jour quelques heures de productivité supplémentaires. C'est une façon éprouvée de doubler son investissement en temps. Une heure d'exercice augmentera votre niveau d'énergie pendant les deux heures qui suivront. Si je ne faisais pas d'exercice, je rentrerais probablement à la maison abattue et léthargique, en me traînant les pieds. Mais après une séance d'exercice, je redouble d'ardeur au travail et je finis deux fois plus vite.

En fait, c'est surtout pour avoir plus d'énergie que je m'entraîne. Il y a bien entendu d'autres avantages, comme de m'aider à garder ma ligne, à rester en santé et à régulariser mon appétit, mais ils sont secondaires. Si je fais de l'exercice, c'est pour une seule et unique raison : pour avoir plus de « pep » chaque jour. Autrement, je serais probablement incapable d'avoir une vie aussi remplie sur les plans personnel et professionnel.

Quelle forme d'exercice vous convient le mieux ?

Les gens qui font régulièrement de l'exercice en apprécient énormément les bienfaits, mais il arrive que même les mordus trouvent plus difficile de lacer leurs espadrilles que de passer leur bac. Comment expliquer cela ? Souvent, c'est parce qu'ils s'ennuient. Comme beaucoup d'autres avec qui je me suis entretenue, Terry a réalisé que l'ennui était à la source de son incapacité de faire de l'exercice. Or, cela s'explique généralement par un programme d'exercice mal adapté à la personnalité et au mode de vie de celui ou celle qui s'y adonne.

J'ai relevé 11 préférences individuelles en matière d'exercice. Si vous finissez toujours par vous lasser, ne vous blâmez pas. Ce que vous avez pris pour de la paresse ou un manque de motivation n'était probablement qu'une incompatibilité entre votre personnalité et la forme d'exercice que vous aviez choisie. Voici des caractéristiques permettant de mieux cibler le type d'exercice qui convient à votre mode de vie.

Préférences déterminant votre profil d'exercice

1. *Stimulation intellectuelle.* Les programmes d'exercice monotones vous ennuient-ils à mourir? Si vous avez grandement besoin d'être stimulé intellectuellement, il y a plusieurs manières de contrer facilement la monotonie lorsque vous faites de l'exercice. Si vous utilisez un vélo d'appartement ou un simulateur d'escaliers, profitez-en pour lire et si vous choisissez un tapis roulant, écoutez la radio ou regardez la télévision : vous serez plus motivé! Dans un autre ordre d'idée, une activité captivante qui exige des aptitudes spéciales ou beaucoup de concentration, comme le yoga ou l'escalade, serait tout aussi indiquée.

2. *Créativité.* Possédez-vous une âme d'artiste? Si vous avez un grand besoin de vous exprimer de manière créative,

vous serez fort probablement attiré par une activité comme le ballet, le patinage artistique ou la danse moderne.

3. *Lien corps-esprit.* Faites-vous de l'exercice pour gérer votre stress, perdre du poids, tonifier vos muscles ou tout cela à la fois? Si vous avez répondu le dernier, une activité qui touche aussi bien le corps que l'âme et l'esprit, comme le tai-chi, est de mise. Mais si vous recherchez une activité purement physique, un appareil simulant le ski de fond ou un appareil d'haltérophilie conviendra à votre personnalité. Les personnes qui veulent être stimulées aussi bien physiquement qu'intellectuellement pourraient s'adonner au *roller,* au vélo de montagne ou au tennis.

4. *Relever un défi.* Il y a des gens qui sont stimulés par les défis et d'autres qui préfèrent ne pas se casser la tête. Si vous aimez la vitesse et les jeux de pieds rapides, vous apprécierez le racquetball et le ski alpin. Mais si les défis ne vous intéressent pas outre mesure, vous aurez plus de plaisir à pratiquer une activité méthodique et rythmique comme la marche rapide et la montée d'escaliers.

5. *Paix ou intensité?* Si vous recherchez des sensations fortes qui mettent du piquant dans votre vie, vous adorerez les sports comme le kayak, l'escalade et la planche à neige. Mais si vous êtes plutôt du genre tranquille, un cours d'aquaforme saura vous détendre dans un environnement sécuritaire.

6. *Seul ou accompagné ?* Préférez-vous faire de l'exercice seul, à deux ou à plusieurs ? Certains préfèrent être seuls, d'autres se sentent plus motivés à deux et d'autres encore préfèrent un sport d'équipe comme le volley-ball et le softball. Et il y a ceux qui préfèrent rester anonymes dans une foule comme dans certains cours d'aérobie. Si vous êtes du genre solitaire, vous apprécierez le vélo ou la natation, et si vous préférez être deux, vous pouvez pratiquer ces mêmes activités avec votre conjoint ou un ami proche.

7. *Potentiel ludique.* Avez-vous un cœur d'enfant ? Êtes-vous de ceux qui adorent se balancer dans les parcs lorsque personne ne regarde ? Si oui, jouer est important pour vous ! Si vous aimez vous défouler et rire, optez pour un exercice qui permet de s'amuser, comme le *roller*, l'escalade ou un cours de danse enlevant. Mais si vous êtes plutôt sérieux, les vélos stationnaires, les appareils à ramer et à monter les escaliers sont tout indiqués pour vous.

8. *Esprit de compétition.* La compétition vous stimule-t-elle ou si elle vous empêche d'essayer une nouvelle activité ? Les personnes motivées par la compétition sont à leur meilleur, par exemple, lorsqu'elles remportent un match de tennis au dernier set ou comptent un but décisif au soccer. Mais celles qui fuient la compétition réussissent mieux dans des sports comme le saut à la corde, la course à pied et le vélo.

9. *Casanier ou amateur de plein-air ?* Êtes-vous davantage attiré par l'exercice à la maison, dans un club sportif ou en plein air ? Si vous êtes plutôt casanier, vous aimerez probablement faire de l'exercice en regardant une vidéo-cassette, utiliser un vélo stationnaire ou un rameur, ou encore faire appel aux services d'un entraîneur profes-sionnel à domicile. Quant aux amateurs de plein air, ils ont besoin d'air frais pour rester motivés. La marche, le vélo, le canoë et le ski de fond leur conviennent parfaite-ment. Les gens qui préfèrent rester à l'intérieur, mais qui n'ont ni l'espace ni la discipline nécessaires pour s'en-traîner à la maison, auraient tout à gagner à s'abonner à un club sportif et à le fréquenter régulièrement. (Il est préférable de trouver un club situé près de chez vous, car s'il est compliqué de vous y rendre, vous risquez fort de laisser tomber.)

10. *Cibler une partie du corps.* Il est important de savoir ce que vous voulez améliorer avant de choisir votre pro-gramme de conditionnement physique. Si vous avez des douleurs au cou et au dos, le yoga, le tai-chi et les exer-cices aérobiques en piscine renforceront vos muscles en douceur. (Consultez toujours un médecin avant d'entre-prendre un régime d'exercices et informez votre entraî-neur de toute contrainte physique.) Si vous cherchez à renforcer et à tonifier votre musculature, pensez aux haltères, aux appareils à charge et aux cours de muscu-lation avec bandes élastiques (qui exercent une résis-tance lorsqu'on les étire). Ceux qui préfèrent améliorer leur capacité aérobique pourront se tourner vers les lon-gueurs en piscine (doux pour les articulations), le tapis

roulant et le *step*. Et si vous pouvez combiner les exercices qui renforcent la musculature et l'entraînement aérobique, votre corps vous en sera grandement reconnaissant. Selon la recherche, c'est la façon la plus efficace (alterner entre les exercices aérobiques et la musculation légère, par exemple) de cibler l'ensemble du corps.

11. *Matinal ou couche-tard?* Vous serez plus porté à faire de l'exercice si vous tenez compte de vos fluctuations d'énergie naturelles. Les personnes matinales ont intérêt à faire de l'exercice avant de commencer à travailler, tandis que leur énergie culmine. Si vous êtes plus en forme l'après-midi, pourquoi ne pas profiter de l'heure du lunch pour marcher, courir ou vous entraîner à votre club sportif? Quant aux oiseaux de nuit, ils ont besoin d'un endroit où faire de l'exercice le soir, comme une piscine, un court de tennis ou un exerciseur d'appartement.

La procrastination : un obstacle majeur à l'exercice

Quantité de gens remettent l'exercice à plus tard en raison d'attentes irréalistes ou de fausses croyances freinant leur motivation. Parfois, l'explication saute aux yeux : ils ont gardé un mauvais souvenir d'un certain prof d'éducation physique à l'école secondaire, par exemple. D'autres se reconnaîtront dans l'une des six grandes catégories suivantes :

1. *Le « jamais-tout-à-fait-prêt ».* C'est quelqu'un qui affirme : « Je commencerai à faire de l'exercice lorsque… » ou « Je vais reprendre mes cours d'aérobie lorsque mes amis s'inscriront, eux aussi ». C'est bien de recevoir des

encouragements de la part de sa famille et de ses amis, mais s'engager à faire de l'exercice pour le restant de ses jours doit généralement venir de l'intérieur.

Si vous êtes sérieux, inscrivez sur votre calendrier les plages de temps que vous souhaitez consacrer à l'exercice, comme pour vos autres rendez-vous importants. Faites-vous un programme réaliste et respectez-le. Ne vous permettez jamais d'annuler une séance : contentez-vous de la déplacer à un autre moment de la journée.

2. *Le feu follet.* Il s'agit d'un perfectionniste qui se lance à corps perdu dans un nouveau régime d'exercice et finit souvent par trop en faire. Ce mordu de l'exercice pour qui c'est tout ou rien profite du week-end pour se défoncer, faisant le maximum dans un minimum de temps, pour finir par avoir mal ou se blesser. Le «dos fragile» ou le «genou mal en point» serviront ensuite d'excuse pour délaisser le club sportif jusqu'à ce que la blessure soit guérie. S'il saute quelques séances d'entraînement, le feu follet peut finir par se dire : «Il y a une semaine que je ne me suis pas entraîné, je ferais aussi bien d'abandonner».

3. *Le procrastinateur.* Voici le genre de refrain qu'on entend généralement de la bouche des procrastinateurs : «Devrais-je faire de l'exercice dès maintenant ou attendre d'être en pleine forme?» Chaque fois que vous vous laissez aller à ne serait-ce qu'envisager cette question, la réponse ressemble invariablement à ceci : «Je n'ai pas le temps (l'énergie, la patience, etc.) de faire de l'exercice aujourd'hui».

4. *L'impatient.* C'est quelqu'un qui s'attend à maigrir et à tonifier ses muscles en une semaine seulement ! Lorsqu'il se rend compte que les bienfaits ne se feront sentir qu'au bout d'une longue période d'entraînement régulier, il a tendance à se décourager. Ce genre de personne a tout intérêt à focaliser sur les autres bienfaits que procure l'exercice, comme une meilleure gestion du stress et un regain d'énergie.

5. *Le jouisseur.* Susceptible de développer des dépendances, il a tendance à abuser de substances comme l'alcool, le café et la cigarette. L'insomnie et la léthargie généralisée sont souvent son lot. Son attitude face à l'exercice ne souffre aucun compromis : c'est tout ou rien ! Comme le feu follet, il se lance corps et âme dans son nouveau régime d'exercice, mais son bas niveau d'énergie, ses pénibles lendemains de veille et ses contraintes physiques liées à la cigarette lui serviront bientôt d'excuse pour tout laisser tomber.

6. *L'amateur de sensations fortes.* Sa durée de concentration est limitée, il est toujours débordé et ses attentes par rapport au plaisir que l'on peut retirer de l'exercice ne sont pas du tout réalistes. L'amateur de sensations fortes passe souvent d'un sport à l'autre, à la recherche d'aventure. Il ne comprend pas la nécessité d'accroître sa capacité cardiovasculaire, sa souplesse ou sa force musculaire (c'est trop ennuyant). Il a un besoin insatiable de pur plaisir.

Des stratégies pour apprivoiser le temps

Lorsque vous vous sentez trop occupé, trop pressé ou trop fatigué pour faire de l'exercice, l'une des astuces suivantes peut accroître votre motivation :

1. *Considérez l'exercice comme obligatoire.* Dès l'instant où nous nous demandons : « Ai-je ou non le temps de faire de l'exercice ? » nous augmentons le risque de mener une vie sédentaire. Iriez-vous travailler en pyjama en expliquant que vous n'avez pas eu le temps de vous habiller ce matin-là ? Iriez-vous au lit sans vous être lavé les dents parce que vous étiez trop fatigué ? Bien sûr que non !

   Nous avons toujours le temps de nous occuper de nos priorités, alors décidez que l'exercice en est une et voyez-y. Vous serez heureux d'apprendre que vous aurez plus d'énergie — et de temps — après votre séance d'entraînement.

2. *Associez l'exercice à quelque chose de vraiment agréable.* Comme nous l'avons dit précédemment, les amateurs de sensations fortes doivent trouver une façon de rendre leurs séances d'entraînement stimulantes, car elles ne le sont pas toujours. Lorsque vous montez sur le tapis roulant ou après une séance d'entraînement particulièrement ardue, récompensez-vous en lisant un nouveau livre ou une nouvelle revue. Pour vous aider à aller jusqu'au bout d'une série d'exercices de musculation difficiles, écoutez votre musique ou votre émission de radio préférée. Mettez de l'argent dans un pot afin de vous acheter une collation faible en calories après

chaque séance d'entraînement. C'est une façon d'associer le plaisir et les récompenses à l'exercice. Ma récompense à moi, c'est le plaisir que je ressens tout de suite après. Je n'aime pas particulièrement m'entraîner, mais je suis toujours heureuse d'avoir terminé !

3. *Faites le truc du « 15 minutes ».* Voici une autre merveilleuse façon de motiver le «jamais-tout-à-fait-prêt» et le procrastinateur. Dites-vous : «Je vais m'entraîner pour 15 minutes seulement et si j'ai envie de m'arrêter après, je le ferai». Lorsque vous aurez pris la peine de vous rendre à votre club sportif et d'avoir revêtu votre tenue d'exercice, vous déciderez neuf fois sur dix de dépasser les 15 minutes.

4. *Profitez de vos moments libres.* Vous n'avez pas besoin de passer des heures et des heures au gymnase. Il n'est plus nécessaire de souffrir pour être en forme, comme on avait tendance à le croire autrefois. On peut garder la forme et tonifier ses muscles en multipliant les mini séances d'entraînement tout au long de la journée. Vous pouvez aussi combiner des exercices calisthéniques en faisant autre chose. Pourquoi ne pas monter la jambe, par exemple, en faisant la vaisselle ou en vous maquillant ? Lorsque vous passez l'aspirateur dans le salon, baissez-vous le plus possible en pliant les genoux et lorsqu'on vous met en attente au téléphone, profitez-en pour faire des demi-redressements assis.

5. *Fixez-vous des objectifs à court terme réalistes.* L'impatient et le feu follet abandonnent leur routine de

conditionnement lorsque les résultats se font attendre. Il est important d'avoir des objectifs réalistes lorsqu'on entreprend un régime d'exercice. Oui, vous perdrez du poids, remodèlerez votre corps et vous sentirez mieux, mais pas au bout d'un ou deux jours. Il pourrait s'écouler deux semaines avant que les résultats commencent à se faire sentir. Si vous fréquentez un club sportif, un studio de yoga ou travaillez avec un entraîneur personnel, n'hésitez pas à demander le soutien de ces professionnels en cas de découragement. Ils vous aideront à prendre conscience des progrès que vous avez déjà accomplis et vous diront à quoi vous attendre à l'avenir.

6. *Faites de l'exercice en route vers la maison.* Lorsque vous rentrez le soir, arrêtez-vous à votre club sportif. Vous éviterez l'heure de pointe et vous débarrassez du stress accumulé pendant la journée. Astuce : ayez toujours dans l'auto votre sac de sport avec vos vêtements et chaussures de conditionnement physique.

7. *Faites de l'exercice en famille.* Il y a de nombreuses façons d'inclure vos enfants et votre partenaire dans votre séance d'exercice. En voici quelques-unes :

— Marchez, courez ou faites du *roller* derrière une poussette.
— Faites du vélo avec votre enfant assis dans un siège fixé à votre bicyclette ou sur son propre vélo, à côté de vous.

— Faites de l'exercice sur un vélo d'appartement ou un autre type d'exerciseur pendant que vous regardez la télé avec votre famille.

— De nombreux clubs sportifs offrent des services de gardiennage ou mettent des salles d'exercice à la disposition des enfants. Comparez les services offerts dans chaque établissement, car cette caractéristique pourrait vous aider à décider de faire de l'exercice.

— Faites un sport qui se pratique en équipe par toute la famille, comme du softball ou du volley-ball. Renseignez-vous auprès du service des parcs et loisirs de votre quartier.

— Initiez toute la famille à un nouveau sport. Le kayak, l'équitation et l'escalade sont particulièrement indiqués pour les familles dont les enfants sont un peu plus âgés.

— La randonnée est la sortie en famille idéale. Elle offre un bon niveau de difficulté, permet de prendre l'air et d'admirer la nature. Amenez un pique-nique santé et voilà, vous aurez tout ce qu'il faut!

— Faites une promenade en famille. La marche est excellente pour tonifier les muscles des jambes et brûler des calories, EN PLUS d'être propice pour les discussions à cœur ouvert.

— Pourquoi ne pas suivre un cours de danse-exercice avec un ou plusieurs de vos enfants? On peut pratiquer le ballet, la danse country, la claquette, la danse moderne et le ballet jazz à tout âge ou presque.

— Suivez ensemble un cours d'inspiration orientale comme le tai-chi ou un autre cours d'art martial.

C'est une excellente façon de se mettre en forme, de se recentrer, d'améliorer sa respiration et d'acquérir aisance et sérénité.

Faire de l'exercice est l'un des meilleurs investissements de temps et d'énergie que vous puissiez faire, *surtout* si vous êtes très occupé à la maison comme au travail! Inclure les membres de votre famille dans votre régime d'exercice, c'est leur enseigner comment composer avec leur propre stress. Et le plus beau dans tout cela, c'est que vous n'aurez pas à vous priver de leur présence pour combler vos propres besoins.

Points à retenir

- Si l'exercice vous ennuie, c'est que vous n'avez probablement pas encore trouvé le régime d'exercice qui convient à votre personnalité ou à votre mode de vie.

- Considérez vos séances d'exercice comme non négociables et soyez réaliste lorsque vous préparez votre horaire de conditionnement physique de la semaine.

- Si vos préoccupations familiales vous empêchent de faire de l'exercice, trouvez des façons d'*inclure* tout le monde.

- L'exercice vous donne un regain d'énergie considérable et augmente votre productivité pour le restant de la journée.

CHAPITRE 11

TROUVER DU TEMPS POUR L'AMOUR

L'amour calcule les heures en mois et les jours en années ; et la moindre séparation dure une éternité.
— John Dryden (1631-1700), écrivain anglais

L'amour revêt de nombreux visages. Il y a, entre autres, l'amour romantique, l'amour maternel et paternel, l'amour des enfants pour leurs parents, l'amour pour les amis et celui que l'on a pour soi-même. Je n'ai pas encore rencontré d'hommes ou de femmes qui n'ont jamais rêvé d'une relation amoureuse. Et pourtant, quantité de gens m'ont avoué avoir abandonné tout espoir de trouver un partenaire qui leur convienne. D'autres encore se plaignent de ne plus avoir le temps de profiter de la présence de leurs enfants, partenaire et amis. Et beaucoup de personnes ne prennent pas le temps de se régénérer en passant quelques minutes seules avec elles-mêmes.

Le chapitre suivant est consacré à l'amour, la deuxième pointe du triangle réunissant les trois grands piliers de notre vie. Voyons comment insuffler de l'énergie dans notre vie amoureuse et profiter au maximum du temps passé avec nos proches.

La conciliation travail-famille

Je vous ai conseillé précédemment d'avoir des pensées positives au sujet de votre emploi du temps, afin d'éliminer toute impression d'être débordé ou pressé. Si vous pensez constamment « Je manque de temps », « Personne ne m'encourage lorsque je fais des efforts » ou « Comment vais-je arriver à tout faire ? », vous en souffrirez nécessairement. Ce genre de pensées mine l'estime de soi, draine l'énergie et empêche l'émergence d'idées créatives.

Bien sûr que ce n'est pas ce que vous cherchez. Essayons donc de regarder les choses sous un nouvel angle ! Visualisez ce que vous *souhaitez* avoir et non ce que vous *ne* souhaitez *pas*, et concentrez-vous sur ces pensées. Dites-vous :

♦ Je dispose d'une réserve d'énergie illimitée, car je suis fait à l'image et à la ressemblance de mon Créateur, qui est énergie pure.

♦ Lorsque je demande de l'aide, les autres acceptent tout naturellement et avec joie de me prêter main-forte.

♦ Les gens forts, comme moi, n'hésitent pas à déléguer au besoin.

♦ J'ai assez de temps pour réaliser tous mes souhaits.

♦ Je mérite de me reposer et de prendre des pauses chaque fois que j'en ressens le besoin.

♦ Lorsque je mets à contribution mes enfants pour effectuer des tâches ménagères, ils en tirent profit.

♦ Mon partenaire fait sa part à la maison et accepte volontiers de m'aider lorsque je le lui demande.

♦ Je suis digne d'être aimé pour qui je suis et non uniquement pour ce que je fais.

♦ Je choisis de dire non chaque fois que j'en ai envie.

♦ Je lâche prise lorsque je n'ai pas le pouvoir de changer quelque chose.

♦ Je ne suis pas responsable du monde entier.

♦ Je suis un gagnant!

Plus de temps pour nous deux!

De nombreux couples se sentent serrés par le temps, plutôt que se serrer dans les bras l'un de l'autre. Croyant qu'il faut beaucoup de temps libre pour s'occuper de sa vie sentimentale, ils remettent à plus tard les occasions de se retrouver dans l'intimité. Ils se disent : «Je vais attendre d'être moins occupé pour passer de doux moments en compagnie de mon partenaire», malheureusement, entre-temps la chaleur et la passion ont tôt fait de s'envoler. Quantité de couples accordent plus de temps et de soins à leurs plantes qu'à leur relation. On ne s'attendrait jamais à ce qu'un philodendron se passe d'eau sans en souffrir, mais nous nous attendons à ce que notre mariage s'épanouisse sans que nous ayons besoin de lui consacrer du temps et de l'attention.

Heureusement, l'amour nécessite peu de temps et n'a pas besoin d'efforts pour s'épanouir. Pour moi, il est synonyme de plaisir. Nous avons tendance à l'associer à la spontanéité, mais l'ironie, c'est qu'un peu de planification est nécessaire pour maintenir un climat chaleureux entre les partenaires. Cependant, il est important de ne pas attendre que l'autre fasse les premiers pas. En amour, rester sur ses positions («Je veux bien mettre un peu de romance dans notre vie, mais c'est à lui de commencer!») est le chemin le plus court vers un refroidissement des relations. Il suffit qu'un seul des deux «lance la balle» dans le camp de l'autre. Je vous invite à mettre en pratique un des trucs suivants pendant 30 jours, et votre relation connaîtra un réchauffement climatique remarquable.

— *Fêtez vos retrouvailles quotidiennes.* Les cinq premières minutes où vous vous retrouvez à la fin de la journée sont cruciales. Elles déterminent le climat qui régnera entre vous le restant de la soirée. Lorsque vous rentrez du travail, prenez la résolution de vous occuper uniquement l'un de l'autre. Évitez d'ouvrir le courrier ou de vérifier s'il y a des messages sur le répondeur. Envoyez les enfants dans leur chambre pendant cinq minutes, assoyez-vous tous les deux sur le divan et blottissez-vous l'un contre l'autre. Un massage du cou ou des pieds est un excellent moyen de dissiper la tension de la journée, de montrer à l'autre que l'on se soucie de son bien-être et de lui manifester son affection. Ce rituel d'une durée de cinq minutes rappelle au couple qu'il forme une seule et même équipe. Dans un couple uni, les partenaires sont moins susceptibles de se quereller pour des peccadilles et donc de perdre du temps et de l'énergie.

— *Aidez votre partenaire à VOUS aider!* Rien n'éteint plus rapidement l'amour que le ressentiment, et beaucoup de femmes fulminent de voir que leur conjoint ne fait rien dans la maison. Une étude du Families and Work Institute effectuée en 1993 démontrait que les hommes pensent accomplir plus de travail domestique qu'ils n'en font en réalité (43 pour cent des hommes faisant partie d'un ménage à deux revenus ont répondu qu'ils effectuaient la moitié des tâches domestiques, mais seulement 19 pour cent des femmes appartenant à ce type de ménage avaient l'impression que leur conjoint en faisait autant qu'elles.) Comme les femmes sont généralement plus enclines que les hommes à prendre soin des autres, elles sont plus susceptibles de s'apercevoir que quelqu'un a besoin d'aide. Pour des raisons biologiques ou sociologiques, les hommes ne sont pas aussi sensibles que les femmes aux signaux émis par un être en détresse. En général, il faut leur dire ou leur demander de nous aider. En définitive, les femmes doivent dire exactement aux hommes quoi faire pour les aider à la maison. Confiez vos frustrations à votre conjoint avant que celles-ci ne triomphent de vous et de votre relation de couple. Ensuite, remettez-lui une liste des dix choses qu'il pourrait faire pour vous aider.

— *Soignez le repas du soir.* C'est au dîner que les couples occupés ont l'occasion de se retrouver face à face. Pourquoi ne pas en faire une expérience relaxante? Mes recherches démontrent que les hommes tout autant que les femmes apprécient les dîners aux chandelles et leur attribuent un caractère éminemment romantique. Passez à l'épicerie ou chez le fleuriste et mettez des fleurs sur la table pour ajouter encore plus d'ambiance. Fermez le téléviseur ou la radio et faites jouer de la musique (préférablement un CD ou une cassette afin d'éviter les annonces et les bulletins d'information diffusés à la radio).

Tamisez la lumière, allumez les bougies et prenez votre repas dans une ambiance détendue. La lueur des bougies a une influence calmante sur les enfants. N'hésitez donc pas à vous en servir aussi lors des repas en famille.

— *Surprenez-vous l'un l'autre.* Nourrir notre relation avec notre partenaire ne nécessite pas nécessairement beaucoup de temps. Les petites surprises sont très efficaces pour raviver une relation. Cachez des petits mots d'amour dans des endroits surprenants comme sous l'oreiller, dans l'armoire à pharmacie ou la boîte de céréales. Organisez une chasse au trésor. Cachez un petit cadeau symbolique et semez, ici et là dans la maison, des indices menant au « trésor caché ». S'il y a un objet que l'être aimé désire depuis longtemps, efforcez-vous de le dénicher et achetez-le : vous serez son héros ou son héroïne !

— *Faites preuve de prévenance.* Mettez les vitamines de votre amoureux sur la table au moment du petit déjeuner. Réglez le magnétoscope de manière à enregistrer son émission de télévision préférée. Achetez-lui une tasse à café spécialement conçue pour les gens qui font la navette entre la maison et le travail. Confectionnez-lui ou achetez-lui son dessert préféré. Faites-lui couler un bain avec de la mousse et frottez-lui le dos ou rejoignez-le dans la baignoire.

— *Mettez de la magie dans votre quotidien.* Qui a dit que le romantisme était synonyme d'îles exotiques, de restaurants sélects ou d'hôtels luxueux? La plupart des couples où chacun a sa carrière passent leurs soirées à la maison devant le petit écran. Alors, blottissez-vous l'un contre l'autre et tenez-vous la main comme la première fois où vous êtes allés ensemble au cinéma. Faites éclater du maïs et ouvrez une bonne bouteille pour célébrer votre amour. Massez-vous les pieds à tour de rôle.

— *Faites une sortie spéciale ce soir.* Lorsque les couples se sentent «casés», ils ont tendance à rester à la maison, ce qui constitue une grave erreur. Tous les couples ont besoin de sortir, qu'ils soient mariés depuis longtemps, jeunes mariés ou parents d'enfants en bas âge. Je connais un couple heureux en ménage qui sort systématiquement tous les vendredis soirs. Ces parents de jeunes enfants organisent leur soirée à tour de rôle depuis 14 ans. William Congreve, dramaturge anglais, a écrit au XVIIe siècle: «*Faire la cour avant le mariage est un charmant prologue pour une pièce bien ennuyeuse.*»

Comment gagner du temps si vous êtes un parent occupé

Les parents de jeunes enfants me demandent régulièrement comment atteindre leurs objectifs sans sacrifier de précieux moments en famille. Ils se sentent coincés entre la volonté d'améliorer leur sort et celle de s'acquitter de responsabilités bien réelles envers leurs enfants. Il arrive qu'un parent, ne sachant pas où donner de la tête, se trouve face à un dilemme impossible.

Certaines études révèlent que les familles passent très peu de temps à discuter. Selon un sondage Angus Reid de 1994, la principale activité qui réunit les parents et les enfants est la télévision (ils y consacrent en moyenne 6,3 heures par semaine). Les autres activités comme lire une histoire ou l'aide aux devoirs comptent pour à peine 2,1 heures par semaine.

Nous savons tous qu'un parent heureux et comblé est un meilleur parent. Cependant, il ne s'agit pas de consacrer tellement de temps à notre développement personnel que nos enfants en souffrent mentalement et physiquement ! Selon le même sondage, 64 pour cent des couples où les deux parents travaillent estiment ne pas être en mesure d'accorder suffisamment de temps et d'attention à leur famille. Heureusement, il y a toujours des façons d'alléger nos emplois du temps. Ayant moi-même élevé deux garçons qui sont aujourd'hui des adultes, j'aimerais vous donner quelques conseils à ce sujet :

— *Développez des routines et respectez-les.* Les enfants s'adaptent facilement à la routine. Je dirais même qu'ils l'apprécient, car elle les aide à mettre de l'ordre dans leurs pensées et à savoir à quoi s'attendre. Tenez un conseil de famille et décidez par exemple que le samedi, vous faites la lessive, le lundi et le jeudi, vous faites l'épicerie, le dimanche, vous passez la journée en famille, etc.

Discutez, vous aussi, de la routine que vous avez adoptée ensemble et respectez-la. Enseignez à vos enfants l'art de s'organiser le matin. Habituez-les à sortir leurs vêtements pour le lendemain et à penser à apporter leurs devoirs à l'école ; fixez l'horaire des douches, de l'habillage et du petit-déjeuner pour tout le monde. Habituez également vos enfants à gérer leur soirée de manière, par exemple, à ce qu'ils finissent leurs devoir pour 19 h 30, prennent leur bain à 20 h, aient revêtu leur pyjama et se soient brossé les dents au plus tard à 20 h 30 et ait cessé de faire du bruit et éteint la lumière au plus tard à 21 h. La routine vous aidera à passer une soirée tranquille, sans interruption, et les enfants seront moins enclins à se rebeller contre leurs obligations.

— *Affichez sur le réfrigérateur la liste des tâches ménagères à exécuter et le nom de chaque responsable.* Lorsque les membres de la famille savent exactement ce qu'on attend d'eux, on évite les querelles et les malentendus.

Beaucoup de femmes ne délèguent aucune tâche à leurs enfants et à leur conjoint, car elles ont l'impression qu'on s'attend à ce qu'elles fassent tout dans la maison. Plutôt que de se plaindre (ce qui draine de l'énergie et gaspille du temps), les femmes doivent exposer clairement et avec assurance leurs attentes envers leur famille.

Organisez un conseil de famille pour discuter de la nature des tâches, de leur fréquence et des différents responsables. Là encore, la routine a sa place. Exemple : Billy nourrit le chien en rentrant de l'école, Rachel dresse la table à 18 h, papa sort les poubelles le dimanche soir. Faites un tableau énumérant les différents travaux domestiques, avec des cases à cocher pour chaque tâche et pour chaque jour de la semaine, puis affichez-le bien en vue.

— *Placez un panier près de la porte.* Le temps est si précieux que personne ne peut se permettre de revenir à la maison parce qu'il a oublié quelque chose. Habituez les membres de votre famille à déposer ce qu'ils doivent emporter le lendemain (devoirs, parapluies, porte-documents, clés, lettres, livres de la bibliothèque, billets d'avion, etc.) près de la porte, là où ils sont le plus susceptibles de les voir...

— *Agissez au lieu de réagir.* Ne laissez pas les drames familiaux vous faire dévier de vos priorités. Si vous avez planifié 30 minutes pour faire du yoga ou de la lecture, ne laissez les enfants se quereller durant ce temps et vous distraire de votre projet. Sauf s'il y a véritablement urgence, ne laissez pas une situation chaotique vous empêcher de vous consacrer à vos objectifs. Croyez-moi, vos enfants le remarqueront et apprendront à vous imiter plus tard. En vous occupant d'abord de vos priorités, vous leur ferez une faveur en leur montrant l'exemple.

— *Ne visez pas la perfection.* Si vous vous attendez à ce que les moindres tâches soient exécutées à la perfection, votre humeur et votre emploi du temps risquent d'en pâtir. Après tout, est-ce si grave s'il y a de la poussière sous le réfrigérateur ou si la lessive n'est pas pliée à la perfection? Vos enfants ne sont peut-être pas des as du balayage, mais ne passez pas derrière eux s'ils oublient des miettes. Adoptez la politique du «c'est assez bien comme ça». Gardez votre perfectionnisme pour ce qui compte *vraiment*.

— *Engagez quelqu'un pour faire le ménage.* Les mères qui travaillent à l'extérieur — et même celles qui travaillent à domicile — ont tout intérêt à confier l'entretien ménager à un service extérieur. Ces personnes, qui fournissent une aide inestimable, peuvent venir nettoyer à fond une ou deux fois par mois. Pour un prix abordable, vous n'aurez plus à vous inquiéter de la poussière sous le réfrigérateur ni des cernes autour de l'évier. Il arrive souvent que le revenu des femmes augmente lorsqu'elles sont libérées du nettoyage de la douche, du four ou autre. Voyez si vous ne pourriez pas éliminer une dépense de manière à vous offrir un service d'aide domestique, ce qui n'empêche pas chaque membre de la famille de continuer à effectuer de menus travaux pour garder la maison en ordre entre les nettoyages professionnels.

— *Allégez votre emploi du temps.* Vous gagnerez des heures en faisant votre marché une fois par semaine plutôt que d'arrêter chez l'épicier chaque soir en rentrant du travail. Laissez une glacière dans le coffre de l'auto pour conserver les denrées périssables au frais lorsque vous en avez pour longtemps. Évitez les files d'attente interminables en faisant vos emplettes en dehors des périodes de grand achalandage. Complétez votre commande d'épicerie hebdomadaire par l'achat de produits frais, comme le lait et la viande, chez les commençants du quartier qui offrent des denrées de qualité à prix abordable. Regroupez vos courses de sorte que vous puissiez aller au salon de coiffure puis au magasin le même jour. N'hésitez pas à demander à votre conjoint ou à votre adolescent de passer chez le teinturier ou d'acheter du lait le soir en rentrant. Décidez d'un menu hebdomadaire — des pâtes le lundi, du poulet le mardi, des burgers le mercredi, etc. — à répéter chaque semaine. Vous serez ainsi plus efficace en faisant le marché et n'aurez pas à vous casser la tête pour trouver des recettes.

— *Utilisez les temps morts à bon escient.* Lorsque vous accompagnez vos enfants chez le dentiste, plutôt que de rester assise dans la salle d'attente à feuilleter un vieux magazine, soyez efficace. Ayez toujours un bloc-notes dans votre sac à main pour envoyer un mot de remerciement ou un simple bonjour aux amis et parents qui habitent loin. Gardez également une revue ou un livre intéressant dans l'auto et emportez-les lorsque vous savez d'avance que vous ferez la file ou attendrez dans une salle d'attente. Vous aurez ainsi quelque chose d'agréable à lire.

— *Réservez du temps pour la famille.* N'est-ce pas en grande partie pour elle que nous travaillons si fort ? Mais pour se retrouver en famille, un peu de planification est nécessaire, comme dans toute relation. Faites en sorte que chaque membre de la famille réserve une partie d'une journée — le dimanche par exemple — aux activités familiales. Pique-niquez ensemble dans un parc ou au bord d'un lac. Allez prier à l'église. Passez l'après-midi au cinéma. Allez acheter un chaton ou un chiot. Faites voler un cerf-volant, balancez-vous, louez un bateau. Peu importe l'activité choisie... l'important, c'est de la faire ensemble.

— *Ne vous en laissez pas imposer.* Votre patron vous demande de faire du temps supplémentaire le soir où votre enfant joue dans une pièce de théâtre à l'école? Votre directeur suggère que vous dirigiez un nouveau comité, ce qui vous obligera à vous absenter de la maison sept jours par mois? Le directeur du personnel vous informe que la compagnie va cesser de payer l'assurance-santé de votre famille? Que faire? Bien que les emplois ne courent pas les rues, votre priorité demeure votre famille. Confiez à votre patron vos inquiétudes à la perspective de passer du temps loin de votre famille. Réfléchissez avant d'accepter une offre qui vous éloignera de vos proches. De nombreuses sociétés offrent des structures d'accueil pour les enfants d'âge préscolaire. Peut-être est-il temps de chercher un travail auprès d'un employeur qui se soucie du bien-être des familles.

— *Faites participer votre famille à vos activités régulières.* Qui a dit que s'occuper de soi devait être une aventure solitaire? Invitez vos enfants à vous accompagner lors de vos ballades à pied ou à bicyclette. Jouez au tennis avec eux. Emmenez votre fils ou votre fille à un thé ou à un quelconque événement mondain. Avec votre adolescent, prenez un cours du soir amusant comme la photographie, le tai-chi ou le théâtre. Inscrivez-vous à un club sportif qui offre des services de garde d'enfants ou des activités pour les plus jeunes. Si vous travaillez un samedi, emmenez les enfants avec vous. Demandez-leur de vous aider à créer votre nouvelle campagne de publicité. Quelle que soit votre obligation à respecter, voyez s'il est possible de faire participer votre famille. Tirez parti de la moindre parcelle de temps !

— *Louangez les efforts de vos enfants.* Tout le monde a besoin d'être félicité et de se sentir apprécié. Lorsque vos enfants vous aident à ramasser la cuisine et autres tâches similaires, prenez la peine de les féliciter. Un sourire ou un merci encouragera votre enfant à vous aider de nouveau.

— *Offrez-vous une récompense.* Nous travaillons tous très fort. Ne manquez donc pas de vous récompenser. Amenez toute la famille manger une glace, voir un film ou assister à un événement sportif. Dites que vous avez envie de célébrer le fait que vous formez une famille. Si vous recevez une promotion ou que votre fils remporte une victoire dans un sport, soulignez-la de façon spéciale. Votre famille aura l'impression d'être une équipe gagnante !

— *Refusez toute interruption ou ingérence de l'extérieur.* Lorsque vous passez des moments agréables avec vos enfants, ne vous laissez pas interrompre par un appel téléphonique ou un visiteur impromptu! Laissez le répondeur prendre l'appel et dites à la personne qui se présente chez vous à l'improviste que vous préféreriez la voir à un autre moment plus propice. Soyez honnête avec les gens qui vous appellent : dites-leur que vous ne pouvez pas leur parler parce que votre famille vous réclame et qu'elle compte beaucoup pour vous. Ils ne pourront que respecter votre choix !

— *Réservez-vous du temps pour vous et votre partenaire.* La plupart des parents ne seront pas surpris d'apprendre que dans un sondage du Massachusetts Mutual Life Insurance effectué en 1993, les mères et les pères ont affirmé vouloir du temps à eux! 75 pour cent des femmes qui travaillent, 65 pour cent de celles qui ne travaillent pas, et 33 pour cent des pères qui travaillent ont déclaré ne pas avoir assez de temps libre loin des enfants.

Lorsque nous étions jeunes, mon frère et moi, il arrivait souvent que nos parents se retirent dans leur chambre et mettent une affichette sur la porte qui disait «Ne pas déranger». À l'époque, cela nous laissait indifférents, mais le fait que mes parents se réservaient du temps pour eux seuls inspire un immense respect à l'adulte que je suis devenue. Pourquoi ne pas échanger des services de gardiennage avec un autre couple et sortir au moins une fois par semaine sans les enfants? Si vous donnez la priorité à votre relation, vous verrez que les enfants en bénéficieront à court et à long terme.

— *Apprenez à vous organiser.* Votre foyer, tout comme votre bureau, a besoin d'une bonne gérance pour fonctionner efficacement. Facilitez-vous la tâche en organisant la maison de manière à éviter les contrariétés et les pertes de temps. Une fois l'an, faites le ménage des placards et repensez le rangement de manière à faciliter la vie de tout le monde. Les objets égarés occasionnent du stress et des pertes de temps. Accrochez un grand calendrier au mur de la cuisine pour y inscrire les activités personnelles de chacun et les moments où toute la famille se retrouve. Installez également un tableau comprenant une ardoise et une surface en liège (avec quantité de craies et de punaises) où les membres de la famille peuvent se laisser mutuellement des messages.

— *Tenez régulièrement des réunions de famille.* Une ou deux fois par mois, réunissez-vous quelques heures pour discuter de tout ce qui concerne la famille : les objectifs familiaux, les problèmes, les tâches, les prochaines vacances et autres activités communes. Chacun peut agir à tour de rôle comme modérateur ou pour prendre des notes. Ainsi les enfants apprendront l'art de la communication efficace, une compétence qu'ils pourront mettre à profit plus tard dans leur carrière. Fixez les règles à respecter lors des réunions, par exemple, interdisez les insultes, les retards, les absences et les tentatives de couper la parole.

— *Planifiez.* En adoptant de saines stratégies de gestion du temps, non seulement vous rationaliserez votre emploi du temps de la journée, mais vous donnerez l'exemple à vos enfants. Votre fille reçoit-elle une invitation pour assister à une fête d'anniversaire le mois suivant? Profitez de votre prochaine sortie pour acheter le cadeau nécessaire au lieu d'attendre à la dernière minute. L'adoption d'une routine à la maison est une autre stratégie efficace. Si votre fils va au lit à 20 h, par exemple, demandez-lui que ses devoirs soient terminés pour 19 h et que sa chambre soit rangée et ses vêtements prêts pour le lendemain à 19 h 30. Vous aurez ainsi le plaisir de passer une demi-heure ensemble à lire ou à discuter avant qu'il aille au lit.

— *Profitez des temps morts.* Vous avez 15 minutes de libre avant d'aller travailler? Profitez-en pour déguster un chocolat chaud avec votre enfant. Vous devez attendre encore cinq minutes que les pâtes cuisent? Jouez sur le plancher avec votre fils ou votre fille. Les quelques minutes que vous glanerez ici et là finiront par s'additionner et par compter à leurs yeux. N'attendez pas le jour béni où vous aurez plus de temps : il pourrait bien ne jamais venir! Profitez des petits intervalles de cinq, dix ou quinze minutes dont vous disposez pour les partager avec votre famille.

Comment avoir plus de temps pour vous !

Dans une de ses chansons les plus populaires, Whitney Huston raconte comment elle a trouvé l'amour le plus grand qui soit à l'intérieur d'elle-même. Eh bien, c'est tout à fait vrai ! N'oublions pas que la relation amoureuse la plus importante que nous puissions avoir est celle que nous entretenons avec nous-mêmes. Que vous viviez seul, à deux ou au sein d'une grande famille, vous aurez toujours besoin de temps pour vous. Mais si vos journées sont mouvementées et vos responsabilités nombreuses, vous pourriez avoir l'impression que c'est un rêve inatteignable. Voici quelques façons de trouver du temps pour vous. Mettez ces suggestions en pratique : vous vous sentirez ragaillardi et vos relations avec les autres ne s'en porteront que mieux.

1. Passez à l'action ! Attendez-vous que votre famille s'aperçoive que vous avez besoin de temps pour vous ? Cela pourrait bien ne jamais se produire ! Arrangez-vous pour être seul 30 minutes par jour. Mettez une affichette « Ne pas déranger » sur la porte de votre chambre ou payez une gardienne pour qu'elle surveille vos enfants pendant une heure. Retirez-vous et demandez-lui de ne pas vous déranger.

2. Profitez-en pour faire la sieste, lire un roman ou rêvasser. Faites-vous couler un bain avec de la mousse et allumez des bougies tout autour. Promenez-vous dans la nature, regardez la comédie romantique que personne d'autre ne veut voir ou offrez-vous un petit quelque chose de spécial au magasin. Faites-vous donner un massage, un

pédicure ou un facial. Méditez, priez ou faites des exercices d'étirement. Dessinez votre paysage préféré à l'aquarelle en écoutant de la musique classique. Écrivez un poème, marchez pieds nus dans l'herbe ou jouez de la guitare.

L'important, c'est de *passer à l'action* — trouvez une demi-heure ou plus, rien que pour vous, même si vous devez pour cela regarder moins de télévision ou parler moins longtemps au téléphone avec vos amis. N'oubliez jamais une chose : vous le valez bien !

L'amour est partout autour de vous

Les personnes qui ne sont pas en couple, surtout si elles ont des enfants, ont souvent du mal à trouver le temps de rencontrer des gens nouveaux ou de fréquenter quelqu'un. Comment aider votre fils à faire ses devoirs, reconduire votre fille à son cours de natation, faire le souper et sortir… tout cela le même soir ?

Il y a des personnes qui n'essaient même plus, ou qui ont décidé d'attendre que leurs enfants soient grands pour avoir une vie amoureuse. D'autres ont une vie amoureuse intermittente et fréquentent quelqu'un uniquement à l'occasion. Et pourtant, de nombreux parents monoparentaux ne demanderaient pas mieux que de vivre une relation amoureuse stable. Mais leur horaire chargé ne leur permet pas de fréquenter les lieux propices aux rencontres de ce genre.

Voici quelques suggestions tirées de ma propre expérience de mère monoparentale et de celle des nombreux célibataires provenant de ma clientèle ou qui ont participé à mes ateliers ces douze dernières années :

1. *Instaurez dès maintenant une atmosphère romantique.* Ne pas jouir de la vie tant que vous n'aurez pas d'amoureux serait une erreur. L'amour est un état d'esprit dont vous méritez chaque jour de savourer les retombées — avec ou sans partenaire. En outre, tout ce qui a un effet positif sur votre humeur augmente vos chances de rencontrer le bon ou la bonne partenaire. Nous n'avons aucun effort à faire pour être aimable, extraverti et attirant lorsque nous sommes de bonne humeur !

   À la maison, donc, créez une atmosphère romantique avec des fleurs et des bougies. Placez-en plusieurs autour de la baignoire, mettez de la musique douce et prenez un long bain avec de la mousse, un bon livre et une boisson désaltérante. Regardez un film romantique ; bercez-vous doucement au son de la musique classique ; faites de votre chambre un havre de paix garni de coussins, de fleurs et de fine literie. La lueur des bougies et la musique douce ont un effet apaisant sur les enfants. N'hésitez donc pas à créer un climat romantique à la maison, même en présence des enfants.

2. *Sortez.* Vous ne rencontrerez jamais le ou la partenaire de vos rêves (à l'exception du livreur de pizza) si vous vous terrez à la maison, seul avec vous-même. Il ne faudrait pas non plus que vous cessiez de vivre en attendant de vous sentir complet grâce à l'arrivée d'une autre personne dans votre vie. C'est pourquoi les cours du soir et

de développement personnel sont parfaits : ils vous forcent à sortir de la maison et à rencontrer des gens nouveaux, en plus d'enrichir votre vie.

La plupart des quartiers sont dotés de centres d'éducation aux adultes qui offrent des cours intéressants les soirs et les week-ends. Il n'y a pas mieux pour parfaire ses connaissances et se faire des amis ! Ne vous croyez pas obligé pour autant de priver votre famille de votre présence, car dans de nombreux cas, les enfants d'un certain âge peuvent suivre ces cours avec leurs parents et y sont même encouragés.

Les groupes de croissance spirituelle sont une autre façon d'avoir du plaisir et de se faire des amis. Les groupes d'étude comme ceux d'*Un cours en miracles*, par exemple, ainsi que les cours de yoga, de méditation et de développement des capacités psychiques contribuent à maints égards à la croissance personnelle. Appelez la librairie ésotérique de votre quartier pour connaître les activités de cette nature qui se tiennent près de chez vous.

3. *Soyez d'un abord facile.* Il existe un grand nombre de partenaires potentiels *partout* autour de vous ! Je ne peux m'empêcher de sourire lorsque les personnes qui participent à mes ateliers se plaignent de l'absence de bons partis. Ce sont souvent ces mêmes gens qui se plaignent « qu'il y a trop de monde sur les routes » ou « qu'il n'y a plus moyen d'aller à la banque ou au magasin sans être englouti par la foule ! » Or, ces foules sont remplies à craquer de partenaires potentiels, mais nous passons

souvent à côté parce que nous sommes pressés ou présumons que les rencontres de ce genre ne se produisent que dans les endroits prévus à cet effet.

Il faut être ouvert à la possibilité de faire des rencontres intéressantes n'importe où : l'épicerie, le teinturier, la bibliothèque, le bureau de poste, le glacier, le vidéo-club, la banque, l'autobus ou le train, le club sportif, le vétérinaire ou la station-service. Lorsque vous sortez, regardez les gens dans les yeux d'un air sympathique. Ayez sur vous, ou avec vous, un objet qui suscite la curiosité et incite les gens à vous adresser la parole : une épinglette originale, un t-shirt orné d'un slogan, un livre, un article de sport ou un animal de compagnie. Si quelqu'un vous sourit, dites «bonjour» et laissez les choses suivre leur cours. Lorsque vous vous adressez à quelqu'un pour la première fois, soyez confiant. Dites-vous, par exemple : «Je me fais facilement des amis» ou «Les gens m'aiment toujours» et vous aurez l'air d'une personne positive. Faites en sorte d'avoir du plaisir. Vous serez ainsi moins conscient et inquiet de l'opinion qu'on a de vous.

4. *Sortez avec des amis.* Des études révèlent que la plupart des gens rencontrent leur futur partenaire par l'intermédiaire d'un ami. C'est normal, après tout, car si nos valeurs et celles de nos amis se ressemblent, ce devrait être tout aussi vrai pour les amis de nos amis. Et l'on sait à quel point il est important d'avoir les mêmes valeurs que l'être aimé.

Les gens occupés n'ont pas toujours beaucoup de temps à consacrer à l'amitié. Qu'à cela ne tienne!

Pourquoi ne pas gagner du temps en proposant un dîner ou un cocktail communautaire. Si chacun apporte un plat ou une boisson, vous pourrez organiser une agréable soirée sans que personne n'ait eu à travailler trop fort. Songez aussi à organiser une promenade à bicyclette ou une partie de balle, à louer une maison de vacances à plusieurs ou à former un groupe de discussion qui se réunit aux deux semaines. Vous pourriez ainsi rattraper le temps perdu avec vos amis et rencontrer *leurs* amis célibataires contre un investissement minimum de temps et d'efforts. N'oubliez surtout pas d'inviter aussi les enfants.

5. *Décidez de ce que vous voulez.* Au chapitre 3, j'ai expliqué comment j'ai utilisé la visualisation et les affirmations pour rencontrer Michael, l'homme de mes rêves. J'ai décrit en détail, sur papier, chaque qualité qu'il m'importait de retrouver chez un compagnon. Ainsi, plutôt que de sortir avec le premier venu et d'essayer par la suite d'en faire l'homme que je voulais vraiment, j'ai commencé avec quelqu'un qui me convenait. Cette méthode s'est révélée beaucoup plus satisfaisante que mon ancienne méthode consistant à réagir plutôt que de prendre les devants!

   Je vous conseille de bien réfléchir à ce que vous recherchez chez un ou une partenaire. Comme vous connaissez déjà les caractéristiques à éviter à tout prix (comme la malhonnêteté, l'infidélité, la violence, etc.), profitez-en pour préciser les qualités que vous *recherchez*! Écrivez tout ce que vous attendez du compagnon ou de la compagne de vos rêves, mais n'insistez pas sur les caractéristiques auxquelles vous tenez moins (comme la couleur des yeux, par exemple).

Lorsque votre liste est complète, alors :

6. *Faites appel à Cupidon.* Ce petit chérubin ailé existe réellement sous forme d'aide intérieure et spirituelle. Soyez déterminé à rencontrer quelqu'un qui vous convient et priez pour être guidé par le monde spirituel. Visualisez Cupidon volant ici et là, à la recherche du compagnon ou de la compagne qu'il vous faut. Voyez-le en train de susciter une série de coïncidences qui aboutissent à votre rencontre à tous les deux. Soyez à l'écoute de votre instinct et de tout pressentiment pouvant vous conduire à la personne idéale et suivez votre intuition (comme je l'ai fait, Dieu merci!) même si cela vous paraît absurde ou illogique. Fiez-vous à Cupidon : il n'y a rien à son épreuve!

Guérir vos chagrins d'amour

Parmi ma clientèle, il y a de nombreuses femmes mariées qui finissent par me parler de leurs problèmes de couple même si, à l'origine, elles ne venaient pas pour cela. Lorsque j'ai étudié la psychothérapie, j'ai suivi la formation classique permettant d'intervenir auprès des couples, des familles et des enfants, en plus des cours menant à l'obtention d'une licence en thérapie conjugale. Mais en dépit de toute cette formation traditionnelle, ce sont des techniques spirituelles que j'enseigne aux personnes qui souhaitent venir à bout de leurs difficultés conjugales. Ces techniques consistent à se concentrer sur la vérité spirituelle de l'être aimé et à refuser de voir autre chose que son véritable état, c'est-à-dire la perfection de son être constitué à part entière de l'amour et de la sagesse de Dieu. Cette personne n'est capable de rien d'autre que d'aimer et d'agir avec amour, et tout ce qui semble être autrement n'est qu'illusion.

Tout ce sur quoi vous insistez ne fait que s'amplifier, et cela ne se dément pas. Si vous vous concentrez sur la véritable nature aimante d'un être, il agira de manière plus aimante. Par contre, si vous vous fiez à ce que recommande la psychologie classique — et que vous analysez ce qui ne va pas chez quelqu'un ou dans une relation — ne soyez pas surpris si la situation s'envenime!

C'est une des raisons pour lesquelles je conseille à mes clientes et clients de ne pas discuter en détail de leurs problèmes relationnels avec leurs amis ou avec ceux avec qui ils suivent une thérapie de groupe. La plupart des relations de couple répondent très bien à la guérison spirituelle, surtout si elles sont dépourvues de problèmes liés à la maladie mentale, à la violence ou à la toxicomanie, bien que la réussite soit parfois possible même dans les cas les plus lourds que je viens d'évoquer. Concentrez-vous sur l'amour que porte votre partenaire, à l'exclusion de tout le reste, et c'est ce que vous recevrez en retour. Plus vous réussirez — avec l'intention la plus pure — à focaliser sur la véritable nature de l'être aimé, plus vite il changera de comportement à votre égard. C'est ce qui s'appelle *aimer quelqu'un en dépit de tout*!

Cette guérison spirituelle transforme l'amertume en chaleur humaine, la réticence à s'exprimer en communication ouverte et la distance en rapprochement de l'autre. Chacun peut sentir lorsqu'il est aimé et apprécié, et quand vous irradiez d'amour, vous pouvez faire fondre l'iceberg logé dans le cœur de votre partenaire. Ainsi, à votre tour, vous sentirez plus d'amour de la part de l'être aimé et aurez l'impression de tomber de nouveau en amour. Les remèdes spirituels font des miracles, car l'amour n'échoue jamais !

Guérir les conflits

Les querelles inutiles constituent une perte de temps et d'énergie colossale. Elles entraînent une dépense considérable d'énergie physique et une hausse importante du taux d'adrénaline. Et chaque fois que vous ressassez la querelle à la recherche du moindre indice pouvant inculper l'autre, vous vous videz encore plus de votre énergie et commencez à vous inquiéter de l'orientation à prendre : allez-vous rompre ou reprendre la discussion et vous réconcilier ? Quelle expérience exténuante !

Il existe une meilleure façon de régler ce genre de situation. Prenons le cas de Sheila :

> Sheila et Mark, mariés depuis 22 ans, étaient propriétaires d'une compagnie d'assurance. Mark, qui vendait de l'assurance, aimait énormément son travail, mais Sheila, qui assurait la tenue de livre, n'aimait pas du tout le sien. Elle aurait préféré un emploi plutôt artistique, faisant appel à la créativité, mais ne voyait pas le jour où elle aurait le temps de se perfectionner tout en travaillant à temps plein et en prenant soin de sa famille.
>
> Les nombreuses fois où Sheila avait parlé à Mark de la possibilité d'embaucher quelqu'un pour assurer

la tenue de livre, le couple s'était querellé. Quand je lui ai demandé de me dire dans quel état d'esprit elle se trouvait lorsqu'elle parlait de son dilemme avec Mark, elle m'a répondu qu'elle s'attendait à ce qu'il réagisse de manière désagréable puisqu'il en avait toujours été ainsi — une réponse qui ne m'a pas étonnée.

J'ai demandé à Sheila de se faire une image mentale de la scène suivante : dans un climat de bonne entente, elle et Mark se mettent d'accord pour embaucher un préposé à la tenue de livre parce que c'est une bonne idée sur les plans aussi bien personnel que professionnel. Elle a imaginé Mark souriant, la prenant dans ses bras et acceptant sans hésiter sa proposition. «Mais il a déjà refusé trois fois», a-t-elle protesté lorsque je lui ai demandé d'essayer de nouveau.

«Il dira non une quatrième fois si c'est ce à quoi vous vous attendez, lui ai-je rappelé. Pensez à ce que vous voulez et non à ce que vous ne voulez pas.»

Sheila a accepté d'essayer de parler à Mark en étant fermement convaincue d'obtenir son consentement. Lorsqu'elle m'a téléphoné le lendemain, c'est pratiquement en criant qu'elle m'a annoncé, sidérée et haletante : «Ça a marché! Mark a dit oui, exactement comme je l'avais visualisé.» En raccrochant, j'étais heureuse pour elle, mais nullement étonnée.

Vous aussi pouvez inventer des scénarios mettant en scène vos proches et faire en sorte qu'ils se réalisent. Il vous suffit de vous attendre au mieux. Je n'insisterai jamais assez sur un point :

> *Concentrez-vous sur*
> *ce que vous voulez*
> *et non sur ce que vous*
> *ne voulez pas.*

Guérir les relations parents-enfants

Si le fait de connaître la vérité au sujet de votre partenaire permet de guérir votre relation, cela est tout aussi vrai des relations parents-enfants.

Janice, une de mes clientes, s'inquiétait énormément de son adolescente. « C'est tellement difficile de s'entendre avec elle depuis un certain temps, m'a-t-elle confié. Ashley est tellement secrète, autoritaire et impertinente. On dirait que plus je la confronte, plus les choses s'enveniment. Et ce n'est pas tout : je viens de trouver un dépliant dans sa chambre qui me laisse penser qu'elle se prépare à entrer dans une secte. Au secours ! Que puis-je faire ? »

J'ai proposé à Janice un certain nombre d'options et elle a choisi la guérison spirituelle. Chaque fois qu'elle regarderait Ashley, penserait à elle ou aurait des interactions avec elle, Janice allait devoir être certaine — absolument certaine — que sa fille est une enfant aimante et bénie de Dieu. Elle allait devoir se souvenir que Dieu avait mis Ashley dans sa vie pour des motifs d'ordre supérieur et que sa fille était sa messagère angélique.

En moins d'une semaine, tout était complètement rentré dans l'ordre et cela perdure encore aujourd'hui, près d'un an plus tard. Ashley a répondu rapidement au remède spirituel (comme la plupart des enfants) en cessant de se montrer froide, sarcastique et sur la défensive. Au lieu de cela, elle s'est mise à passer plus de temps avec sa famille pour devenir la fille tendre et coopérative que Janice avait visualisée.

La guérison spirituelle fonctionne dans tous les types de relations (que la personne soit décédée ou vivante), y compris celles que vous entretenez avec les membres de votre famille, vos amis, vos collègues, vos patrons, vos voisins, les commis de magasin et même vos animaux de compagnie !

Points à retenir

⚘ La vie amoureuse ne nécessite pas toujours un gros investissement de temps. Elle se nourrit de petits gestes : bienveillance, rire et rapprochement peuvent sauver une relation et aider un couple à éviter les conflits qui grugent leur temps.

⚘ Développez une routine avec votre famille concernant les tâches domestiques. Tenez-vous-en aux priorités et laissez tomber la perfection si la tâche est relativement peu importante.

⚘ Ne négligez pas votre relation amoureuse la plus importante : celle que vous entretenez avec vous-même. Prenez au moins 30 minutes par jour pour faire quelque chose d'amusant ou de relaxant, seul avec vous-même.

❧ Même le parent monoparental le plus occupé peut s'entourer de romantisme et d'amis et avoir une vie amoureuse formidable.

❧ En se concentrant sur «ce qui ne va pas» dans une relation, nous ne faisons qu'envenimer la situation. Focalisez sur ce que vous *voulez* dans votre relation amoureuse, et non sur ce que vous ne voulez pas.

❧ Voyez la véritable nature aimante de vos proches et ils réagiront en conséquence, c'est-à-dire avec amour.

CHAPITRE 12

PLUS DE TEMPS POUR
VOTRE CARRIÈRE ET VOS FINANCES

Les grands esprits ont des buts, les autres se contentent de souhaits.

— Washington Irving (1783-1859),
écrivain américain

De nombreuses personnes rêvent de changer ou de quitter leur emploi, ou de gagner plus d'argent. Dans un sondage effectué en 1995 par la revue *Money*, on apprenait que 65 pour cent des répondants travaillaient plus fort et plus longtemps que l'année précédente, mais gagnaient moins d'argent et prenaient moins de vacances. Lorsque votre situation financière vous oblige à passer un temps interminable dans un emploi qui ne vous satisfait pas, comment pourriez-vous avoir assez de temps et d'énergie pour apporter des changements à votre carrière ? Le présent chapitre porte sur la troisième pointe du triangle — la carrière et les finances.

C'est un aspect de la vie assurément très important. Notre revenu influence directement la quantité de temps libre dont nous disposons, la qualité des soins de santé et des services juridiques que nous pouvons nous offrir, et même le degré de sécurité de notre quartier et de notre voiture ! Dans certains cas, l'argent peut littéralement faire la différence entre la vie et la mort.

Vu son importance, il n'est pas surprenant que tant de gens se préoccupent à ce point de trouver une façon d'améliorer leur situation financière. D'autres recherchent quelque chose d'encore plus précieux que l'argent : une carrière satisfaisante. De nos jours, de nombreux travailleurs surmenés auraient envie de laisser leur emploi, de tout vendre et de simplifier leur vie.

Ce sont là des objectifs louables et atteignables, mais qui nécessitent du temps et un engagement de votre part, à l'instar des deux autres domaines de votre vie que sont la santé et l'amour.

Vaincre la culpabilité liée à l'argent

Les soucis d'argent sont extrêmement stressants. Ils empêchent de dormir et suscitent bien des conflits familiaux. Étant donné l'impact considérable de l'argent sur notre santé émotionnelle et physique, pourquoi autant de personnes croient qu'il est mal d'en vouloir plus ? En fait, j'ai constaté qu'au fond, les gens s'intéressent à l'argent surtout pour l'aisance et la sécurité financière qu'il procure. Ce qui ruine leur santé et raccourcit leur vie, c'est la panique qui les saisit en pleine nuit lorsqu'ils se réveillent en se demandant comment faire pour payer les factures de carte de crédit, l'épicerie, le loyer ou l'auto. Pourquoi devrions-nous nous sentir coupables ou fautifs de souhaiter bannir cette source d'inquiétude de notre vie ?

Certains me disent qu'il est mal, sur les plans moral et spirituel, de vouloir de l'argent. Mais en approfondissant la question, je découvre invariablement que l'argent les obsède. Ils ont tendance à penser à l'argent uniquement en termes de manque et de peur. Les gens qui ont des soucis d'argent sont ceux qui pensent le plus à l'argent. Pas étonnant quand on sait que tout ce qui nous préoccupe finit par devenir réalité. Si vous pensez à longueur de journée que vous manquez d'argent, à quoi votre situation financière ressemblera-t-elle, croyez-vous?

Comme vous pouvez le constater, ce n'est donc pas de penser à l'argent qui pose problème, c'est de s'inquiéter d'en manquer et de le dépenser de manière irresponsable. J'ai étudié les différentes religions pratiquées partout dans le monde et lu de nombreux ouvrages de motivation sur le succès pour me rendre compte qu'ils dispensaient tous à peu près les mêmes conseils :

Sachez que vous méritez que tous vos besoins humains soient comblés et qu'ils le seront toujours. Ne vous montrez ni inquiet ni contrarié face à votre situation financière actuelle, car vous risquez de perdre votre sérénité et d'entraver l'arrivée dans votre vie de bienfaits d'ordre supérieur. Au besoin, forcez-vous à faire confiance à la vie qui a toujours comblé vos besoins par le passé et qui continuera de le faire à l'avenir. Priez et méditez sur la façon dont vous pouvez servir l'humanité, et lorsque cette sagesse vous viendra, ne manquez pas de passer à l'action. Plus vous donnerez aux autres, plus l'abondance se manifestera dans votre vie. N'oubliez jamais que votre source, c'est Dieu, et non les autres ou le travail. Si vous comptez sur Lui pour pourvoir à vos besoins, vous ne manquerez jamais de rien.

Au temps de la Bible, on appelait les pièces d'argent des «talents», un choix de mot intéressant vu la grande valeur que nous accordons au talent. Il n'y a qu'à songer aux personnes les mieux payées et les plus riches, qui sont pour la plupart des comédiens et des acteurs.

Vous possédez des talents uniques que vous pouvez échanger contre des talents en argent, c'est-à-dire de l'argent.

Avez-vous déjà remarqué les nombreux symboles d'origine spirituelle qui figurent au dos des billets de banque, surtout aux États-Unis? Il y a d'abord la pyramide, un ancien symbole de concentration du pouvoir et de l'énergie. Il y a aussi le troisième œil, ou « œil de Dieu », symbole d'omniscience. Et puis la devise « En Dieu nous croyons », qui illustre notre consentement à nous abandonner à la volonté de Dieu et notre foi dans l'équité spirituelle.

À mon avis, Dieu souhaite simplement que nous comptions sur Lui pour subvenir à nos besoins. Il ne veut pas plus nous voir souffrir ou être dans le besoin que vous ne voudriez voir souffrir vos enfants. Cessez de vous sentir coupable de vouloir de l'argent. C'est un signe de manque de confiance qui ne fera que repousser le bonheur et le confort qui vous sont destinés !

J'aimerais vous recommander trois ouvrages traitant de la prospérité : *The Abundance Book*, de John Randolph Price ; *The Trick to Money Is Having Some*, de Stuart Wilde ; et *The Dynamic Laws of Prosperity* de Catherine Ponder. Ces livres sont d'excellents outils pour acquérir une conscience de la prospérité qui vous libérera à jamais de la peur de manquer d'argent.

Comment gagner sa vie en faisant ce qu'on aime

À mon avis, occuper un emploi qui ne nous apporte rien est l'une des choses les plus tragiques qui soient. Nous donnons notre vie pour de l'argent. Pour être satisfaisant, un emploi doit nous plaire et nous donner l'impression d'améliorer la vie de quelqu'un grâce à nos efforts.

Cependant, il n'est pas nécessaire de sauver des vies pour trouver satisfaction dans le travail. Pas du tout! Voici quelques-unes des nombreuses façons dont un emploi peut avoir une influence bénéfique sur notre monde :

- Les emplois reliés aux divertissements qui nous remontent le moral.
- Les emplois reliés aux services et aux soins de santé qui améliorent notre vie.
- Les emplois reliés à l'information qui nous instruisent de tout ce qui est important en matière d'événements, de produits et de données.
- Les employés de soutien qui créent des opportunités ou des produits dont nous avons besoin.

Ce qui est important, ce n'est pas le type d'emploi que vous occupez, ce sont les deux considérations suivantes :

- *Vos interactions avec les autres.* Nous sommes avant tout sur Terre pour vivre une vie d'amour pur, libre de tout jugement. Chaque fois que vous entrez en relation avec quelqu'un, vous avez l'occasion de faire évoluer et de guérir votre âme en laissant l'amour guider vos actions. Tous les êtres que nous croisons en chemin, qu'il s'agisse d'un membre du clergé, d'un sans abri, d'un patron, d'un collègue, d'un client ou d'une vedette, c'est un semblable issu de notre Créateur à tous. Tout le monde est motivé par le désir de donner ou de recevoir de l'amour. Cette vérité, nous arrivons à nous en souvenir lorsque nous laissons tomber tout ressentiment et tout jugement à notre endroit ou à l'endroit des autres. Comme il est dit dans *Un cours en miracles* : «Quand vous rencontrez qui que ce soit, souvenez-vous que c'est une sainte rencontre.»

— *Aimer et apprécier le travail que vous faites.* Vos passions sont les indices qui vous permettent de découvrir et de réaliser votre mission dans la vie. Les activités auxquelles vous aimez vous adonner dans vos temps libres, sans être rémunéré, sont celles qui vous ont été inspirées par le Divin pour vous permettre de faire votre part dans le monde et de subvenir à vos besoins matériels. Prenez mon père, Bill Hannan : il a fait de son hobby d'enfance, qui était de construire des modèles réduits d'avion en balsa, un emploi à temps plein. Et il continue, encore aujourd'hui, à écrire des livres et à vendre des plans de modèles réduits d'avion, une activité qui l'a toujours satisfait tout en lui permettant de très bien gagner sa vie.

À peu près n'importe quel emploi régulier peut devenir plus satisfaisant — et donc plus agréable — si l'on y infuse de la chaleur humaine en prenant le temps, par exemple, d'écouter un collègue en détresse ou de faire l'impossible pour satisfaire un client. Ce peut être également en détectant une fuite dans la marge bénéficiaire de notre employeur ou en proposant une invention. Sachez qu'avec un peu de créativité, vous pouvez faire en sorte que chaque journée de travail compte !

Devenir guérisseur professionnel

J'aimerais profiter de ce chapitre sur l'importance de la satisfaction au travail pour aborder un phénomène particulier que plusieurs de mes pairs et moi-même avons remarqué : bien des gens avec qui j'ai été en contact récemment se sont sentis « appelés » à devenir guérisseurs. C'est un peu comme si une pancarte gigantesque « nous embauchons » avait été psychiquement transmise, et que de nombreuses personnes sentent qu'il est urgent de faire quelque chose pour aider l'humanité.

Mes amis, mes pairs et ma clientèle qui ont entendu ou senti cet appel ont réagi de différentes façons. Certains ont été perturbés parce qu'ils ne se sentaient aucunement qualifiés pour guérir. Peut-être espèrent-ils en secret se sentir de moins en moins appelés à devenir guérisseurs, mais en général, c'est le contraire qui se produit. Ils se demandent en outre comment faire pour gagner leur vie tout en répondant à cet appel. Mais certains y ont répondu et se sont inscrits à des cours traditionnels ou non traditionnels leur permettant de faire de la guérison.

Comme de nombreuses personnes ont noté en même temps l'émergence de ce phénomène, il vaut la peine de s'y attarder. À mon avis, cette demande massive de guérisseurs est nécessaire pour contrer certaines tendances négatives et destructrices qui prévalent à notre époque. Les qualités qui permettent de capter ce message sont précisément celles que doit posséder tout guérisseur compétent. Il est donc normal que les personnes sensibles et dotées d'« antennes » les reçoivent.

Peut-être avez-vous été vous-même appelé à occuper une fonction positive dans ce monde. Si c'est le cas, laissez-moi vous rassurer que c'est une chose merveilleuse! Sachez que vous n'auriez pas reçu cet appel si l'Esprit n'avait pas été convaincu que vous possédiez les qualités nécessaires pour réussir. Autrement dit, il ne sert à rien de remettre en question le choix de l'Esprit en répondant : «Qui, moi? Je ne suis pas qualifié!» Vous êtes déjà en poste.

L'auteure et conférencière Marianne Williamson compare ces affectations divines aux missions confiées à des soldats : il n'y a qu'à obéir. Nous n'avons pas toujours une vue d'ensemble de la situation et ne comprenons pas nécessairement pourquoi nous sommes affectés à une tâche ou à une autre, mais une chose est certaine : il faut obéir aux ordres de notre commandant. Un bon soldat ne discute pas avec son chef pour lui dire qu'il n'est pas à la hauteur de la tâche qui lui a été confiée. Il se contente d'exécuter les ordres.

Comment jouer le rôle d'un guérisseur dans la vie quotidienne

Cet appel ne veut pas nécessairement dire que vous deviez laisser votre emploi régulier pour prendre des cours d'acupuncture ou de psychologie à temps plein. On vous demande simplement d'introduire des actes de guérison dans vos activités quotidiennes. Autrement dit, vous n'avez pas à occuper un emploi rémunéré de guérisseur à temps plein. C'est plutôt une façon d'être qui doit vous accompagner en tout temps.

Répondre à cet appel veut dire faire preuve de bonté dans toutes les situations que l'on rencontre et chercher à enseigner aux autres le pouvoir de l'amour, ainsi que les limitations de la culpabilité et de la peur. Selon *Un cours en miracles*, enseigner une leçon comme l'importance de l'amour est la meilleure façon de l'intégrer soi-même.

N'attendez pas d'avoir maîtrisé cette notion avant d'en faire profiter les autres. Enseignez plutôt ce que vous souhaitez véritablement apprendre. Il ne s'agit pas de vanter les mérites de la spiritualité ou de l'amour à vos collègues de travail. Donner l'exemple est souvent le meilleur moyen de transmettre un message. Par exemple, si vous vouliez montrer aux autres à mener une existence paisible, il faudrait parler et agir vous-même avec calme. Pour faire comprendre à quelqu'un qu'il est sage de se laisser guider par l'amour, agissez vous-même de la sorte.

Ce qu'il faut retenir de cet appel massif en faveur d'un plus grand nombre de guérisseurs, c'est la nécessité d'agir sans tarder. Nous pouvons tous commencer dès maintenant à guérir le monde. Sourire à quelqu'un au volant de sa voiture pourrait déclencher une réaction en chaîne de bonté ayant pour effet de sauver la vie d'un autre conducteur. Enseigner à quelqu'un la conscience de la prospérité pourrait l'inspirer au point qu'il décide de ne plus vivre dans la criminalité.

De grâce, rappelez-vous ceci : vous êtes éminemment qualifié pour remplir la mission qui vous a été confiée. Vous méritez de réussir dès maintenant. À force de douter de vos capacités ou de vos qualifications, vous risquez d'avoir raison, car si l'on doute du pouvoir guérisseur de l'amour, on risque d'obtenir des résultats mitigés, voire contraires à nos attentes. Sachez que vous n'êtes qu'une voie de transmission des pouvoirs de guérison et d'amour de l'Esprit. Faire preuve

d'amour dans tous vos comportements et toutes vos pensées
à l'endroit des autres suffit amplement.

Les emplois de guérisseur non traditionnels

Si votre instinct vous pousse vers une profession rémunérée
dans le domaine des arts et sciences de la guérison, plusieurs possibilités s'offrent à vous. Vous trouverez dans
presque toutes les librairies ésotériques des bulletins d'information et publications mensuelles renfermant des informations sur les cours et séminaires de guérison spirituelle et
de médecines douces offerts. De nombreux cours certifiés y
sont annoncés.

Avant de sauter sur la première formation venue, il vaut
la peine de vous renseigner, surtout si l'investissement de
temps ou d'argent est considérable. N'oubliez pas que n'importe qui peut offrir un certificat en n'importe quoi. Assurez-
vous que la formation dispensée est légitime et conforme à
vos besoins. Demandez à l'école ou au professeur qui offre le
cours une liste de ses anciens élèves et fiez-vous à votre
intuition pour évaluer leur degré de satisfaction.

Des stratégies pour gagner du temps et vous simplifier la vie au travail

Que vous ayez ou non l'intention de changer de carrière, il
est important de profiter de chaque instant. Après tout, la
guérison commence par notre propre vie! Pour être plus
détendu au travail, simplifiez d'abord votre emploi du temps.
Vous aurez beaucoup plus de temps, d'énergie et d'enthousiasme si vous éliminez le superflu. Voici quelques recettes

éprouvées pour maximiser votre temps, ainsi qu'un certain nombre de vieilles idées remises au goût du jour :

— *Tirez profit de vos biorythmes.* Êtes-vous un lève-tôt ou un oiseau de nuit ? Planifiez vos activités les plus importantes lorsque votre énergie est à son maximum. Notre corps obéit à un rythme circadien comparable au va-et-vient incessant des vagues qui se gonflent et s'écrasent sur la plage. Au fur et à mesure que l'énergie monte et descend, la température du corps fait de même. La plupart des gens sont à leur meilleur mentalement entre 10 h et midi, puis entre 15 h et 16 h. L'acuité mentale est à son plus bas entre midi et 14 h 30, avec un creux marqué vers 13 h.

— *Mettez un frein aux interruptions.* Une étude importante a révélé qu'en moyenne, la moitié de chaque journée de travail était gaspillée en conversations oisives avec des collègues et en appels téléphoniques personnels. Il est bien sûr agréable et même relaxant de converser avec les autres, mais lorsque nous exagérons, nous finissons par le payer cher. Le stress occasionné par les projets non terminés et en retard nous vole de l'énergie et gruge nos temps libres. Il ne vous viendrait jamais à l'idée de distribuer des billets de 50 $ à quiconque vous demande de l'argent, n'est-ce pas ? Vous devez donc vous comporter de la même façon avec votre temps.

Voici comment décourager les gens de vous interrompre :

- Levez-vous dès qu'une personne entre dans votre bureau.
- Demandez lui : «Qu'est-ce que je peux faire pour toi?» au lieu de «Comment ça va?»
- Dites : «J'aimerais bien te parler, mais je dois terminer ce projet; on pourrait peut-être se voir mercredi à 14 h ou alors jeudi, après le bureau?»
- Filtrez tous vos appels téléphoniques : confiez-les à la réceptionniste, à votre boîte vocale ou à votre répondeur. Votre message d'accueil devrait inviter l'appelant à laisser un message détaillé et à préciser l'heure où il sera le plus facile à joindre. Vous éviterez ainsi de jouer au chat et à la souris ou d'avoir à le rappeler pour obtenir un renseignement qu'il aurait tout aussi bien pu vous laisser.

— *N'essayez pas de tout faire vous-même.* Oui, vous êtes exceptionnel, mais cela ne veut pas dire que vous deviez tout faire. Du calme! Évitez d'entreprendre plusieurs choses à la fois, comme de vous maquiller au volant en écoutant une cassette de développement personnel. Il est préférable de progresser avec régularité vers la réalisation de votre objectif plutôt que de vous épuiser à mettre les bouchées doubles. Si vous croulez sous les responsabilités, commencez par demander de l'aide, puis concentrez-vous uniquement sur vos priorités.

— *Faites la part des choses entre ce qui est urgent et ce qui est vital.* Une *urgence* est une crise qui survient soudainement, tandis que ce qui est vital correspond à quelque chose d'essentiel. Ne laissez pas les crises vous empêcher de vous occuper de ce qui est vital. Laissez le feu de l'urgence s'éteindre de lui-même. Toutes les crises finissent par se régler toutes seules d'une façon ou d'une autre. Alors rappelez-vous que « tout finit par passer ».

— *Combien vaut votre temps ?* Vaut-il 25 $, 50 $ ou 100 $ l'heure ? Établissez un taux horaire qui correspond à ce qu'il vaut et servez-vous de ce critère pour déterminer quelles tâches vous reviennent et quelles tâches devraient être déléguées. Si votre temps vaut, disons 50 $ l'heure, pourquoi classeriez-vous vous-même votre correspondance lorsqu'un commis pourrait s'en charger pour 10 $ l'heure ? Si vous travaillez à la maison et que votre temps vaut 75 $ l'heure, pourquoi ne pas retenir les services d'une aide domestique à 20 $ l'heure pour faire le ménage une fois par semaine ?

— *Profitez des parcelles de temps dont vous disposez ici et là.* Il est étonnant de voir la quantité de travail qui peut être abattue à coup de cinq ou dix minutes ! Lorsque vous faites la queue quelque part dans un magasin ou faites laver votre voiture, pensez à apporter du travail et profitez-en pour vous avancer. Rattrapez-vous dans vos lectures avec des livres audio, que l'on trouve partout dans les bibliothèques publiques et les librairies. Profitez de l'heure du lunch pour lire

par plaisir, avancer dans votre correspondance personnelle ou prendre un cours de niveau universitaire
(j'ai suivi le cours d'Algèbre 101 à l'heure du lunch,
sur un campus situé près de mon bureau).

— *Dépoussiérez votre vie.* Il y a énormément de sagesse
dans la maxime suivante : « La nature a horreur du
vide et s'empresse de le remplir ». C'est tout à fait
vrai ! Voici comment exploiter cette sagesse de
manière à gagner du temps :

• Donnez ce dont vous ne voulez plus. Auriez-
vous envie de renouveler votre garde-robe,
votre bibliothèque ou votre mobilier ? Alors,
débarrassez-vous du vieux pour accueillir le
neuf. Vous verrez qu'en très peu de temps, les
hasards de la vie se chargeront de remplacer ce
dont vous vous êtes défait.

• Débarrassez-vous des tâches et des devoirs dont
vous ne voulez plus. L'appartenance à votre club
social est-elle davantage un devoir qu'un plaisir ?
Êtes-vous trop occupé pour siéger au comité dont
vous êtes membre ? Si oui, faites de la place pour
les organismes et les amis qui correspondent à ce
que vous êtes devenu ! Refusez d'accorder des
faveurs qui ne cadrent pas avec vos priorités et
vos valeurs. En créant un vide dans votre emploi
du temps, vous attirerez à vous ce qui vous inté-
resse vraiment.

— *Apprivoisez l'électronique.* Les gadgets électroniques modernes constituent des armes à deux tranchants. D'un côté, il est pratique de pouvoir s'éloigner du bureau tout en restant branché grâce au téléavertisseur, au télécopieur et au téléphone cellulaire. Mais cela signifie également que nous sommes toujours de service. Restez maître de cet équipement au lieu d'en devenir esclave. La plupart des services de téléavertisseur et de téléphone cellulaire offrent la messagerie vocale pour une somme modique. Profitez-en. Vous n'aurez plus à répondre chaque fois qu'on vous appelle. Remplacez les longues conversations téléphoniques par le courrier électronique et le télécopieur, et incitez vos associés à faire de même pour gagner du temps.

— *Faites appel à des services ambulants.* Vous pouvez recevoir un manucure, vous faire couper les cheveux, vous faire masser ou suivre une thérapie dans votre propre bureau! En outre, de nombreux teinturiers viennent chercher ou porter vos vêtements à votre lieu de travail.

Réduire le stress des déplacements quotidiens entre la maison et le travail

Environ 108 millions d'Américains dépensent une somme considérable de temps et d'énergie pour faire chaque jour la navette entre la maison et le travail. Le docteur Raymond

Novaco, chercheur à l'Université de Californie, a découvert un lien direct entre la tension artérielle et la distance parcourue chaque jour entre la maison et le travail. Les habitués de la route ne seront pas surpris d'apprendre que les troubles de la mémoire et de la concentration, les difficultés relationnelles et l'intolérance à la frustration comptent parmi les autres effets associés aux longs trajets. De nombreuses personnes arrivent au travail si crevées qu'elles ont du mal à donner leur plein rendement et mettent un temps considérable à accomplir les tâches les plus simples. Selon les recherches du docteur Novaco, les femmes occupant des postes de cadre sont plus sensibles que les autres au stress de la route et récupèrent plus lentement.

Il existe heureusement des façons de se débarrasser du stress lié aux déplacements quotidiens entre la maison et le travail.

Dix façons de réduire le stress
chez les gens qui font la navette

1. *Transformez votre voiture en cocon.* Pour voyager agréablement, faites de l'intérieur de votre voiture un environnement calme et confortable.

   — Parfumez l'air ambiant. Avec du pot-pourri dans le cendrier, des sachets parfumés sur les bouches d'aération et des fleurs fraîches, conduire votre voiture n'aura jamais été si agréable. Choisissez des parfums relaxants comme la vanille, ou vivifiants comme la cannelle, la menthe poivrée et l'eucalyptus.

— Participez à des émissions de radio en appelant de votre cellulaire pour donner votre avis sur la question du jour ou demander votre chanson préférée.

— Soignez votre posture. Achetez un coussin super confortable ou branchez un coussin chauffant dans l'allume-cigare.

— Les télécopieurs, mini-réfrigérateurs, téléphones cellulaires avec service de télé-réponse et téléviseurs sont tous très pratiques dans la voiture. La société Campbell Soup prédit même que bientôt, un quart de toutes les automobiles seront munies de four à micro-ondes! Il va sans dire que l'utilisation de ce genre d'équipement est réservée aux passagers!

— Portez des vêtements confortables en coton ouaté et n'enfilez votre tailleur ou votre costume empesé qu'une fois arrivé dans l'immeuble où vous travaillez.

2. *Explorer le réseau routier.* Prenez une carte du réseau routier et voyez quel autre itinéraire vous pourriez emprunter pour vous rendre au travail. Aux premiers signes d'embouteillage sur l'autoroute, vous n'aurez qu'à prendre la prochaine sortie et vous saurez vous débrouiller dans les rues avoisinantes. La monotonie est source de stress. Par conséquent, variez régulièrement votre itinéraire dans la mesure du possible.

3. *Faites du covoiturage.* Beaucoup de gens préfèrent aller au travail et en revenir seuls dans leur voiture, mais l'Université de Californie a réalisé une étude montrant que le fait de voyager à plusieurs réduit la tension artérielle. Nous serions, paraît-il, beaucoup moins dérangés par les embouteillages ou par la longueur du trajet lorsque nous voyageons à plusieurs.

4. *Soyez organisé.* Profitez de vos soirées ou du week-end pour remplir le réservoir, retirer de l'argent à la banque et vous procurer tout ce dont vous aurez besoin pendant la semaine. Il est trop stressant de voir à toutes ces choses juste avant d'aller travailler. Ayez toujours du nettoyant à vitre et des essuie-tout dans l'auto pour nettoyer le pare-brise au besoin. Vous éviterez ainsi de vous forcer les yeux. Si vous avez l'habitude d'arriver à vos rendez-vous avec 10 minutes de retard, avancez l'heure de votre montre.

5. *Faites des étirements et sortez de votre véhicule.* Rester dans la même position pendant des heures est le meilleur moyen d'avoir mal au dos et d'être courbaturé. Changez de position et bougez les jambes toutes les 10 à 15 minutes et, si possible, sortez de la voiture et faites un exercice d'étirement. Les trois à cinq minutes nécessaires à cet exercice constituent un excellent placement.

6. *Respectez la limite de vitesse.* Des études démontrent que le seul fait de dépasser la limite de vitesse d'une quinzaine de kilomètres augmente sensiblement le rythme car-

diaque et la tension artérielle. Restez dans la voie la plus lente et laissez les casse-cou vous dépasser.

7. *Cherchez une solution de rechange.* Discutez avec votre employeur de la possibilité d'avoir un horaire flexible ou de faire du télétravail. Si vous habitez assez près de votre lieu de travail, songez à vous y rendre à vélo. Vous en retirerez des bénéfices sur plan de la santé. Étudiez la possibilité d'utiliser les transports en commun comme le train, le métro et le bus, ou de faire du covoiturage par fourgonnette. Songez à déménager plus près de votre lieu de travail ou à trouver un emploi plus près de chez vous.

8. *Prenez conscience de la nature.* Remarquez la beauté de la nature qui vous entoure et votre niveau de stress baissera instantanément d'un cran. Chaque fois que vous êtes au volant, prenez l'habitude de noter trois phéno-mènes naturels : un nuage, un chant d'oiseau, un cou-cher de soleil, les couleurs de l'aurore ou un magnifique lac. Que vous traversiez une zone urbaine ou rurale, baissez la vitre ou ouvrez le toit, et respirez l'air frais.

9. *Ayez une attitude positive.* Les pensées négatives sont votre plus grande source de stress. Débusquez et effacez toute pensée ayant pour effet de dramatiser une situa-tion ou de vous faire craindre le pire. Imaginez un gros « X » rouge par-dessus ou criez dans votre tête : « J'annule cette pensée ! » et remplacez-la par une autre où vous avez du succès au travail. Préparez-vous mentalement à passer une excellente journée !

10. *Trouvez un service de gardiennage qui s'adapte à votre horaire.*
Vous pouvez avoir le meilleur service de gardiennage au
monde, mais si son manque de souplesse vous stresse,
s'il impose une amende aux parents qui viennent chercher leur enfant après 18 heures, par exemple, il n'en vaut
pas la peine. De nombreux parents conduisent à toute
allure en allant chercher leur enfant le soir parce que
l'horaire de la garderie n'offre aucune flexibilité. Essayez
de trouver un endroit plus près de votre bureau ou plus
accommodant. Ce changement à lui seul peut faire diminuer considérablement le stress lié à vos déplacements
quotidiens.

Points à retenir

❧ Votre vie au travail est plus enrichissante lorsque
vous cherchez à répandre du bonheur et de l'amour
dans les circonstances les plus ordinaires.

❧ Les ennuis financiers sont causés principalement par
la culpabilité qu'inspire l'argent. Il n'y a rien de mal à
vouloir de l'argent, c'est de s'inquiéter d'en manquer
qui cause du tort. Ayez confiance et vous n'en manquerez jamais.

❧ De plus en plus de gens se sentent « appelés » à
devenir des guérisseurs professionnels. Il existe des
dizaines de formations tant traditionnelles qu'alter-
natives que vous pouvez suivre à cet effet.

❧ Faire la navette entre la maison et le travail est une source de stress considérable qui draine l'énergie et risque de nuire à votre productivité et votre concentration au travail. Des mesures comme la planification, le covoiturage et l'aménagement de votre voiture de manière à en faire un lieu de ressourcement peuvent diminuer le stress au volant.

CINQUIÈME PARTIE

Un

soutien

spirituel

CHAPITRE 13

L'INTUITION ET VOTRE GUIDE INTÉRIEUR

Si vous saviez Qui marche à vos côtés sur le chemin que vous avez choisi, la peur serait impossible.

— Un cours en miracles

Que feriez-vous si vous trouviez soudain une source vers laquelle vous tourner pour :

♦ Obtenir de merveilleuses solutions à tous vos problèmes, gagner plus d'argent et vous aider à rendre le monde meilleur ?

♦ Vous sentir entièrement soutenu émotionnellement, consolé et aimé de manière inconditionnelle ?

♦ Prédire l'avenir avec 100 pour cent d'exactitude ?

♦ Recevoir des conseils sur n'importe quel sujet ?

Si vous êtes comme moi, vous ne quitteriez pas cette source d'une semelle. Eh bien, cette source *est déjà en vous* au moment où vous lisez ces lignes. Vous pouvez la contacter jour et nuit. Chacun de nous y a accès, peu importe son passé. Il suffit de lui demander son aide et elle vous l'accorde toujours.

Cette source est votre guide spirituel intérieur. Comme je l'ai expliqué tout au long de ce livre, celui-ci vous conduit pas à pas vers la réalisation de vos objectifs et de votre mission divine. Il est votre ligne directe avec Dieu, votre façon d'« appeler à la maison » pour vous faire conseiller, consoler et encourager. Sa guidance, son amour et son soutien sont à votre portée : il vous suffit d'apprendre à mieux connaître cette ressource d'une valeur inestimable. Votre guide intérieur veut vous aider à réussir, à être plus heureux et plus prospère. Vous n'avez qu'à le lui demander et à l'écouter.

Le meilleur assistant qui soit

Nous avons tous des guides intérieurs et des anges qui souhaitent être en communication plus étroite avec nous. Il fut un temps où je craignais de m'attirer le mépris ou la moquerie des autres si j'évoquais ces choses en public. Dans ma famille, je représente la quatrième génération de métaphysiciens, si bien que j'ai toujours entendu parler de Dieu, de Jésus et des anges à la maison. J'ai été toute ma vie témoin de guérisons spirituelles et en contact avec le monde spirituel. Une heure après être décédé dans un accident de la route causé par un conducteur ivre, mon grand-père est apparu au pied de mon lit pour me dire qu'il était en paix et me prier de ne pas avoir de peine.

Cependant, en vieillissant mon frère et moi, on nous a fortement conseillé de ne parler à personne de ces guérisons parce que les guérisons spirituelles étaient considérées comme loufoques, si bien que nous avons gardé ça pour nous-mêmes. À l'âge adulte, j'ai continué à taire cette réalité, principalement par habitude et à cause de mes peurs résiduelles. De nos jours, néanmoins, la spiritualité s'étale au grand jour ! Grâce au travail de pionnier de Louise Hay, Wayne Dyer, Marianne Williamson, Betty Eadie, ainsi que Brian Weiss et Deepak Chopra — pour ne nommer que ceux-là — nous sommes enfin libres d'en parler.

Depuis que j'ai commencé à discuter plus ouvertement de mes pratiques spirituelles, ma crainte d'encourir le ridicule ne s'est jamais matérialisée. Au contraire! Maintenant que je commence à être connue pour mon travail en psychothérapie spirituelle, ma clientèle a doublé.

J'ai donc vaincu ma peur de parler des pouvoirs spirituels à la portée de tous. Il y a tellement de choses dont j'aimerais vous entretenir dans mes prochains livres. J'espère vous parler un jour des merveilleuses leçons que m'ont transmises mes guides intérieurs au sujet du Ciel, de la vie éternelle, de Jésus et de Dieu. J'y reviendrai dans mes prochains livres et ateliers, car leur portée déborde le propos du présent ouvrage.

Communiquer avec votre guide intérieur

Nous possédons tous des guides intérieurs capables de nous épauler en toutes circonstances. On dirait des contrôleurs aériens qui voient, comme à vol d'oiseau, tout ce qui se passe autour de nous, aussi bien devant que derrière et sur les côtés. Si vous avez déjà entendu une voix vous «murmurer» un conseil ou ressenti une force intervenir pour vous empêcher d'avoir un accident, vous savez ce que je veux dire. Nos guides souhaiteraient nous aider encore plus dans nos activités de tous les jours et nos projets à long terme. Il suffit de se montrer ouvert.

Mon guide intérieur m'a beaucoup aidée à gérer ma carrière et mes finances, il m'a donné des directives lorsque j'étais perdue, m'a dit à quelle heure précise j'arriverais à destination, m'a prévenue et protégée lorsqu'on a essayé de me voler ma voiture, m'a rassurée lorsque j'étais inquiète pour mon frère qui se lançait en affaire, m'a donné des conseils sur l'éducation de mes enfants et même sur des questions de santé et de beauté.

Il n'y a pas de limites, semble-t-il, à leurs domaines de compétences. Un jour, j'ai eu besoin d'acheter une tenue vestimentaire pour un important rendez-vous et je me suis tournée vers mon guide intérieur, qui m'a dirigée vers une certaine boutique de robes. Comme l'aurait fait un assistant personnel de shopping, il m'a aiguillée vers une tenue parfaite à un prix fort intéressant, et en moins de 30 minutes, tout était réglé.

Or, de nombreuses personnes de ma clientèle me demandent de les aider à capter la guidance qui se trouve en elles, car elles sont frustrées de ne pas entendre la «petite voix intérieure» censée se manifester lorsqu'on fait le calme en soi, comme l'indiquent la plupart des ouvrages de spiritualité et de développement personnel sur le marché. Elles ont l'impression de ne pas savoir s'y prendre ou que la «ligne» est déconnectée (ou n'a jamais même été installée). Certaines d'entre elles, habitées par la honte depuis qu'elles ont été maltraitées ou négligées durant l'enfance, se demandent si elles méritent d'avoir un guide intérieur ou si l'on n'a pas oublié de leur en attribuer un.

Comme à chacun d'entre nous, un guide vous a été tendrement assigné. Dans notre univers parfaitement ordonné, les accidents et les erreurs ne sont pas possibles. Il y a donc un ou plusieurs guides auprès de vous en tout temps. Je vous l'assure!

Lorsque je transmets à mes clientes et clients les renseignements que vous vous apprêtez à lire, ils réussissent à accéder à cette source de sagesse spirituelle. Ils sont parfois surpris de constater que la voix de leur guide intérieur ressemble à la leur. Il y a cependant des gens qui n'entendent jamais de voix, car leur mode de communication avec le monde spirituel n'est pas auditif.

Nous avons quatre modes de communication : visuel (par les yeux) ; auditif (par les oreilles), kinesthésique (par le toucher, l'odorat et le goût) et intuitif (par l'instinct, les pressentiments et la clairconnaissance). Chez la plupart des gens, il y a un mode plus développé que les autres, suivi d'un deuxième et ainsi de suite. Lorsque votre guide intérieur vous contacte (ce qu'il ne manque jamais de faire), il se peut que vous n'entendiez ni voix ni son. Il n'y a donc pas lieu de vous sentir frustré ou de croire que vous avez raté votre méditation si vous n'entendez pas votre petite voix intérieure. C'est que vous êtes probablement plus visuel, kinesthésique ou intuitif qu'auditif. Il arrive que l'Esprit vous envoie un symbole significatif : une image mentale de trophée, par exemple, pour vous informer d'une victoire prochaine, ou l'odeur du parfum préféré d'une amie, pour vous annoncer sa visite imminente.

Établir un contact avec l'Au-delà

J'aide mes clientes et clients à faire connaissance avec leur guide intérieur et je les conseille sur la façon d'entrer en contact avec ce dernier. Voici la méthode que nous utilisons pour établir un lien direct avec le monde spirituel :

1. Méditez tous les jours, en plus de purifier et d'équilibrer vos chakras, comme expliqué au chapitre suivant.

Manger sainement, fuir la négativité et faire régulièrement de l'exercice contribuent au bon entretien des
canaux de communication qui vous relient à l'Esprit.

2. Recueillez-vous et demandez à parler à votre guide
   intérieur.

3. Votre canal de communication peut être visuel, auditif,
   intuitif, kinesthésique ou les quatre à la fois. Certains
   voient leur guide intérieur (les yeux ouverts ou sur leur
   écran mental); d'autres entendent la voix de leur guidance spirituelle (dans leur tête ou sous forme de voix
   distincte venant de l'extérieur); d'autres encore sont sensibles à leur instinct ou à leur intuition; et il y a ceux qui
   captent leur guidance par le goût, l'odorat ou le toucher.

Pensez à une question et mettez-vous à l'écoute de la
réponse (qui vous parviendra par la vue, l'ouïe, l'intuition ou l'un de vos sens). Il est *sûr et certain* que l'on vous
répondra. Ce qui l'est moins, c'est votre réaction : croirez-
vous à ce que vous obtiendrez comme réponse ?
Beaucoup de gens ont tendance, au début, à rejeter les
réponses qu'ils reçoivent en prétextant qu'elles sont le
fruit de leur imagination.

Si vous ne comprenez pas ou n'avez pas bien perçu la
réponse de votre guide intérieur, demandez-lui des précisions. Soyez sans crainte : il ne s'offusquera ni ne s'en-
fuira ! Dites-lui simplement : «Un peu plus fort, s'il te
plaît» ou «Pourrais-tu me montrer cette image de nouveau et m'aider à l'interpréter ?» Et n'oubliez jamais de
dire merci chaque fois qu'il vous répond.

Plus vous pratiquerez, plus vous communiquerez
facilement avec votre guide intérieur. Si vous êtes patient
et lui faites confiance, vous recevrez beaucoup de

renseignements merveilleux et importants de sa part. Pour moi, la guidance divine est comme la carte de crédit dont on dit dans la publicité : «Ne partez pas sans elle!»

La question du lâcher-prise

Quiconque a déjà lu des ouvrages sur la spiritualité, la guérison ou la religion sera familier avec l'expression *lâcher-prise*, un concept qui nous invite à laisser tomber nos idées préconçues et nos jugements sur la vie pour l'accepter comme elle est, à demander l'aide d'une puissance supérieure et à ne prendre aucune décision sans avoir préalablement consulté cette dernière.

Il y a de nombreux avantages à s'en remettre entièrement à l'Esprit. En voici quelques-uns :

♦ Les puissantes forces spirituelles qui viennent à votre rescousse lorsque vous leur demandez leur aide sont bien réelles. La Loi du libre arbitre stipule que nos guides ne peuvent pas nous aider si nous ne leur adressons pas de demande précise à cet effet (sauf si notre vie est en danger).

♦ Lâcher prise nous aide à nous détendre, ce qui facilite le contact avec notre intuition. Nous avons plus de facilité à entrer en contact avec nos véritables croyances et désirs, et à suivre les conseils de notre sagesse intérieure. La détente est également propice à l'émergence de solutions créatives provenant de notre subconscient.

♦ Le lâcher-prise instaure un climat émotionnel favorisant l'esprit de coopération. Le seul fait de croire en une intervention spirituelle fait de vous une personne aimante et engageante qui attire les autres. Des études démontrent que les gens chaleureux, détendus et confiants — hommes ou femmes — remportent la palme sur le plan de la personnalité.

Gérer les coïncidences

Dans un de ses ouvrages, Wayne Dyer a introduit la notion de «gestion des coïncidences», une sorte d'invitation à provoquer d'heureux hasards qui vous aident à atteindre vos destinations et objectifs ultimes.

Vos intentions mettent les choses en route. Le simple fait de vous concentrer sur une question ou un souhait attire des réponses et de l'aide dans votre vie. Vous devez cependant rester éveillé et aux aguets, sinon vous risquez de ne pas remarquer les solutions qui s'offrent à vous. De nombreuses occasions ratées peuvent être attribuées à un manque d'attention.

Lorsque vous méditez, le matin, choisissez une question pour laquelle vous aimeriez obtenir de l'aide pendant la journée et continuez d'y penser jusqu'à ce qu'une sensation de chaleur, de joie et de paix envahisse votre abdomen. Cette sensation indique que vous y croyez vraiment, un ingrédient essentiel dans le déclenchement des coïncidences. Sachez qu'il vous est absolument impossible d'échouer, que cela fonctionne à tout coup, dans la mesure où vous êtes suffisamment éveillé et aux aguets pour vous en rendre compte lorsque l'aide frappe à votre porte.

Mais vous vous demandez peut-être si le fait d'avoir un emploi très prenant durant la journée vous empêchera de gérer vos coïncidences et de susciter les miracles qui vous aideront à atteindre vos objectifs ultimes ? Bien sûr que non !

À l'époque où je faisais mes recherches pour cet ouvrage, j'ai fait l'expérience d'un magnifique exemple de gestion des coïncidences. J'ai posé la question suivante : « Pourquoi y a-t-il une pyramide et un troisième œil, ou « œil de Dieu », au verso des billets d'un dollar américain ? » J'ai continué de penser à cette question, persuadée de recevoir de l'aide et de la guidance à ce sujet (je dois admettre, cependant, que je m'attendais plutôt à trouver ma réponse dans un livre de bibliothèque).

Un samedi où je réfléchissais à la question, je me suis promis d'aller à la bibliothèque durant la semaine pour tenter de trouver la réponse. Le lendemain, je partais pour Las Vegas afin d'autographier mes livres dans le cadre d'un congrès. Lorsque je suis montée dans le taxi à l'aéroport, le chauffeur m'a montré le livre qu'il lisait sur la franc-maçonnerie, alors qu'il n'avait aucune idée de ce qui m'intéressait. Vu mon intérêt pour la spiritualité et les religions, nous nous sommes mis à discuter du rôle de l'Église et de l'État.

Lorsqu'il a soudain sorti un billet d'un dollar de son porte-monnaie, j'ai trouvé cela étrange, mais je n'ai rien dit. Imaginez ma surprise et ma joie lorsqu'il a pointé du doigt la pyramide et l'œil de Dieu au verso du billet et qu'il a commencé à m'expliquer la conception franc-maçonnique de ces symboles !

Vos désirs d'origine divine

Nos désirs les plus chers ne sont pas fortuits. Ils sont profondément enracinés dans notre cœur et notre esprit, peut-être même programmés dans notre code génétique. Certains théoriciens de la spiritualité et moi-même croyons que nous décidons de notre mission sur Terre avant même de nous incarner. Avant de revêtir la forme humaine, nous choisissons un plan de vie qui nous donnera l'occasion d'atteindre différents objectifs, comme la possibilité d'équilibrer le karma accumulé dans nos vies précédentes; la possibilité de poser des gestes altruistes contribuant à rendre le monde meilleur; la possibilité de mettre à l'épreuve notre force spirituelle en résistant aux peurs, aux tentations et aux obsessions du monde matériel; la possibilité de réussir à s'en remettre entièrement à Dieu et aux directives qu'Il nous transmet par le biais de notre intuition; et la possibilité de découvrir que nous sommes entièrement intègres et parfaits.

Si nous avons décidé de notre mission divine avant de naître, c'est en étant à l'écoute de nos désirs et de notre intuition — et en y donnant suite — que nous serons en mesure de nous rappeler et de mener à bien cette mission. C'est un peu comme si nous avions deux missions ici-bas : sur le plan matériel, nous sommes destinés à remplir une fonction, qui peut être de guérir, d'enseigner, d'être un artiste ou toute autre chose; et sur le plan de l'âme, notre mission sous-jacente — et celle de toutes les âmes — consiste à enseigner, répandre et recevoir l'amour.

Une fois sur Terre, il est facile de nous éloigner de notre mission divine : soit que nous l'avons oubliée ou que nous n'avons pas fait confiance à notre intuition. Si vous oubliez la nature de votre mission divine ou choisissez de ne pas en tenir compte, votre intuition ne cessera jamais de vous rappeler à l'ordre. En proie à l'anxiété et à la dépression, vous aurez toujours l'impression d'oublier quelque chose d'important (et avec raison). Certaines personnes essaient d'étouffer les rappels incessants de leur intuition en prenant des médicaments, en mangeant, buvant ou dépensant à l'excès, ou en adoptant toute autre forme de comportement compulsif. Vous savez peut-être déjà par expérience que rien ne peut couvrir la voix de votre instinct. Rien. Un seul choix raisonnable s'offre à vous : suivre votre intuition et découvrir toute la joie et la prospérité qui en résultent.

Si nous ne réalisons pas notre mission divine lors de notre séjour sur Terre, nous aurons tout le temps d'examiner nos peurs et nos erreurs une fois de retour dans l'Au-delà. Vous pourrez alors choisir de vous réincarner pour essayer à nouveau de réaliser votre mission. Si vous voulez explorer ce sujet plus à fond, je vous invite à lire *Au-delà de notre monde* de Ruth Montgomery.

La mission divine, les espoirs et les rêves de chacun sont différents, mais vos aspirations sont propres à vous (bien qu'elles puissent avoir des traits communs avec celles des autres). J'aimerais, maintenant, que vous réfléchissiez à la question suivante :

Quelle est l'origine de vos désirs ? Pas ceux qui vous sont venus récemment en voyant une annonce à la télé ou quelqu'un dont le mode de vie vous a plu. Je parle ici des désirs que vous caressez depuis longtemps, comme ceux qui remontent à votre plus tendre enfance. Personnellement, j'ai toujours voulu être publiée. Très tôt, j'ai écrit des petites histoires par pur plaisir, et à l'âge de 14 ans, j'ai soumis mon premier article à une revue. Je crois que j'ai choisi d'écrire des livres sur le développement personnel avant même de naître.

Cheminer sur la bonne voie déclenche un véritable flot d'événements positifs. En faisant ce que vous aimez vraiment et en vous rendant utile dans le monde, vous verrez d'heureuses coïncidences se produire dans votre vie et bénéficierez du soutien d'autrui. Vous trouverez sans problème une place de stationnement. Vous obtiendrez sans problème des rendez-vous avec des personnes pouvant vous aider. Comme par magie, vous recevrez sans problème des offres de gens qui souhaitent vous venir en aide et vous soutenir financièrement ou autrement. Et je crois que ce flux positif s'appelle «Dieu». Dans cette optique, le fait de combler vos désirs s'appelle «faire la volonté de Dieu».

Vous méritez une vie qui coule comme un grand fleure tranquille. Accueillez-la à bras ouverts : c'est la vôtre.

Points à retenir

- ❧ Nous pouvons tous bénéficier d'un soutien spirituel si nous choisissons simplement de le demander.

- ❧ Nous possédons tous un guide intérieur qui nous aide à résoudre des problèmes de toute nature.

- ❧ Avoir des attentes positives et lâcher prise ont pour effet de multiplier les miracles dans notre vie.

CHAPITRE 14

VISUALISEZ VOTRE AVENIR DÈS AUJOURD'HUI!

Aucun homme sans vision ne pourra jamais réaliser de grandes
espérances ou entreprendre de grands projets.
— Woodrow Wilson (1856-1924),
28e président des États-Unis et auteur

À présent que vous avez fixé vos objectifs, confronté vos peurs et libéré votre emploi du temps, c'est le moment de transformer vos rêves en réalité. La visualisation est le meilleur moyen de transformer un simple souhait en quelque chose qui vit et respire. Vous avez peut-être déjà entendu parler de la visualisation ou l'avez peut-être même essayée?

Comme j'ai appris très jeune à visualiser grâce à ma mère, c'est un peu comme une seconde nature chez moi. J'ai recouru à la visualisation pour publier, acheter des maisons et des voitures, perdre du poids, faire plus d'argent, prendre des vacances formidables, me faire de merveilleux amis et rencontrer Michael, mon amoureux et mon âme sœur.

Des résultats constants

Plusieurs personnes qui connaissent mon succès avec la visualisation me demandent souvent comment obtenir des résultats plus constants avec cette méthode, et je leur donne la meilleure réponse que j'aie jamais lue, tirée de la merveilleuse plaquette d'Emmet Fox, intitulée *L'équivalence mentale*:

« Beaucoup de personnes n'arrivent pas à bien se concentrer parce qu'elles s'imaginent que concentration signifie le pouvoir de la volonté. Elles essayent de se concentrer à l'aide de leurs muscles, elles froncent les sourcils et serrent les poings. Inconsciemment, elles évoquent la foreuse du mécanicien et la vrille du charpentier. Elles supposent que, plus on force, plus vite on réussit. C'est tout à fait inexact.

Oubliez la foreuse et pensez à l'appareil photographique. Là, il n'est pas question de pression mais d'objectif. Si vous voulez photographier quelque chose, vous tenez soigneusement l'objectif braqué, aussi longtemps qu'il le faut, sur le sujet. Supposons que je veuille photographier un vase de fleurs, que vais-je faire ? Je place ce vase devant la caméra et je le laisse là, mais imaginez qu'au bout d'un moment je retire brusquement le vase et le remplace par un livre, pour recommencer ensuite avec une chaise, que je remplacerai par le vase et ainsi de suite. Vous savez le résultat que je vais obtenir : ma photographie sera embrouillée. N'est-ce pas là ce que font les gens de leur esprit, lorsqu'ils n'arrivent pas à concentrer leurs pensées ? Pendant quelques instants, ils pensent à leur santé, puis à la maladie et à la peur. Ils pensent à la prospérité et ensuite au marasme. Ils parlent de perfection physique, puis de vieillesse et de multiples maux. Est-il si étonnant que nous ayons développé une aptitude pour une "image brouillée" ?

Remarquez bien que je ne conseille pas de vous attacher à une idée et de la maintenir par le pouvoir de la volonté. C'est très mauvais. Il faut donner libre cours à une succession de pensées pertinentes, l'une succédant naturellement à l'autre, mais elles doivent toutes être positives, constructives et harmonieuses, avoir trait à votre désir, et vous devez penser doucement et sans effort.»

Une brève histoire de la visualisation

Nous aurions tort de croire que la visualisation — l'acte de contrôler les pensées et les images mentales afin de créer des changements de vie positifs — est un produit des temps modernes. Étonnamment, cette pratique a de très anciennes racines sacrées. L'utilisation de la visualisation et de l'imagerie semble remonter aux premiers temps de l'humanité et faire partie de nombreuses religions, tant anciennes que modernes.

Nous avons des descriptions de la façon dont l'humain utilisait la visualisation qui remontent à 60 000 ans av. J.-C.! Durant la période glaciaire, les chasseurs peignaient des représentations de leurs proies sur les murs des grottes et, si l'on en croit les archéologues, ils leur lançaient des flèches comme pour visualiser une chasse fructueuse. Ceci n'est pas très différent de la façon dont nos athlètes olympiques utilisent la visualisation pour se préparer à la compétition.

Presque toutes les cultures anciennes ont laissé derrière elles des preuves de l'usage de la visualisation à des fins de guérison et de culte. Dans l'Égypte ancienne, on partait du principe que l'esprit domine la matière, et ce, dans tous les domaines. Plus tard, les Égyptiens ont affirmé que les pensées émettaient de puissantes vibrations énergétiques capables de modifier et de maîtriser la matière, et que la «transmutation» (qu'ils ont appelée «alchimie» par la suite), c'est-à-dire le processus qui consiste à se concentrer et à maîtriser nos pensées, pouvait transformer l'émotion de la peur en un sentiment d'amour. Ils croyaient également que si nous nous concentrons sur une pensée sacrée, nous pouvons nous guérir nous-mêmes et guérir tous les humains dans le monde grâce aux vibrations extrêmement élevées de notre puissante énergie mentale. La visualisation leur servait également à faire des guérisons physiques. Ils croyaient que l'on pouvait guérir en visualisant une santé parfaite et en conservant cette image dans notre esprit.

L'utilisation de la visualisation à des fins thérapeutiques chez les Grecs est un trait culturel qui semble avoir été inspiré par l'Égypte. Les guérisseurs grecs prescrivaient souvent une sorte de «thérapie par le rêve» à leurs patients. Ils leur demandaient de provoquer des rêves dans lesquels ils se voyaient guéris par les dieux.

La visualisation, procédé consistant à focaliser ses pensées et à se concentrer, jouait un rôle clé dans le style de vie préconisé par les Yoga-Sûtras 200 ans av. J.-C. Cette philosophie enseignait qu'il était possible, en focalisant sur une image en particulier, de s'unir à son essence dans la plus grande félicité. Le yoga tantrique, développé au VIe siècle de notre ère, enseignait que les étiquettes et les jugements empêchaient les humains de connaître la vérité sur eux-mêmes et sur la vie. Pour contrer cette tendance négative, les Tantristes ont mis au point une façon de visualiser consciemment une image divine dans le but de s'unir à elle afin de libérer un courant d'énergie dans tout le corps. Les visualisations tantriques font aussi appel aux mandalas, des formes géométriques que l'on fixe des yeux jusqu'à ce qu'on ait l'impression de faire un avec elles. Cette technique permettait de se centrer par la visualisation.

La Bible fait souvent mention de l'importance capitale de la foi et des croyances pour quiconque souhaite apporter des changements à sa vie. Jésus, dans Matthieu 21,22, a fait l'une de ses promesses les plus pénétrantes : « Tout ce que vous demanderez avec foi par la prière, vous le recevrez. » Une promesse reprise en ces termes dans Marc 9,23 : «... tout est possible à celui qui croit. »

Les guérisseurs indiens — sorciers, sorcières et chamans — se servaient de la visualisation pour guérir. Les chamans croyaient que la maladie était causée par un bris de communication entre le corps et l'âme. Ils utilisaient la visualisation pour rapatrier l'âme afin de restituer l'intégrité du malade. Les indiens Navajos, quant à eux, utilisaient la visualisation de groupe pour guérir. Durant ces séances de groupe, les personnes présentes visualisaient le malade guéri et en parfaite santé.

Selon l'illustre médecin Paracelse, qui a vécu au XVIᵉ siècle : « Le pouvoir de l'imagination joue un rôle prépondérant en médecine : il peut tout aussi bien guérir que rendre malade ». En 1604, Thomas Wright a écrit que la visualisation guérit en amenant les « esprits » à « s'envoler du cerveau pour emprunter certains canaux secrets menant au cœur ».

La visualisation existe depuis des siècles. Elle a connu un regain de popularité entre la fin du XIXᵉ siècle et le début du XXᵉ siècle grâce à des auteurs, guérisseurs spirituels et chefs religieux comme Napoleon Hill, Claude M. Bristol, Ralph Waldo Emerson, Ernest Holmes (Science religieuse) et Mary Baker Eddy (Science chrétienne).

Au début des années 1980, Louise L. Hay a propulsé *Transformez votre vie* — un livre imprimé au miméographe et publié à compte d'auteur — au palmarès des best-sellers du *New York Times*. Norman Cousins, dans son livre phare *Anatomy of an Illness*, a évoqué la possibilité d'accroître le nombre de globules blancs en les visualisant sous forme de cowboys blancs attrapant au lasso les tissus malades. Dans les années 1980, la visualisation a également été popularisée comme outil d'avancement professionnel, financier et matériel. De nos jours, le Comité olympique des États-Unis préconise son usage pour améliorer les performances des athlètes, et des chercheurs de l'université Harvard se penchent sur les liens entre la visualisation et le système immunitaire.

Je prédis que la prochaine décennie verra une explosion de l'intérêt pour la visualisation grâce à l'invention de simulateurs de réalité virtuelle. De plus en plus de gens prendront conscience de la fiabilité de cette méthode comme outil de manifestation. Ces appareils serviront à faire le test de différentes vies futures. Lorsque vous aurez trouvé celle qui vous plaît, vous n'aurez qu'à la visualiser jusqu'à ce qu'elle se manifeste. La visualisation deviendra alors tout aussi répandue qu'à l'époque de la préhistoire.

Précisez les moindres détails

La visualisation fonctionne à tout coup. En fait, elle est si efficace que vous devez décrire avec une extrême précision ce que vous souhaitez manifester. Comme j'ai utilisé la visualisation tout au long de ma vie, je peux manifester n'importe quoi pratiquement instantanément. Il m'arrive de demander quelque chose et d'être surprise de le voir se manifester si rapidement.

Le jour où j'ai décidé que ma maison était trop petite, surtout avec mes deux fils qui dépassent 1 mètre 80, j'ai visualisé de manière admirablement détaillée ma future maison. Plus tard dans la journée, un agent d'immeubles m'a appelée pour m'informer qu'il avait un acheteur pour ma maison. *Un instant*, me suis-je dit, *les choses vont un peu trop vite à mon goût. Je ne suis même pas sûre de réellement vouloir déménager.* J'ai donc fait une croix sur cette image et la transaction immobilière est tombée à l'eau.

Puis, chaque fois que je visualisais ma « nouvelle » maison, un agent d'immeubles m'appelait, jusqu'à ce que j'admette que je ne désirais pas vraiment quitter l'endroit où j'habitais. De toute façon, me suis-je dit, les garçons partiront bientôt pour l'université.

Ma vie amoureuse m'a également aidée à prendre conscience de l'importance d'être précise dans mes visualisations. Vous vous souvenez peut-être des résultats mitigés obtenus lorsque j'ai manifesté John, le comptable agréé qui m'apportait des roses, sans plus de précisions. J'avais oublié un petit détail néanmoins très important : il fallait que ce soit un homme qui m'attire. En vérité, ce que je ressentais pour John, j'aurais pu le ressentir pour mon petit frère. Il n'y avait rien de plus. J'ai vraiment eu des remords par la suite, croyez-moi !

La fois d'après, lorsque j'ai visualisé mon futur amoureux, j'ai ajouté quelques détails. J'ai demandé un homme romantique qui souhaitait se marier et pour qui je ressentirais une grande attirance. Et boum ! L'Univers m'a de nouveau donné exactement ce que j'avais demandé. J'ai eu droit, cette fois, à un Québécois qui me fredonnait des chansons d'amour, m'offrait des cadeaux et qui m'a proposé le mariage au bout d'un mois. J'étais très attirée par lui, mais je me suis rendu compte que j'avais, encore une fois, oublié d'inclure dans ma visualisation des détails d'une extrême importance sans lesquels je ne pouvais épouser cet homme.

La troisième fois, tout s'est passé comme prévu. J'ai décidé de foncer et de demander tout ce qui, à mes yeux, était important chez un mari, et ce, dans les moindres détails. Je n'ai rien négligé : tempérament, hygiène de vie, genre d'emploi, lieu de résidence, allégeances politiques, couleur des cheveux, couleur des yeux — tout ! Certaines personnes m'ont demandé si le fait de donner autant de précisions restreignait le nombre de candidats potentiels. Je voudrais vous dire une chose : au contraire ! Cela vous permet de rencontrer l'homme ou la femme de votre vie !

Après avoir dressé la liste du parfait candidat, je suis passée à l'étape la plus décisive du processus de visualisation : je m'en suis entièrement remise à Dieu. Je savais, sans l'ombre d'un doute, que l'homme de mes rêves me cherchait avec autant de ferveur que moi je le cherchais. Et chaque fois que je fermais les yeux en sachant que cela était vrai, je voyais un comptoir de cuisine blanc surplombant un cours d'eau.

Une semaine après avoir dressé ma liste, mon guide intérieur m'a fortement incitée à entreprendre une série de démarches qui m'ont amenée dans un petit restaurant français situé près de chez moi. En entrant, je me suis heurtée à un homme de grande taille qui me souriait de ses yeux bleus et, chose inouïe, j'ai tout de suite su que c'était l'homme que j'avais imaginé ! Nous nous sommes assis et, au fur et à mesure que la conversation progressait, je me rendais compte que tout ce que j'avais énuméré se retrouvait chez cet homme ou faisait partie de son mode de vie. Michael et moi sommes ensemble depuis tout ce temps et ma vie amoureuse est un rêve devenu réalité. (Au fait, lorsqu'il m'a invitée chez lui la première fois, je n'ai pas été surprise d'apercevoir un comptoir de cuisine blanc surplombant le port de Newport Beach, exactement comme je l'avais vu sur mon écran mental. Il n'y a pas de hasards !)

Vous pouvez utiliser la visualisation pour attirer tout ce que vous voulez et guérir tout ce qui ne va pas dans votre vie. Dans le chapitre 11, par exemple, j'explique comment ma clientèle et moi utilisons la visualisation pour guérir des mariages qui ont mal tourné, des difficultés avec l'éducation des enfants et autres conflits familiaux.

Vous aurez plus de facilité à visualiser si vous mettez au mur des photos représentant vos rêves et si vous les regardez souvent. À une certaine époque, je souhaitais ardemment prendre des vacances à Hawaï. J'ai donc accroché au mur des photos de palmiers et de plages de sable blanc, et je me suis imaginé prendre des bains de soleil sous les tropiques. Cette visualisation a donné l'idée à ma famille d'économiser en vue d'un séjour estival de deux semaines sur la grande île d'Hawaï. J'ai déjà découpé des photos qui m'ont aidée à me procurer une nouvelle voiture, à perdre du poids et à me faire publier chez l'éditeur de mon choix.

Vous pourriez avoir tout ce que vous voulez si seulement vous vous permettiez de le voir et de le savoir.

Il est naturel de vouloir s'améliorer

Le désir d'améliorer sa vie est quelque chose de naturel, voire d'inné. Nous nous incarnons et vivons sur cette planète uniquement pour permettre à notre âme d'évoluer. Durant notre vie, et après notre mort, notre âme poursuit son évolution et devient plus aimante, honnête et franche. Il est impossible de nous débarrasser de notre désir d'aller de l'avant et de nous améliorer. Il est inné !

Une puissante aide spirituelle est à votre disposition à l'instant même. Peut-être en êtes-vous conscient parce que vous avez senti une présence ou une force pendant que vous méditiez ou lors d'un accident évité de justesse. Peut-être avez-vous l'impression qu'il s'agit d'une idée farfelue qui manque de réalisme. Quelle que soit votre opinion sur l'aide spirituelle qui vient de Dieu, des anges et de la guidance intérieure, il est probable que vous ne refuseriez pas une intervention divine ou un miracle si on vous l'offrait sur un plateau d'argent.

Vous n'êtes pas seul et ne l'avez jamais été. Dieu a toujours comblé vos besoins humains et continuera toujours de le faire. Si vous regardez en arrière, vous constaterez que Dieu a toujours pris soin de vous et que vous n'avez jamais souffert de famine ou été dans le dénuement le plus complet. Il ne vous laissera jamais tomber, ni maintenant ni plus tard, et si vous faites régulièrement appel à Lui, vous recevrez de plus en plus d'aide de Sa part. Cessez de vous inquiéter de votre corps et efforcez-vous plutôt d'accomplir votre mission divine.

Dieu, l'infini Créateur, nous a faits à Son image et à Sa ressemblance. Nous sommes donc tout naturellement créateurs nous aussi. Nous cherchons constamment à créer et avons le pouvoir de manifester nos créations. C'est un Créateur qui nous a faits.

Les plus grands textes spirituels de notre temps affirment que Dieu souhaite que nous vivions dans la richesse et l'abondance, et que la prospérité découle d'une façon juste de penser et d'agir. En voici des extraits :

◆ Tiré de la *Bible* : «Bien-aimé, je souhaite que tu prospères à tous égards et sois en bonne santé, comme prospère l'état de ton âme.»

◆ Tiré de *Anguttara Nikaya* (boudhisme) : «Celui qui pense : «À la faveur de la richesse que j'ai acquise... je profite de ma richesse et fais aussi de bonnes actions», le bonheur vient à lui, la satisfaction vient à lui. C'est ce qu'on appelle «la félicité de la richesse»».

◆ Tiré d'*Un cours en miracles* : «Dieu n'est pas désireux que Son Fils soit content de moins que tout.»

◆ Tiré des *Proverbes yoruba* (religion traditionnelle africaine) : «Il n'y a nul endroit où l'on ne puisse parvenir à la grandeur; seuls les paresseux ne prospèrent nulle part.»

◆ Tiré de l'*Avesta* (zoroastrisme, Inde) : «Puisse chacun adopter de bonnes pratiques de travail; puisse chacun faire prospérer les nécessiteux.»

◆ Tiré du *Coran* (Islam) : «Puis quand la prière est achevée, dispersez-vous sur la terre et recherchez la grâce d'Allah, et invoquez beaucoup Allah afin que vous réussissiez.»

♦ Tiré de *La Grande Étude* (confucianisme) : « La vertu est comme la racine ; les richesses sont comme les branches. »

Dans presque toutes les religions du monde, le confort matériel est considéré comme néfaste pour l'âme uniquement pour celui qui s'en préoccupe plus qu'il ne se préoccupe de Dieu. Cependant, lorsque l'amour nous guide autant dans notre travail que dans nos interactions avec autrui, la loi spirituelle fait en sorte que nos besoins matériels soient automatiquement comblés. Il nous suffit de penser à l'amour et à faire confiance à notre Source pour que le résultat (la prospérité) se fasse tout naturellement sentir. C'est uniquement lorsque nous nous préoccupons des résultats au détriment de notre Source que la peur, la culpabilité, la colère, l'insécurité et les ennuis financiers nous affligent.

La volonté de Dieu

« Que se passe-t-il si ce que je souhaite ne concorde pas avec ce que Dieu a prévu pour moi ? » Plusieurs personnes de ma clientèle se sentent coincées et confuses lorsqu'elles se posent cette question.

La réponse que je m'apprête à vous donner s'appuie sur toute une vie d'étude et d'expérience en la matière. Voici un résumé de mes antécédents sur le plan spirituel, afin que vous puissiez connaître le fondement de mes convictions. J'ai été conçue, je suis née et j'ai été élevée dans un foyer où la spiritualité occupait une grande place. Ma mère était métaphysicienne et guérisseuse spirituelle, tout comme sa mère et sa grand-mère avant elle, et mon père écrivait des ouvrages de motivation. Pendant des années, ils ont essayé en vain d'avoir un enfant. Un jour, ma mère a adressé une demande à un pasteur de la Science religieuse et en moins d'un mois, j'étais conçue.

Ma famille se consacrait à l'étude des vérités spirituelles dans des églises d'allégeance métaphysique comme celles des mouvements Unity, Science religieuse et Science chrétienne. Ma mère étant guérisseuse spirituelle, j'ai grandi en considérant les miracles comme des phénomènes tout à fait normaux. Je n'ai rien connu d'autre que les principes de la métaphysique comme les affirmations, la visualisation, la guérison et la manifestation de notre bien le plus élevé.

Et pourtant, rien ne me préparait à ce dimanche après-midi au sortir d'une église Unity, alors que j'avais huit ans. Quelque chose m'a forcée à m'arrêter et tout a basculé autour de moi. Une force venant aussi bien de l'intérieur que de l'extérieur faisait pression contre moi et soudainement, je me suis vue comme si je me tenais à environ 30 centimètres de mon corps, sur la droite. On aurait dit que mon esprit était sorti de mon corps. Tout est arrivé si vite!

Puis, une voix masculine a communiqué avec moi par une combinaison de mots audibles, de vibrations palpables et d'un savoir intuitif. Elle m'a expliqué que je venais de vivre une séparation entre le corps et l'esprit, que ce dernier était la seule chose qui existait réellement et que le corps était à ses ordres. Puis, la voix m'a dit : «Tu es ici pour enseigner aux autres que l'esprit gouverne le corps».

La voix est ensuite repartie aussi vite qu'elle était arrivée et ma vision s'est aussitôt normalisée. Malgré le caractère incongru de l'expérience, je me sentais en sécurité et ouverte à ce qui venait d'arriver. On m'avait simplement aidée à me rappeler la nature de ma mission divine.

Par la suite, celle-ci s'est faite de plus en plus évidente et insistante. S'il m'arrivait de la négliger, elle me rongeait et ne me laissait pas tranquille. Au début de la vingtaine, j'ai essayé de l'ignorer et je me suis mise à être malheureuse, à prendre du poids et à devenir agitée. Je n'avais d'autre choix que d'accepter et de remplir ma mission divine. Je suis donc devenue une psychothérapeute utilisant une approche spirituelle et j'ai écrit des ouvrages de croissance personnelle. Aussitôt engagée sur cette voie, toutes les portes se sont ouvertes.

Aujourd'hui, je le sens tout de suite dès que je m'écarte de ma mission divine. Par exemple, j'ai essayé quelques fois d'écrire des livres traitant de sujets éloignés de «ma voie» et j'ai toujours échoué lamentablement. Je n'arrivais pas à faire un sou! Chaque fois que j'essayais de m'écarter de mon chemin, j'étais extrêmement stressée, affamée ou simplement malheureuse.

Je sais que la plupart des gens n'entendent jamais de voix céleste les guider vers la carrière qui leur est destinée. J'ignore pourquoi Dieu m'en a informée de manière si claire, mais c'est pourtant ce qu'Il a fait. J'ai découvert, cependant, que je peux facilement aider les autres à découvrir *leur* mission divine. Quelques minutes seulement après avoir rencontré quelqu'un, je sais intuitivement quelle carrière lui convient le mieux et lui apportera le plus de satisfaction.

Votre mission divine

Pendant près de 40 ans, j'ai étudié avec ferveur tout ce qui a trait aux missions divines, raisons d'être et objectifs de vie. Les croyances et les opinions inébranlables que j'exprime ci-dessous en sont le fruit :

Premièrement, je crois que c'est Dieu qui choisit les désirs qui nous habiteront toute notre vie. Autrement dit, les activités et modes de vie qui nous attirent et nous procurent du plaisir sont tout autant déterminés par Dieu que la couleur de nos yeux et de nos cheveux. Dieu ne veut pas nous voir souffrir et souhaite que nos besoins matériels soient comblés afin que nous soyons heureux et que notre âme évolue conformément à Sa volonté. Toute préoccupation concernant la nourriture, le logement et l'argent nous détourne de notre voie spirituelle. Combler nos besoins matériels a donc pour effet de libérer notre esprit et notre âme afin qu'ils puissent se concentrer sur des aspirations plus élevées.

La Bible et autres grands textes sacrés du monde entier nous enseignent que nous pouvons compter sur Dieu pour satisfaire nos besoins matériels dans la mesure où nous ne dévions pas de la voie qu'il nous indique. Il suffit de Lui demander ce que nous voulons et de croire qu'Il nous l'accordera pour que nous le recevions. L'inquiétude ralentit l'arrivée de ces bienfaits dont nous avons besoin et que nous méritons, car nous nous sentons alors séparés de notre Source au lieu de nous en remettre à Ses bons soins. Lorsque nous nous inquiétons de savoir comment nous allons payer nos prochaines factures, nous risquons de devenir obsédés par le gain et d'oublier que Dieu comble tous nos besoins. Nous ne devons pas nous inquiéter de la *façon* dont nos besoins seront comblés. Il revient à Dieu, pas à nous, de trouver le *comment*. Essayer de gouverner la manière de satisfaire à nos objectifs est une violation de la loi spirituelle et un moyen sûr de ne pas obtenir ce que nous désirons. Nous devons nous concentrer sur ce que nous voulons et laisser la puissance de Dieu nous inspirer de la gratitude et de la confiance.

Avoir du succès n'est pas une trahison sur le plan spirituel : inspirés par votre réussite, les autres chercheront à accomplir leur propre destinée. Songez aux écrivains, auteurs et conférenciers que vous admirez le plus et demandez-vous si vous seriez encore tenté de vivre selon leurs principes s'ils dépendaient de l'assistance publique ou vivaient dans un foyer pour sans abri. Il est plus facile d'accorder foi aux idéologies de ceux qui prennent bien soin d'eux-mêmes. On trouve même cette phrase dans la Bible : « La sagesse du pauvre est méprisée, et ses paroles ne sont pas écoutées. »

Comment savoir quelle carrière correspond à notre mission divine ? Je crois que Dieu nous a tous donné une tâche à accomplir sur Terre. L'amour et le pardon, aussi bien envers soi-même qu'envers les autres, demeurent notre objectif premier. Dieu a également une carrière en vue pour nous et elle comprend deux volets. Le premier consiste à cultiver la paix de l'âme et à agir avec amour, peu importe le type d'emploi occupé.

Le deuxième consiste à choisir une carrière en accord avec notre raison d'être, c'est-à-dire qui nous permet, entre autres, de faire œuvre utile. Cette composante peut prendre plusieurs formes : l'enseignement, le divertissement, l'illumination, la consultation, la psychothérapie, ou aider les autres à mieux gérer leur entreprise ou leur foyer.

La carrière à laquelle Dieu vous destine fait appel à vos talents et à vos intérêts naturels. Certaines personnes doutent que ce travail puisse être agréable. C'est pourtant le cas ! Il est génial d'exercer le métier auquel nous sommes destinés ! Parce que nous aimons ce que nous faisons, nous y consacrons davantage de temps et d'efforts, ce qui se traduit nécessairement par la prospérité sur les plans aussi bien personnel qu'universel.

Lorsque nous sommes sur la bonne voie, l'Univers nous le fait savoir. Les portes s'ouvrent toutes grandes et les occasions affluent. L'argent arrive et les gens nous proposent leur aide. Il nous en coûte des efforts, bien entendu, mais tout coule de source !

Ce à quoi vous pensez finit toujours par se produire

Comme j'ai grandi imprégnée de métaphysique, l'enfant que j'étais ne connaissait pas les limites. J'ai donc toujours été capable de voir des choses comme les champs énergétiques et les guides intérieurs. Quand je parle à quelqu'un, au téléphone ou en personne, je vois toujours des images de leur famille, de leurs passe-temps ou de leurs objectifs. Certains appellent cela de la clairvoyance. Moi, je préfère penser que tout le monde possède ce potentiel, mais que plusieurs choisissent de le bâillonner ou de prétendre qu'il n'existe pas.

L'objet de vos pensées, surtout lorsqu'il s'accompagne d'émotions intenses, est taillé à même votre champ énergétique (l'essence dans laquelle vous baignez et qu'on appelle parfois *aura*). Lorsque vous pensez à un objet, les gens qui, comme moi, sont sensibles aux champs énergétiques peuvent le voir flotter près de vous. C'est un peu comme si de la pâte à biscuit d'un blanc lumineux était découpée à l'emporte-pièce et que la forme ainsi obtenue apparaissait distinctement en trois dimensions.

La plupart du temps, les clairvoyants ne prédisent pas exactement l'avenir : ils interprètent les images projetées dans votre aura par vos propres schémas de pensée. Si vous songez fréquemment à acheter une voiture sport, votre champ énergétique comportera une énergie équivalente à ce genre de véhicule. Et si vous continuez d'y penser assez longtemps, cette énergie se manifestera et vous vous retrouverez réellement derrière le volant d'une telle voiture. Un clairvoyant peut voir cette image et il vous dira quelque chose comme : « Je vous vois au volant d'une voiture sport ».

« Fantastique ! » vous direz-vous. C'est exactement ce que je voulais entendre. Vous serez heureux de payer généreusement le clairvoyant, mais vous devez savoir une chose : sa prédiction ne se réalisera que si vous continuez de penser à votre voiture sport. Si vous changez d'image mentale et adoptez la suivante : « Je ne peux pas me permettre d'acheter une nouvelle voiture », vous aurez instantanément modifié votre avenir.

Vos pensées sont des aimants et des messagers puissants. Surveillez-les et choisissez uniquement des images qui correspondent à ce que vous voulez dans la vie. De cette façon, vous ne vous attirerez que les expériences, les choses et les gens auxquels vous tenez réellement.

Décider du « quoi », mais pas du « comment »

Visualisez le résultat final auquel vous aspirez : une situation financière, une vie amoureuse ou un état de santé au service de vos idéaux. Mais ne précisez jamais, je le répète au grand jamais, la façon dont vous parviendrez au résultat souhaité. C'est vous qui décidez de la « nature » de vos désirs, mais c'est seulement Dieu qui décide de la « manière » dont ils se concrétiseront.

Si, lors de vos visualisations, vous essayez de déterminer la façon exacte dont votre désir se manifestera, vous bloquerez l'exécution des plans ingénieux prévus par vos guides intérieurs. Disons que vous visualisez un merveilleux emploi dans votre domaine de prédilection, assorti d'un salaire de 100 000 $; vous faites votre part en décidant du « quoi », mais le reste ne vous appartient pas. Vous devez lâcher prise quant au « comment ».

Disons que vous vous présentez à une entrevue d'embauche pour exactement l'emploi que vous convoitiez. Une fois de retour à la maison, vous visualisez la personne qui vous a interrogé et l'imaginez qui vous rappelle pour vous offrir le poste. Cela équivaudrait à décider de la manière dont les choses se passeront et contreviendrait à la loi de la spiritualité. Il est probable que votre visualisation se concrétiserait et que l'interviewer vous offrirait l'emploi en question, comme vous l'aviez imaginé.

Et si cet emploi ne vous convenait pas vraiment? Imaginez que vous ayez raté l'entrevue suivante, celle qui vous aurait procuré un emploi encore meilleur, avec plus de débouchés et un salaire plus élevé? Vous auriez passé à côté de cette occasion d'origine divine en insistant pour que l'Univers vous accorde ce premier emploi. C'est pourquoi il est important de déterminer exactement la nature de votre souhait, mais de lâcher prise quant à la façon dont vous l'obtiendrez.

Prenons maintenant comme exemple la visualisation d'un objet matériel que l'on souhaite acquérir, comme une maison. Dans ce cas, il serait tout à fait opportun de visualiser la sorte de maison que vous désirez acheter, la région ou le quartier où vous préférez habiter et tout autre détail pertinent, mais il faudrait vous abstenir à tout prix de dire à l'Univers exactement quelle maison vous voulez et de vous inquiéter de la façon dont vous la paierez.

Lorsque vous lâchez prise sur la manière dont votre désir se concrétisera, vos guides intérieurs et vos anges peuvent laisser libre cours à leur imagination pour trouver le financement nécessaire. De nombreuses personnes qui avaient visualisé une nouvelle maison, une nouvelle voiture, des vacances ou une nouvelle garde-robe, ont été surprises de voir l'argent provenir d'une source inattendue. Personnellement — et j'en connais plusieurs autres à qui c'est arrivé — j'ai même réussi à acheter des maisons sans avoir à donner d'acompte, grâce à la visualisation.

Rappelez-vous ceci : il n'y a aucune limite à ce que vous pouvez être, avoir et faire... à moins que vous décidiez qu'il y a des entraves. J'espère que vous avez décidé de devenir une personne sans entraves, libre de connaître et d'apprécier toutes les bonnes choses que la vie vous réserve !

Le pouvoir des affirmations

Les affirmations sont des pensées positives énoncées au temps présent. Il est fort probable que vous ayez déjà utilisé les affirmations — peut-être même sans vous en rendre compte ! Lorsque vous vous dites « Je suis un gagnant ! », par exemple, c'est une affirmation.

J'ai déjà utilisé les affirmations pour susciter des transformations rapides et spectaculaires dans ma vie privée et dans ma vie professionnelle. Comme je l'ai évoqué précédemment, les affirmations m'ont aidée à réaliser mes souhaits. Vous vous rappelez peut-être ce que je vous ai raconté sur ma vie à une certaine époque : j'étais une femme au foyer, grosse, malheureuse et sans diplôme. Mon guide intérieur me poussait constamment à devenir psychologue et à écrire des livres, mais je me demandais au fond de moi si j'allais échouer. Les affirmations m'ont aidée à savoir que je pouvais réussir et que je le méritais.

Voici des affirmations conçues pour réduire, voire éliminer la peur et l'anxiété. Si certaines d'entre elles trouvent un écho chez vous, transcrivez-les et placez-les là où vous les verrez souvent, comme sur le miroir de la salle de bain, dans votre porte-monnaie ou sur le tableau de bord de votre auto. Je vous conseille également d'écouter une cassette ou un CD d'affirmations. Vous pouvez les faire vous-même ou en acheter qui sont faits par des professionnels.

Affirmations pour reprendre confiance en soi

- Je suis à l'abri et en sécurité.
- J'ai confiance en mon intuition et en sa capacité de me guider.
- J'ai assez de temps, d'argent et d'intelligence pour réaliser mes buts.
- Je sais qu'aujourd'hui, je suis guidé vers le bien.
- Je mérite tout ce qu'il y a de bon.
- Quand je suis gagnant, les autres aussi le sont.
- Je trouve toujours le temps de travailler à la réalisation de mes rêves.
- Je suis comblé sur plusieurs plans.
- Les autres m'aiment et me respectent.
- Mes efforts me valent toujours la reconnaissance et le soutien des autres.
- Dieu s'occupe toujours de combler mes moindres besoins humains.
- Je me consacre à enseigner l'amour au reste du monde.
- J'utilise chaque parcelle de temps disponible dans la journée et mes petits efforts finissent par donner des résultats considérables.
- Mon corps obéit à mes moindres ordres.
- L'abondance est un état de bien-être et de sécurité.
- Aujourd'hui, mes pensées sont dirigées vers l'amour et le succès.
- Je m'attends à un dénouement heureux dans chaque situation et je l'obtiens.
- Je suis détendu, posé et rempli d'assurance.

- Ma paix intérieure sert de modèle et d'inspiration pour les autres.
- Je suis libéré de toute culpabilité.
- J'attire naturellement à moi les personnes et les circonstances favorables.
- Tout ce que j'accomplis renforce encore plus ma confiance en moi.
- J'accepte gracieusement tout ce qui m'arrive de bon.
- Ma voix est rassurante, tant pour moi que pour les autres.
- J'ai une réserve d'énergie illimitée.
- Dieu souhaite que je connaisse le bonheur parfait.
- Les gens sont satisfaits de mes objectifs et réalisations.
- Je m'accorde la permission d'apporter des changements dans ma vie.
- Je m'attends à obtenir la bienveillante collaboration des autres et je l'obtiens.
- Ma foi et mes croyances sont inébranlables.
- Je prends des mesures concrètes pour me rapprocher de ma mission divine.
- Je suis inspiré et créatif.
- Le temps que j'investis dans la méditation me rapporte d'énormes dividendes.
- Ma sagesse m'indique comment servir au mieux mon prochain.
- Les autres respectent mes besoins et mes souhaits.
- J'attire dans ma vie des gens qui réussissent et sont remplis d'amour.
- J'aime faire des choses qui me rapprochent de mes objectifs.

♦ J'ai pleinement confiance dans les directives de ma sagesse intérieure et je n'hésite pas à les suivre.

♦ Aujourd'hui, je fais au moins une chose qui me rapproche de la vie dont je rêve.

Points à retenir

🕊 Vous pouvez vous servir de la visualisation pour améliorer votre vie amoureuse, votre vie professionnelle et votre santé.

🕊 L'humain utilise la visualisation depuis des temps immémoriaux. De nos jours, les athlètes professionnels y ont recours pour améliorer leur performance, et les chercheurs œuvrant dans le domaine médical s'en servent pour obtenir des guérisons rapides et miraculeuses.

🕊 Décidez ce que vous voulez, affirmez-le, puis laissez l'Univers se charger du «comment».

CHAPITRE 15

LÀ OÙ VOUS POUVEZ RÉGLER
TOUS VOS PROBLÈMES ET TROUVER RÉPONSE
À TOUTES VOS QUESTIONS

Avant d'entreprendre quoi que ce soit d'important, assoyez-vous calmement, apaisez vos sens et vos pensées et méditez profondément. Vous serez alors guidé par le grand pouvoir créateur de l'Esprit.

— Paramahansa Yogananda

Si j'ai beaucoup parlé de méditation dans le présent livre, c'est surtout parce que *c'est si efficace à tellement d'égards*. Il n'y a pas de «bonne» façon de méditer ni de durée à respecter (sauf qu'il est bon de méditer le matin en se levant et le soir avant de se coucher).

Certaines personnes, très occupées, affirment ne pas avoir le temps de méditer. Mais dans *Un cours en miracles*, on peut lire que ce n'est pas la durée qui compte, mais la qualité de la méditation. Je suis d'accord avec ce principe et j'estime qu'une seule minute de méditation effectuée dans un état de grande concentration donne des résultats étonnants. Je préfère voir quelqu'un se connecter à sa source pendant une minute que de le voir vagabonder dans ses pensées pendant une heure.

En fait, le temps que vous passerez à méditer en profondeur allégera votre emploi du temps! Vous vous sentirez éveillé et rempli d'énergie après votre séance de méditation et vous perdrez moins de temps à vous quereller parce que vous serez moins irritable. Des études démontrent que la méditation réduit la tension artérielle et la fréquence des visites chez le médecin. Cette pratique a des effets positifs sur tous les aspects de notre vie — en plus de notre emploi du temps.

Méditation et félicité

On ne compte plus le nombre de chefs spirituels qui recommandent l'usage de la méditation pour obtenir des réponses et du réconfort, voire atteindre l'illumination !

Paramahansa Yogananda a dit ceci : «Le plus grand amour qu'il vous sera donné de connaître découlera de votre union avec Dieu pendant la méditation. L'amour entre l'âme et l'Esprit est un amour parfait, celui que vous recherchez tous. Lorsque vous méditez, l'amour grandit. Des millions de frissons parcourent votre cœur… Si vous méditez profondément, vous connaîtrez un amour d'une telle ampleur qu'il n'existe pas de mots pour le décrire; vous connaîtrez Son amour divin et pourrez, à votre tour, donner de l'amour pur aux autres.»

Tiré de la Bible : «Ne néglige pas le don qui est en toi, et qui t'a été donné par prophétie avec l'imposition des mains de l'assemblée des anciens. Médite sur ces choses, donne-toi tout entier à elles, afin que tes progrès soient évidents pour tous.»

Tiré d'*Un cours en miracles* : «Essaie de te souvenir d'un moment — une minute, peut-être même moins — où rien ne vint interrompre ta paix, où tu étais certain d'être aimé et en sécurité. Essaie ensuite de te représenter comme ce serait si ce moment s'étendait jusqu'à la fin des temps et dans l'éternité. Puis laisse le sentiment de quiétude que tu as ressenti être multiplié cent fois, et puis encore multiplié cent autres fois. Maintenant tu as un avant-goût, pas plus qu'une infime indication de l'état dans lequel ton esprit repose quand la vérité est venue. Sans illusions, il ne pouvait y avoir ni peur, ni doute ni attaque. »

Une façon de méditer parmi d'autres

Je voudrais vous donner de brèves indications sur la façon de méditer, car vous êtes très nombreux à me l'avoir demandé. Ne perdez pas de vue ceci : la méditation n'a pas d'objectif précis et vous ne pouvez ni réussir ni échouer. La longueur de votre séance n'a pas vraiment d'importance ; c'est la qualité de votre réponse émotionnelle et physique qui compte : un sentiment de paix et d'amour accompagné d'une douce chaleur vous envahira, un peu comme si vous tombiez dans les bras de votre source spirituelle et divine.

Si vous méditez régulièrement, votre vie pourrait s'en trouver radicalement transformée. Au début, vous vous inquiéterez peut-être de la somme de temps nécessaire à cette pratique, mais vous souhaiterez bientôt l'intégrer à votre vie pour de bon. La méditation constitue un excellent antidote au stress, en plus d'être un secret de beauté. Elle contribue à lisser les rides d'expression causées par l'inquiétude et la tension, ainsi qu'à rosir le teint, comme s'il était illuminé de l'intérieur. Les yeux pétillent, le regard est jeune et joyeux, le moral est meilleur et l'on a plus d'énergie.

Beaucoup de gens, y compris moi, ne voudraient pour rien au monde sauter une séance de méditation. Je vous conseille de méditer tous les matins et tous les soirs, sans exception. Dix minutes suffisent, mais les jours où vous avez le temps, méditez plus longtemps : vous verrez comme cela est profitable.

Vous récolterez, entre autres bienfaits, des réponses à vos questions les plus importantes en ce qui concerne, par exemple, vos finances, la carrière qui vous apportera le plus de joie et de prospérité, votre vie amoureuse, votre santé et même les personnes que vous connaissez. Lorsque vous méditez, les réponses affleurent à la conscience presque comme par magie. Il m'est déjà arrivé également d'être guidée, de recevoir des mises en garde concernant des événements pouvant se produire durant la journée (et qui se sont effectivement produits). Comme ma méditation m'y avait préparée, j'ai pu y faire face. L'expérience m'a donc enseigné que la méditation était du temps bien investi.

Méditer, c'est focaliser sur des pensées en provenance du Moi supérieur ou sur aucune pensée. Pour cela, vous devez pouvoir rester concentré, car, comme il est écrit dans *Un cours en miracles*, nos problèmes sont très souvent causés par notre esprit indiscipliné. Nous permettons à notre ego — là où se logent la peur et la culpabilité — de gouverner notre vie, nos pensées et nos émotions à sa guise. Nous sommes souvent victimes de notre propre moi et de nos propres pensées.

Nous pouvons nous soustraire à l'influence de ces pensées chargées de peur et de culpabilité, qui sont nourries par l'ego et semblent nous gouverner, si nous savons que nous pouvons choisir nos pensées. Si vous faites face à des défis en ce moment, il sera plus facile de les surmonter en faisant appel à toutes vos facultés, c'est-à-dire si vous restez calme, gardez les idées claires et ne nourrissez aucune crainte.

Les conseils qui suivent vous aideront à rendre vos séances de méditation particulièrement efficaces et agréables :

— Ménagez-vous un coin tranquille où vous pouvez vous retirer après le réveil et le soir avant de vous coucher. L'endroit n'a pas besoin d'être très grand. Un coin de la chambre, et même une salle de bain — feront très bien l'affaire. Tout ce qui compte, c'est de ne pas être interrompu pendant votre méditation.

— Sollicitez la collaboration des gens avec qui vous habitez. Demandez aux membres de votre famille ou à vos colocataires de respecter cette période d'isolement. Soyez conscient que les autres profiteront aussi du surplus d'énergie et d'entrain que vous apportera la méditation.

— Faites-vous un horaire de méditation et respectez-le. Au début, inscrivez vos périodes de méditation à l'encre sur votre calendrier pour marquer la fermeté de votre intention. Engagez-vous à méditer au moins sept jours d'affilée quoiqu'il arrive.

— Assoyez-vous confortablement, le dos droit. Au besoin, appuyez-vous contre un mur ou un coussin. Trouvez une position confortable pour vos jambes, mais ne les croisez pas (vous empêcheriez l'énergie de circuler librement). Prenez la position du lotus ou allongez les jambes devant vous, selon vos préférences.

— Fermez les yeux afin de bloquer toute distraction éventuelle provenant de l'extérieur, ce qui laisse toute la place à votre vision intérieure.

Voici une merveilleuse méditation du matin pour commencer la journée sur une note miraculeuse :

Méditation du matin

Commencez par respirer profondément. Inspirez le plus d'air possible par les narines, retenez votre souffle, puis expirez lentement par la bouche jusqu'à ce qu'il ne reste plus d'air dans vos poumons. Inspirez de nouveau profondément par le nez, retenez votre souffle afin d'en absorber toute l'énergie, puis expulsez par la bouche tout l'air de vos poumons en même temps que tous les soucis, l'inquiétude et la peur susceptibles de vous bloquer. Inspirez le courage, l'amour, la gratitude et l'enthousiasme et conservez en vous toutes ces énergies positives. Expirez tout ce qui est teinté de peur ou de culpabilité, sachant que ces émotions ne peuvent que nuire à l'accomplissement de votre mission et de votre raison d'être.

Au fur et à mesure que vous inspirez et expirez profondément, vous commencez à vous sentir pus vivant et ragaillardi. Vous êtes prêt à faire face à la journée, à réaliser vos aspirations et vos désirs les plus chers. Sachez que lorsque vous êtes sur la bonne voie, vous êtes un présent pour le monde, pour vous-même et pour les autres. Afin de vous engager et de poursuivre sur cette voie, vous devez absolument rester centré et parfaitement calme. Cette méditation vous aidera à retrouver votre centre, source de toute intelligence et de toute énergie.

Vous savez que vous êtes un être divin et que vous méritez toutes les richesses et tous les bienfaits de l'Univers. Vous méritez vraiment que vos désirs se réalisent. Vous êtes parfait ! Vous êtes intact ! Vous êtes entier ! Vous êtes aimé et aimant, et vous avez tellement à offrir. Mais pour donner, vous devez être complètement dégagé et libre de toute peur, car la peur ne fait pas partie de vous — c'est une illusion, et nous abandonnons maintenant toutes nos peurs et tous nos soucis pour aller de l'avant avec toute la force et la puissance que nous sentons nous habiter.

Voici une méditation à utiliser pour obtenir une réponse et être guidé :

Méditation pour contacter votre guide intérieur

Recueillez-vous et respirez profondément. Imaginez ou ressentez la présence d'une ligne d'énergie blanche comme l'éclair qui entre par le sommet de la tête, descend au centre du corps et traverse le plancher sous les pieds. Concentrez-vous sur cette énergie et vous sentirez vos émotions et votre propre énergie s'apaiser et s'harmoniser.

C'est le moment tout indiqué pour obtenir de l'information par l'entremise de votre guide intérieur. Pendant que vous plongez en vous, là où toutes les réponses vous attendent, acceptez l'information que vous recevez comme étant digne de confiance et n'écartez rien. Certaines personnes reçoivent une réponse sous forme de symbole ou d'image. D'autres entendent une voix qui ressemble à la leur ou à celle de quelqu'un d'autre. Beaucoup obtiennent une réponse par le biais de leur instinct ou de leur intuition. Ils se rendent simplement compte qu'ils connaissent la réponse.

Peu importe que vous obteniez vos réponses sous forme auditive, visuelle ou kinesthésique, l'important est de demander de l'aide, car la Loi du libre arbitre stipule que nos guides ne peuvent pas nous aider à moins que nous ne leur adressions une demande en ce sens. Il est également important d'avoir confiance dans l'information récoltée et de songer sérieusement à en tenir compte. Votre guide intérieur peut répondre à toutes vos questions, de la plus simple à la plus complexe. Il peut vous prévenir d'un danger imminent ou attirer votre attention sur la façon d'obtenir une promotion au travail. Remettez-vous-en à ce guide pour tout ce qui vous concerne et vous aurez toujours une longueur d'avance.

Plongez maintenant en vous, source de toute intelligence. Concentrez-vous et ne laissez pas votre esprit vagabonder et s'arrêter sur des préoccupations de tous les jours ou des choses sans importance, sauf si elles sont en lien direct avec votre question. Il est important d'avoir dans votre cœur, dès le départ, une intention ou une question précise à poser, car ce sont les mots du cœur que vos guides et l'Univers entendront en priorité. Assurez-vous donc d'avoir une question qui vous préoccupe vraiment et qui vient réellement du cœur. Puis, lorsque vous vous sentirez prêt, posez-la et descendez immédiatement au plus profond de votre être jusque dans les bras de votre guide. Laissez-

vous aller complètement. Accordez-vous la permission de vous abandonner.

Descendez, descendez de plus en plus profondément en vous-même et laissez-vous aller. Entrez en vous, concentrez-vous et écoutez. Concentrez-vous et écoutez. Écoutez votre guide intérieur. Concentrez-vous et écoutez avec confiance, sachant qu'on vous répondra infailliblement. Vous recevrez toujours une réponse à vos questions. Il vous suffit d'écouter et de faire confiance. Plongez en vous. Sentez-vous vivant, ragaillardi et sachez que vous pouvez y arriver ! Vous êtes compétent ! Vous réussissez ! Vous êtes libre, vous pouvez apporter des changements à votre vie et vous serez en sécurité pendant que vous ferez ces transformations.

Vous méritez l'abondance dans votre vie. Pendant que vous vous laissez guider par votre cœur et votre sagesse intérieure, vous savez que tous vos besoins seront comblés. Vous n'avez pas à vous soucier du manque de temps, d'argent ou d'intelligence, car cela ne peut que vous occasionner des problèmes et vous empêcher d'avancer. Il est donc important de ne pas céder à l'inquiétude et à l'agitation, et de ne pas vous faire du souci. Il vous suffit de respecter la voie et la mission importantes qu'on vous a attribuées. Alors, acceptez-les sans plus attendre. Oui, vous méritez d'avoir une carrière qui vous rend heureux et une vie amoureuse à la fois harmonieuse et remplie de bonheur. Vous méritez de respirer la santé et d'entretenir avec les autres des rapports équilibrés et harmonieux.

Allez au plus profond de vous-même et écoutez.

Voici une méditation très efficace pour accroître l'énergie et l'intuition :

Purifier et équilibrer les chakras

Vos pouvoirs sont influencés par sept centres d'énergie du corps que l'on nomme « chakras ». Chacun a une fonction qui lui est propre, et l'expérience m'a enseigné à quel point le seul fait de les purifier et de les équilibrer peut accroître le niveau de conscience, l'intuition, l'énergie et la confiance en soi. Vous allez donc commencer par visualiser, purifier et équilibrer chacun des chakras afin d'accéder aujourd'hui même à toutes les richesses qui se trouvent en vous — tous vos talents, toutes vos connaissances et toute votre puissance.

Commencez par imaginer votre chakra racine, situé à la base de la colonne vertébrale. Il a la forme d'une boule couleur rubis en tous points parfaite. Imaginez qu'un faisceau lumineux blanc (comme ceux qui sont émis par les projecteurs halogènes), illumine cette boule rouge de l'intérieur. Lorsqu'il est équilibré et purifié par cette lumière blanche, comme maintenant, ce chakra vous permet d'exprimer votre individualité, de donner libre cours à la façon unique dont se manifestent votre créativité et votre intelligence. Il vous aide également à entretenir des rapports harmonieux avec toutes les personnes que vous croiserez pendant la journée.

Tout comme vous, chaque personne rencontrée aujourd'hui est une création parfaite du divin Créateur. Même si certaines d'entre elles ont un comportement qui peut paraître dénué d'amour, concentrez-vous sur la vérité logée au fond de leur être et sachez qu'elles incarnent l'amour et l'harmonie dans leur version la plus parfaite. Parce que vous êtes déterminé à focaliser sur la vérité, ces personnes, comme par miracle, feront preuve de considération et de collaboration envers vous. Les gens réagissent toujours envers nous en fonction de ce que nous attendons d'eux. Aujourd'hui, donc, maintenant que votre chakra racine est équilibré, libérez-vous de toutes les peurs que vous inspirent les autres et de tous les jugements que vous pourriez porter envers eux. Restez bien ancré dans l'instant présent et attendez-vous uniquement à être bien traité par les autres — y compris par vous-même. Voilà qui est fait !

Passons maintenant au deuxième chakra, le chakra sacré, situé un peu plus haut, c'est-à-dire à 7 ou 8 cm sous le nombril, au niveau du sacrum. Il ressemble à une sphère lumineuse orange en tous points parfaite. Pointez sur cette sphère la même lumière blanche que sur le chakra précédent, jusqu'à ce qu'elle soit d'une couleur orange resplendissante, comme illuminée de l'intérieur. Le chakra sacré est le centre de tous vos désirs. Lorsque la lumière blanche l'aura purifié et équilibré, ces mêmes qualités de pureté et d'équilibre se refléteront sur vos désirs.

Vous méritez vraiment que tous vos désirs se réalisent. Vous acceptez vos rêves inspirés par le Divin et faites un avec eux. Vous méritez ce que la vie a de bon à offrir. Vous méritez d'être entièrement comblé sur les plans de l'amour, du travail, des finances, de la santé et tout ce qui peut vous arriver au cours de la journée. Nous méritons tous qu'il nous arrive de bonnes choses et Dieu se fait un plaisir de nous offrir ici-bas le royaume des cieux. Harmonisons maintenant nos désirs en cessant de craindre de nous sentir coupables de ce que nous voulons réellement. Dorénavant, nous acceptons gracieusement l'aide des autres, ainsi que tout le bien qui se manifeste dans nos vies.

Passez maintenant au chakra du plexus solaire, situé derrière le nombril. Visualisez une parfaite lumière jaune, un petit soleil rond et radieux. Dirigez la lumière blanche et brillante sur ce joyau de couleur jaune et faites-le briller encore plus. Le chakra du plexus solaire est le centre du pouvoir et de la maîtrise.

Pendant que vous équilibrez et purifiez cette région, visualisez l'harmonisation parfaite de vos désirs de pouvoir et de maîtrise. Vous ne craignez nullement de perdre une partie de votre pouvoir ou de votre maîtrise et ne luttez jamais avec les autres pour recouvrer ce que vous ne pouviez même pas perdre au départ. Étant donné que vous ne luttez plus, les gens ont envie de vous aider et de collaborer avec vous. Sentez la chaleur envahir toute la région de l'estomac. Sentez la chaleur qui émane de votre véritable pouvoir, celui que vous a donné votre Créateur — le pouvoir que vous ne pourrez jamais perdre et auquel vous pouvez accéder en tout temps.

Soyez reconnaissant d'avoir ce pouvoir et, pendant que vous puisez à cette source, dites-vous que vous l'utiliserez tout au long de la journée. Ce pouvoir et cette maîtrise sont maintenant au service de votre plus grand bien et de celui des autres. Voilà qui est fait !

Remontez maintenant vers la région du cœur, où vous apercevez une belle boule de couleur émeraude, ce magnifique joyau qu'est le chakra du cœur. Illuminez cette sphère verte du faisceau de lumière blanche et imprégnez-vous *d'un sentiment d'amour pour l'humanité tout entière. Laissez l'amour pénétrer tout votre corps jusqu'à ce que vos doigts commencent à picoter, que votre respiration devienne superficielle et que vous soyez envahi par la délicieuse sensation de l'amour. L'amour. L'amour de tous, de votre vie et des autres.*

Remontez encore plus haut, à proximité de la pomme d'Adam, là où se trouve le chakra de la gorge, qui a la forme d'une sphère lumineuse de couleur bleu clair. Éclairez ce chakra de votre faisceau de lumière blanche et voyez-le scintiller d'un éclat bleu clair. Ceci est votre centre de communication. Remerciez-le, car maintenant que votre chakra de la gorge est parfaitement pur et équilibré, vous savez que vous pourrez vous exprimer aussi bien oralement que par écrit, et ce, tout au long de la journée. Maintenant que la communication est rétablie, il vous sera facile de communiquer avec les autres aujourd'hui, quel que soit le contexte.

Passez maintenant à la région située entre les deux yeux, là où réside le chakra du troisième œil. Il apparaît sous la forme d'une sphère bleu foncé, parsemée de petits éclairs de lumière blanche, mais parfois violette également. Si vous regardez d'assez près, vous pouvez également voir un troisième œil qui vous regarde. Il s'agit de votre centre de l'intuition et de la vision intérieure, d'où vous recevez l'information qui peut assurer votre sécurité et votre réussite. Projetez maintenant la lumière d'un blanc éclatant sur votre chakra du troisième œil afin que votre vision intérieure soit parfaitement pure et équilibrée. Vous avez dorénavant accès à toute la sagesse de l'Univers. Libérez-vous de tout ce qui pourrait entraver votre vision intérieure : toute forme de peur, de jugement, de ressentiment, d'inquiétude, de culpabilité et de pression. Lorsque vous aurez débarrassé votre conscience de ces illusions, vous constaterez que la fenêtre de votre vision intérieure est d'une propreté immaculée, comme une paire de lunettes neuves.

Remontez jusqu'au chakra de la couronne, situé au sommet de la tête, à l'intérieur du crâne. Vous y trouverez une magnifique sphère violette. Ce chakra est l'endroit où la sagesse spirituelle de l'Univers pénètre dans le champ de votre conscience. Projetez la lumière blanche sur ce joyau violet pour l'équilibrer et le purifier afin d'accéder facilement à toute l'information que vous souhaitez obtenir ou dont vous avez besoin. Pour l'ouvrir, imaginez qu'un entonnoir pénètre par le sommet de votre tête, traverse ce chakra et se rende jusqu'à votre esprit. Sachez que ce chakra permettra à l'information aimante de Dieu et de l'Univers de pénétrer facilement votre esprit tout au long de la journée afin que vous ne soyez jamais seul et qu'un guide vous accompagne en tout temps.

Retirez maintenant la lumière blanche de votre chakra de la couronne et projetez-la de manière à englober tout votre corps, afin d'être parfaitement protégé tout au long de la journée. Puis, scellez votre corps d'une lumière verte pour qu'il reste en parfaite santé. En terminant, entourez-vous de la pure lumière violette de la spiritualité afin qu'il ne vous arrive que du bon pendant la journée. Vous voici maintenant parfaitement purifié, équilibré et protégé.

Je vous conseille d'utiliser la méditation suivante pour effacer de votre âme toutes traces d'inquiétude et vous préparer à un sommeil paisible :

Méditation du soir

Il est temps de libérer de votre conscience et de votre corps toute trace de négativité laissée, entre autres, par l'inquiétude, la peur et les soucis ressentis pendant la journée. De la même façon que vous vous lavez le visage avant d'aller au lit, il est important de vous purifier spirituellement avant de sombrer dans le sommeil. Cette méditation est conçue pour vous aider à bien dormir et à vous souvenir de vos rêves pour qu'ils continuent de vous guider et de nourrir votre créativité.

Assoyez-vous confortablement, le dos droit, et prenez une grande respiration en vous imaginant avaler un rafraichissant cocktail de pensées et d'émotions. Lorsque vous êtes prêt, expirez longuement en expulsant tous les soucis, tracas et inquiétudes accumulés au cours de la journée. Tout en continuant à inspirer et à expirer très profondément, commencez à descendre en vous.

En tournant le regard vers l'intérieur, vous apercevrez une faible lueur, loin au-dedans de vous. Regardez en vous jusqu'à ce que vous commenciez à distinguer ne serait-ce qu'une parcelle de lumière, comme à travers d'épais nuages gris. Demandez à ces nuages de s'écarter. Soyez comme l'avion qui traverse les nuages et débouchez sur la lumière qui se trouve en vous. Concentrez-vous sur ce qui se passe en vous et entourez-vous de cette lumière blanche d'énergie pure qui vous réconfortera toute la nuit.

Prenez le temps de vous enfoncer dans cette lumière blanche, comme dans un nuage qui vous soutiendrait doucement, et appréciez le sentiment de sécurité et de confort qui en résulte. Vous êtes si bien, si protégé, si serein ! Vous

vous sentez aimé et soutenu de manière inconditionnelle et vous appréciez cette sensation de lâcher-prise.

Pendant que vous réfléchissez à la journée qui vient de s'écouler, soyez prêt à pardonner à quiconque a suscité chez vous de l'irritation, de la peur, de la colère ou toute autre réaction négative. Dites mentalement à cette personne : « Je te pardonne. Je te libère. Je te pardonne complètement. Je te libère. Je suis libre et tu es libre. »

Pensez à tous ceux et celles qui ont suscité chez vous une réaction négative, libérez-les et pardonnez-leur, un à un. C'est un cadeau que vous vous faites lorsque vous vous libérez ainsi de toute négativité, car vous connaissez le prix élevé du ressentiment. Vous choisissez simplement de vous libérer de tout sentiment négatif, sans vous juger pour avoir entretenu de tels sentiments. Débarrassez-vous-en comme vous vous débarrasseriez de la saleté qui recouvre votre visage ou votre corps à la fin d'une journée.

Libérez-vous de toute trace de colère. Débarrassez-vous de toute trace de peur ; mettez-la de côté pour la nuit en sachant que l'amour est votre véritable source de pouvoir intérieur et qu'il constitue l'opposé de la peur. Libérez-vous de toute trace d'anxiété et d'inquiétude. Laissez-les partir comme on dépose une feuille de papier. Lorsque vous purifiez votre conscience, vous n'avez aucune raison de vous inquiéter ou de vous faire du souci. Vous vous débarrassez de toute tendance à faire des projets afin de libérer votre esprit de toutes ses chaînes, en prévision de la nuit. Goûtez le plaisir de vous sentir entièrement libre et purifié.

Fouillez votre cœur, votre esprit et votre corps pour voir s'il n'y reste pas quelque infime trace de négativité et libérez-vous-en. Chassez-la de votre corps, de votre esprit et de votre cœur. Remplissez votre cœur d'une chaude coulée d'amour pour l'humanité tout entière et pour tout ce que vous vivez en ce moment. Sachez que chacune de vos expériences contribue à l'évolution de votre âme et vous permet d'en tirer vous-même profit avant d'en faire profiter les autres. Soyez reconnaissant de toutes les leçons apprises pendant la journée. Éliminez toute tendance à juger les autres et les situations, car les vibrations engendrées par le jugement sont moins élevées que celles de l'amour et qu'elles vous enveloppent dans un manteau de peur. En choisissant de rester au niveau vibratoire et fréquentiel élevé de l'amour, vous n'avez aucun mal à choisir de vous libérer sur-le-champ de toutes vos émotions négatives.

Soyez reconnaissant pour la journée que vous avez eue et sachez que vous êtes en train de créer la vie de vos rêves. Si minuscules que soient vos progrès à vos yeux, ils vous rapprochent peu à peu du but recherché. Soyez reconnaissant en pensant aux inconnus et aux proches qui ont fait une incursion dans votre vie aujourd'hui et qui vous ont demandé : « Puis-je t'aider ? »

Soyez reconnaissant pour tout ce qui vous a semblé des coïncidences aujourd'hui, et sachez que c'est vous qui avez attiré ces situations dans votre champ de conscience et d'expériences. Soyez reconnaissant de la présence de ces coïncidences dans votre vie, sachant que demain, vous en attirerez encore d'autres. Vous suscitez réellement des miracles dans votre vie ! Il est tellement extraordinaire d'être conscient du miracle que vous êtes vous-même ! Vous avez tant à offrir, tant à faire pour soulager l'humanité. *Vous vous permettez de retrouver votre vrai état de bonheur, une paix complète et la béatitude.*

Continuez à vous libérer de tout ce que votre corps et votre esprit pourraient renfermer de négativité, détendez-vous et préparez-vous à une merveilleuse nuit de sommeil. Dormez comme un bébé, si paisible, si doux. Dormez d'un sommeil rempli de rêves merveilleux dont vous vous souviendrez à volonté. Si vous avez une demande spéciale ou une question à poser à votre guide intérieur, formulez-la maintenant. Sachez que des réponses, de la guidance et des solutions vous parviendront tout au long de la nuit. Vous vous souviendrez de ces réponses le matin, au réveil. Vous pouvez aussi les noter, afin de vous en rappeler et d'y avoir accès au cours de la journée.

Pendant que vous glissez lentement dans les bras de Morphée, vous vous sentez infiniment reconnaissant envers toutes les personnes que vous côtoyez. Faire l'inventaire de ses bénédictions avant d'aller au lit est une ancienne tradition. Réclamez-vous de la sagesse de cette tradition aujourd'hui même et pensez à tous ceux et celles qui vous inspirent de la gratitude en sachant que cette dernière guérit et renforce toutes vos relations.

Maintenant que votre cœur et votre esprit sont purifiés et remplis d'amour, je vous souhaite : « *Bonne nuit et bons rêves !* »

Points à retenir

❧ En méditation, c'est la qualité de votre présence qui compte et non le temps que vous y consacrez.

❧ La méditation permet d'accéder à des conseils et à de l'information.

❧ En méditation, toutes les méthodes se valent ; il vaut mieux cependant en essayer plusieurs et choisir celle qui convient le mieux à votre mode de vie.

CONCLUSION

BONS RÊVES !

Je n'ai jamais entrepris de projet important pour lequel je me sentais suffisamment prêt.

— Sheldon Kopp, auteur de :
Raise Your Right Hand Against Fear

onquérir le temps, c'est comme essayer de capturer une poignée de nuages — dès que vous croyez les avoir attrapés, ils se sont déjà volatilisés. Il existe pourtant de nombreux moyens pour dompter l'anxiété causée par le manque de temps et pour gérer les interruptions qui grugent le temps et l'énergie. Nous avons déjà évoqué de multiples façons d'organiser vos journées — certaines plus terre à terre, d'autres plus spirituelles— mais en dernière analyse, c'est à vous de décider ce que vous allez faire de vos journées, de votre année et… de votre vie.

Si vous en avez assez de vous sentir pressé par le temps, adoptez de saines habitudes. Faites-vous les promesses suivantes et tenez-les :

Mes promesses : il est temps
de me soucier de mon bien-être

1. « Je promets de rester calme et de respirer à fond plusieurs fois en toutes circonstances. »

2. « Je permets à mon esprit de rester calme et raisonnable chaque fois qu'il est question de temps. »

3. J'affirme ceci : « J'ai tout le temps nécessaire à ma disposition » et « En ce moment, ma vie est parfaitement organisée ».

4. « Je sais que j'ai le droit de respecter mes priorités. Je ne laisse pas les interruptions ou les intrusions me faire dévier de ma trajectoire. »

5. « J'affirme que mon emploi du temps me laisse amplement le temps de souffler et de passer du temps seul ou avec ma famille. »

6. « Dorénavant, je me prépare et je m'accorde assez de temps pour ne pas avoir à me presser ou à m'inquiéter d'être en retard. »

7. « Je dis non sans problème à toutes les requêtes qui ne sont pas pertinentes. »

8. « Je fais toujours appel à mon intuition et je lui obéis. »

9. « Je me libère de toute inquiétude et crainte par rapport à l'argent, sachant que tout ce qui compte est de remplir ma mission divine. Je sais que mes besoins matériels seront miraculeusement comblés, aussi longtemps que je resterai dans ma voie. »

10. « Je ris, j'ai du plaisir et je me réjouis des rêves que j'ai réalisés durant cette vie. »

Vous le pouvez!

Modifier votre emploi du temps et respecter vos priorités peut faire en sorte qu'au début, vous vous sentiez comme un poulain qui vient de naître : chancelant, fragile et en perte d'équilibre. Il faut généralement de 30 à 40 jours pour remplacer une vieille habitude par une nouvelle. Mais chacun de vos petits succès ou triomphes prouve l'efficacité de votre nouvel emploi du temps, qui deviendra un mode de vie solide et stable.

En chemin, récompensez-vous et profitez de votre nouvelle liberté en passant de bons moments avec vos amis et votre famille. Si quelque chose dans votre vie ne vous convient pas ou vous rend malheureux, prenez immédiatement les mesures qui s'imposent ! Personne d'autre que vous ne sait comment vous vous sentez et vous avez le droit d'apporter des changements à votre vie — à l'instant même !

Il n'y aura jamais de meilleur moment qu'aujourd'hui pour meubler votre existence de manière à être heureux, vous et vos proches. C'est faire fausse route que d'attendre pour réagir le jour lointain où vous aurez plus de temps ou d'argent, où vous serez plus mince ou dans une meilleure situation. Il est encore plus grave de céder votre pouvoir sur votre propre emploi du temps en attendant qu'on vous donne la permission de vous détendre ou d'apporter les modifications nécessaires à votre horaire. Si vous tournez en rond, perpétuellement en proie à la procrastination, demandez-vous ceci : « *Qu'est-ce que j'attends ?* »

Oui, *vous* pouvez changer votre vie,
et *vous* en avez le temps !

Je vous souhaite plein d'heures
de réjouissance, de relaxation et de santé
pour le reste de vos jours !

❧ ❧ ❧

ANNEXE

BIBLIOGRAPHIE

ASSOCIATION FOR RESEARCH AND ENLIGHTENMENT. *Edgar Cayce on Channeling Your Higher Self,* préparé par Henry Reed et publié sous la direction de Charles Thomas Cayce, New York, Warner Books, 1989.

Bible, la, Traduction œcuménique de la Bible.

BARASH, Marc Ian. « The Amazing Power of Visualization », *Natural Health Magazine,* juillet 1994.

BENNER, Joseph S. *The Impersonal Life,* Marina del Rey, CA, DeVorss & Co., c1941, 1991.

BLAVATSKY, Helena Petrovna. *The Voice of the Silence,* Wheaton, IL, The Theosophical Publishing House, c1889, 1992.

BRISTOL, Claude M. *The Magic of Believing,* New York, Cornerstone Library, 1948.

DOBRZYNSKI, J. H. « Should I have left an hour earlier ? » *The New York Times,* 18 juin 1995, III, 1 :4.

EHRENREICH, B. « In search of a simpler life », *Working Woman,* décembre 1995, p. 27 (4).

EDDY, Mary Baker. *Science and Health with Key to the Scriptures,* Boston, The First Church of Christ, Scientist, c1875, 1971.

EMERSON, Ralph Waldo. *Selected Essays,* publié sous la direction de L. Ziff, New York, Viking Penguin, 1982.

FOUNDATION FOR INNER PEACE. *Un cours en miracles*, Montréal, Éditions du Roseau, 2005.

—— *Psychotherapy : Purpose, Process and Practice*, Glen Ellen, CA, 1976.

FOX, Emmet. *L'équivalence mentale*, Paris, Éditions Bussière, 2009.

—— *Le sermon sur la montagne*, Paris, Éditions Bussière, 1989.

GOLDBERG, C. « Choosing the joys of a simplified life », *The New York Times*, 1995, cahier C1 (2).

HAY, Louise L. *La vie ! Réflexions sur votre parcours*, Varennes, Éditions AdA, 2006.

HOLMES, Ernest. *La pratique de la science du mental*, Saint-Jean-de-Braye, Dangles, 1962.

—— *La science du mental*, Saint-Jean-de-Braye, Dangles, 1963.

LEISURE INTELLIGENCE, « Trends in leisure time », été 1995, vol. 2, p. 1 (7).

MARKS, J. « Time out », *U.S. News and World Report*, vol. 119, 11 décembre 1995, p. 4 (8).

MERRILL, S. D. « Wanna do my weekend shopping ? » *U.S. News and World Report*, 24 avril 1989, vol. 113, p. 80 (1).

MURPHY, Joseph. *The Amazing Laws of Cosmic Mind Power*, West Nyack, NY, Parker Publisher Co., 1965.

—— *Your Infinite Power to Be Rich*, West Nyack, NY, Parker Publisher Co., 1966.

OWEN, K. « Who's watching the kids ? », *The Los Angeles Times*, 20 février 1995, cahier A, 5 :2.

PONDER, Catherine. *The Millionaires of Genesis.* Marina del Rey, CA, De Vorss & Co, 1987.

— — *The Dynamic Laws of Prosperity.* Marina del Rey, CA, De Vorss & Co, 1985.

PRICE, John Randolph. *The Abundance Book,* Carlsbad, CA, Hay House, c1987, 1996.

— — *The Superbeings,* New York, Ballantyne Books, 1981.

ROBINSON. J. P. « Your money, your life », *American Demographics,* novembre 1991, vol. 13, n° 3, p. 22.

RUSSELL, C. « Overworked ? Overwhelmed ? » *American Demographics,* mars 1995, vol. 17, n° 2, p. 8 (2).

SAMUELS, Mike et Nancy. *Seeing With the Mind's Eye : The History, Techniques and Uses of Visualization,* New York, Random House, 1975.

SPRING, J. « Exercising the brain », *American Demographics,* octobre 1993, vol. 15, p. 5 (4).

SPRING, J. « Seven days of play », *American Demographics,* mars 1993, vol. 15, p. 50 (4).

WILDE, Stuart. *The Trick to Money is Having Some,* Carlsbad, CA, Hay House, 1989.

WILLIAMS, Andrew, éd., *World Scripture : A Comparative Anthology of Sacred Texts, a Project of the International Religious Foundation,* New York, Paragon House, 1991.

YOGANANDA, Paramahansa. *La loi du succès,* Los Angeles, Self-Realization Fellowship Publishers, 1944.

— — *À la source de la lumière,* Los Angeles, Self-Realization Fellowship Publishers, 2010.

RESSOURCES

Voici une liste de ressources où vous trouverez de l'information sur diverses problématiques. Les adresses et numéros de téléphone fournis sont ceux du siège social. Consultez votre annuaire local pour obtenir les coordonnées des ressources de votre région.

Outre les organismes énumérés ci-dessous, il existe peut-être, près de chez vous, des groupes de soutien pouvant vous aider à surmonter tout autre type de crise. Consultez votre bottin téléphonique, appelez un centre d'aide ou d'écoute local ou communiquez par téléphone ou par écrit avec l'un des organismes ci-dessous :

SIDA

Centre de ressources et interventions en santé et sexualité (CRISS)
5410, 2ᵉ Avenue, Montréal, Qc H1Y 2Y3
514 855-8991 (administration)
Ligne d'écoute : 514 855-0090 (grande région de Montréal)
Sans frais : 1-866-240-0090

Action séro zéro
C.P. 246, succursale C, Montréal, Qc H2L 4K1
514 521-7778
info@sero-zero.qc.ca
www.sero-zero.qc.ca

Centre associatif polyvalent d'aide hépatite C (et VIH)
Tous les jours, de 9 h à 22 h
514 521-0444 (grande région de Montréal)
Sans frais : 1 866 522-0444
capahc@capahc.org
www.capahc.org/index.htm

Portail VIH/Sida du Québec
1287, rue Rachel Est
Montréal, Qc H2J 2J9
514 523-4636 (grande région de Montréal)

Sans frais : 1 877 PORTAIL
(767-8245)
info@pvsq.org
www.pvsq.org

ALCOOLISME
Alcooliques Anonymes
3920, rue Rachel Est
Montréal, Qc H1X 1Z3
514 376-9230
www.aa-quebec.org

Al-Anon
514 866-9803 (grande région
de Montréal)
www.al-anon.alateen.org

**MADD (Les mères contre
l'alcool au volant)**
1 800 665-MADD (6233)

MALADIE D'ALZHEIMER
**La Fédération québécoise
des sociétés Alzheimer**
5165, rue Sherbrooke Ouest,
bur. 211 Montréal, Qc H4A
1T6 514 369-7891 (grande
région de Montréal) Sans
frais : 1 888 636-6473
info@alzheimerquebec.ca
www.alzheimerquebec.ca

CANCER
**Fédération québécoise du
cancer**
190, rue Dorchester Sud,
bureau 50 Québec, Qc G1K
5Y9
418 657-5334
Services infocancer et Télé-
cancer 1 800 363-0063
www.fqc.qc.ca

**Société canadienne du
cancer**
www.cancer.ca

ENFANTS ET ADOLESCENTS
Enfants maltraités
**Association des centres
jeunesse du Québec (ACJQ)**
514 842-5146 (grande région
de Montréal)

**Commission des droits de
la personne et des droits de
la jeunesse**
514 873-5146 (grande région
de Montréal)
Sans frais : 1 800 361-6477
www.cdpdj.qc.ca

Intervention de crise 9-1-1

Enfants disparus

Enfants-Retour Québec
7101, avenue du Parc, bureau 100
Montréal (Québec) H3N 1X9
514 843-4333 (grande région de Montréal)
Sans frais : 1 888 692-4673
info@enfant-retourquebec.ca
www.enfant-retourquebec.ca

Enfants souffrant de maladies graves

(pour leur permettre de réaliser leurs rêves)

Fondation Rêves d'enfants
1 800 267-9474
www.revesdenfants.ca

Fais-Un-Vœu Canada
1 800 822 9474

CODÉPENDANCE
**Intergroupe DAA
(Dépendants affectifs anonymes)**
514 990-4744 (Grande région de Montréal)
Sans frais : 1 877 621-4744

DÉCÈS/DEUIL/SUICIDE
Association des Familles de Personnes Assassinées ou Disparues (AFPAD)
Sans frais : 1 877 484-0404

Maison Monbourquette
Ligne d'écoute : 1 888 533-3845 (1-888-le deuil)
514 523-3596 (grande région de Montréal)
Du lundi au vendredi :
de 10 h à 22 h ; samedi et dimanche : de 10 h à 18 h.

Association québécoise de prévention du suicide 1 866 APPELLE (277-3553) 7 jours sur 7, 24 heures sur 24
Pour une urgence, on compose le 9-1-1
www.aqps.info

Canadian Foundation for the Study of Infant Deaths (en anglais seulement)
www.sidscanada.org/

ENDETTEMENT
SOS Dettes
514 375-0138 (grande région de Montréal)

Endettés Anonymes
514 744-6593 Robert

DIABÈTE
Diabète Québec
InfoDiabète : 1 800 361-3504,
poste 233 infodiabete@
diabete.qc.ca
www.diabete.qc.ca

VIOLENCE DOMESTIQUE
SOS Violence conjugale
Ligne d'urgence :
1 800 363-9010

Centre national d'informa-tion sur la violence dans la famille
613 957-2938 (région
d'Ottawa) Sans
frais : 1 800 267-1291
ncfv-cnivf@phac-aspc.gc.ca
www.origin.phac-aspc.gc.ca

Fédération de ressources d'hébergement pour femmes violentées et en difficulté du Québec
514 878-9757 (grande région
de Montréal) info@fede.qc.ca
www.fede.qc.ca

TOXICOMANIE
Narcotiques Anonymes
514 249-0555 (grande région
de Montréal)
Sans frais : 1 800 879-0333
www.naquebec.org

La maison Jean-Lapointe
514 288-611 (grande région
de Montréal)
Sans frais : 1 800 567-9543
info@maisonjeanlapointe.
com

Portage
865, square Richmond
Montréal, Qc H3J 1V8
939-0202 (grande région
de Montréal) Sans frais :
1 866 972-2779
info@portage.ca

TROUBLES DE L'ALIMENTATION

Outremangeurs Anonymes
312, rue Beaubien Est
Montréal H2S 1R8
514 490-1939 (grande région de Montréal)
Sans frais : 1 877 509-1939

JEU COMPULSIF

Gamblers Anonymes
Montréal : 514 484-6666
Mauricie : 819 379-7015
Saguenay/Lac St-Jean : 418 690-5513 Ottawa/Hull : 613 567-3271
Ailleurs au Québec : 1 866 484-6664
info@gaquebec.org

PROBLÈMES DE SANTÉ

Info-Santé : 811
Communiquez avec votre CLSC local

Fédération québécoise des Sociétés Alzheimer
5165, rue Sherbrooke Ouest, bureau 211
Montréal, Qc H4A 1T6

514 369-7891 (grande région de Montréal)
Sans frais : 1 888 MÉMOIRE

Association québécoise de la douleur chronique
7400, boul. Les Galeries d'Anjou, bureau 410 Anjou, Qc H1M 3M2
Téléphone : 514 355-4198

Association canadienne de santé publique
www.cpha.ca

Santé Canada
www.hc-sc.gc.ca

Santé et services sociaux Québec
www.msss.gouv.qc.ca

Commission des praticiens en médecines douces du Québec (CPMDQ)
101, boul. Cardinal-Léger
C.P. 51071
Pincourt, Qc J7V 9T3
Sans frais : 1 800 624-6627

Le répertoire santé du Québec
Comprend les services en médecine alternative
www.indexsante.ca

LOGEMENT
Société d'habitation du Québec Direction des communications 1054, rue Louis-Alexandre Taschereau, Aile Saint-Amable, 3ᵉ étage Québec, Qc G1R 5E7 Sans frais : 1 800 463-4315

Communautique
65, De Castelnau Ouest, suite 202 Montréal, Qc H2R 2W3 514 948-6644 (Grande région de Montréal) Sans frais : 1 877 948-6644 info@communautique.qc.ca

IMPUISSANCE
Clinique médicale l'Actuel
1001, boul. de Maisonneuve Est, bur. 1130 Montréal Qc H2L 4P9 Station Berri-UQAM - Sortie Place Dupuis 514 524-1001

SANTÉ MENTALE
Association canadienne pour la santé mentale
(ACSM) Filiale Montréal : 847, rue Cherrier, bureau 201 Montréal, Qc H2L 1H6
514 521-4993
acsmmtl@cooptel.qc.ca
www.acsmmontreal.qc.ca
Bureau national :
595 rue Montreal, bureau 303 Ottawa ON K1K 4L2
613 745-7750
Demandes d'ordre général : info@acsm.ca

Phobies-Zéro
Écoute et soutien :
514 276-3105 (Grande région de Montréal)
Sans frais : 1 866 922-0002
Revivre

Association québécoise de soutien aux personnes souffrant de troubles anxieux, dépressifs ou bipolaires
1 866 REVIVRE (du lundi au vendredi, de 9 h 00 à 21 h 00)
www.revivre.org

L'Association des déprimés anonymes
514 278-2130 (grande région de Montréal) 7 jours par semaine, de 8 h à minuit
www.deprimesanonymes.org

Fondation des maladies mentales
401-2120, rue Sherbrooke Est
Montréal Qc H2K 1C3
514 529-1000 (grande région de Montréal)
Sans frais : 1 888 529-5354
ressources@fondationdes-maladiesmentales.org
www.fondationdesmala-diesmentales.org

DEUIL SUITE À LA PERTE D'UN ANIMAL DE COMPAGNIE
Bide-A-Wee Foundation
410 E. 38th St.
New York, NY 10016
212 532-6395

Holistic Animal Consulting Centre
29 Lyman Ave.
Staten Island, NY 10305
718 720-5548

VIOL ET SEXUALITÉ
Regroupement québécois des CALACS (Centres d'aide et de lutte contre les agressions à caractère sexuel)
514 529-5252 (grande région de Montréal)
Sans frais : 1 877 717-5252
www.rqcalacs.qc.ca

Centre de prévention et d'intervention pour les victimes d'agressions sexuelles (CPIVAS)
C.P. 27543
Franchise Pont-Viau
Laval, Qc, H7G 4Y2
450 669-9053
cpivasinc@qc.aira.com

Mouvement contre le viol et l'inceste (MCVI)
C.P. 364, succursale
Notre-Dame-de-Grâce
Montréal, Qc H4A 3P7
514 278-9383

Centre de ressources et interventions en santé et sexualité (CRISS)
5410, 2e Avenue
Montréal, Qc H1Y 2Y3
514 855-8991
(administration)
Ligne d'écoute : 514 855-0090
(grande région de Montréal)
Sans frais : 1 866 240-0090

Clinique médicale l'Actuel
1001, boul. de Maisonneuve Est
Bureau 1130
Montréal (Québec) H2L 4P9
Station Berri-UQAM - Sortie Place Dupuis
Téléphone : 514 524-1001

TABAGISME
j'Arrête
Sans frais : 1 866 527-7383
www.jarrete.qc.ca

RÉDUCTION DU STRESS
Info Santé : 8-1-1

AIDE POUR LES ADOLESCENTS
Lignes d'écoute pour les jeunes

Tel-jeunes
Sans frais : 1 800 263-2266
www.teljeunes.com

Jeunesse, J'écoute
Sans frais : 1 800 668-6868 (7 jours sur 7, 24 heures sur 24)
www.jeunessejecoute.ca

Aide en Ligne
Sans frais : 1 866 766-5620
www.aideenligne.ca

Drogue : aide et référence
514 527-2626 (grande région de Montréal)
Sans frais 1 800 265-2626

SOS Grossesse
7 jours sur 7, de 9 h à 21 h
418 682-6222 (ville de Québec)
Sans frais : 1 877 662-9666
www.sosgrossesse.ca

AU SUJET DE L'AUTEURE

Doreen Virtue, Ph. D., est docteur en psychologie spirituelle qui travaille avec le royaume angélique. Auteure de nombreux ouvrages, dont *La thérapie par les anges*, *La guidance divine* et *Guérir avec l'aide des anges*, elle a été l'invitée du réseau CNN et d'émissions de télévision comme *Oprah*, *The View* et *Good Morning America*. Chaque week-end, elle donne des ateliers sur les anges un peu partout dans le monde. Vous pouvez consulter son site web à : **AngelTherapy.com**

❧ ❧ ❧

De la même auteure

Livres :

Anges 101 — Initiation au monde des anges
Archanges et maîtres ascensionnés
Déesses et anges
Être à l'écoute de vos anges
Fées 101 — Introduction à la communication...
Guérir avec l'aide des anges
Guérir avec l'aide des fées
La médecine des cristaux
La purification des chakras
La thérapie par les anges
La voie des artisans de lumière
Les anges de Salomon
Les anges terrestres
Les enfants cristal
Les nombres des anges 101
Libérez vos kilos de souffrance
Magie divine
Médecine des anges
Mon ange gardien
Paroles de réconfort de vos anges
Oracle des anges, guidance au quotidien
Oracle des anges
Visions angéliques
Visions angéliques, tome 2
Les royaumes des anges terrestres
Prescriptions divines
Les miracles de l'archange Michael
Les signes de l'Au-delà
La guidance divine
Les guérisons miraculeuses de l'archange Raphaël
Archanges 101

CD-Audio :

Archanges et maîtres ascensionnés
Les anges de la romance
Messages de vos anges
La purification des chakras
Libérez-vous de votre karma
Les anges et l'art de la manifestation
Les enfants indigo, cristal et arc-en-ciel
Passage dans nos vies antérieures avec les anges
Anges 101
Fées 101
Guérissez votre appétit, guérissez votre vie
Méditations de thérapie par les anges
Être à l'écoute de vos anges
Entrer en contact avec ses anges
Les miracles de l'archange Michael
La voie des artisans de lumière

Cartes :

Cartes divinatoires des archanges
Cartes divinatoires des maîtres ascensionnés
Cartes divinatoires des saints et des anges
Cartes oracles des anges, guidance au quotidien
Cartes oracles des déesses
Cartes oracles des fées
Cartes oracles des licornes magiques
Cartes Sirènes et dauphins magiques
Cartes oracles de l'archange Michael
Cartes — La thérapie par les anges
Cartes — Guérison de l'archange Raphael
Coffret cercle messager des anges

www.AdA-inc.com
info@AdA-inc.com